奋斗在脱贫攻坚一线的第一书记

《奋斗在脱贫攻坚一线的第一书记》编委会 编

中国人力资源和社会保障出版集团

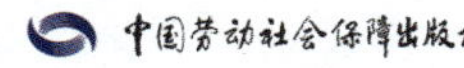

图书在版编目（CIP）数据

奋斗在脱贫攻坚一线的第一书记 /《奋斗在脱贫攻坚一线的第一书记》编委会编 . -- 北京：中国人事出版社：中国劳动社会保障出版社，2021

ISBN 978-7-5129-1433-9

Ⅰ. ①奋…　Ⅱ. ①奋…　Ⅲ. ①扶贫 – 先进工作者 – 先进事迹 – 中国　Ⅳ. ①K820.8

中国版本图书馆 CIP 数据核字（2021）第 085278 号

中国人事出版社
中国劳动社会保障出版社 **出版发行**

（北京市惠新东街 1 号　邮政编码：100029）

*

北京华联印刷有限公司印刷装订　　新华书店经销

787 毫米 ×1092 毫米　16 开本　28.75 印张　455 千字

2021 年 6 月第 1 版　　2021 年 6 月第 1 次印刷

定价：85.00 元

读者服务部电话：（010）64929211/84209101/64921644

营销中心电话：（010）64962347

出版社网址：http: //www.class.com.cn

本书编委会

前　言

打好脱贫攻坚战，关键在人。在全面打赢脱贫攻坚的战役中，截至2020年年底，全国累计选派25.5万个驻村工作队、300多万名第一书记和驻村干部尽锐出战。第一书记是其中的重要力量，他们以热血赴使命、以行动践诺言，奋斗在脱贫攻坚这个没有硝烟的战场上，呕心沥血、建功立业。他们爬过最高的山，走过最险的路，哪里有需要，他们就战斗在哪里。他们中有一些人牺牲在“战场”，比如黄文秀等，他们将生命定格在脱贫攻坚的征程上，用身心诠释着共产党人的初心和使命。

为集中展示第一书记战贫风采，营造坚决打赢脱贫攻坚战的良好舆论氛围，2020年4月1日，中国组织人事报微信公众号、新闻网开展了“奋斗在脱贫攻坚一线的第一书记”征文活动，用以记录这个群体的感人故事、宣传这个群体的崇高精神。

6个月的时间里，我们收到了全国各地组织部门推荐的2 500篇征文。这些征文每一篇流淌的都是真诚，满溢的都是奋斗。每一位第一书记都有一段属于自己和村里的脱贫故事。这些故事绽放在村里老农的笑容里，珍藏在秋田间饱满的麦穗中。为了表达对第一书记的敬意，也为了弘扬脱贫攻坚精神，特将其中100篇征文结集为《奋斗在脱贫攻坚一线的第一书记》一书进行出版。

本书浓缩了在全国精准扶贫战线上第一书记的感人故事，体现了共产党人不忘初心、牢记使命，全心全意为人民服务的宗旨。品读书中的故事，凝望这个群体的身影，就是打开了一扇认识这个时代的窗。他们坚持真扶贫，第一书记曹中华骑行于农家院和田间地头，认真察民情解民忧，被村民们亲切地称为“自行车书记”。他们坚持扶真贫，第一书记杨翼德想方设法让种粮赔钱的贫困户，种出了畅销的“狮口馋”牌大米。他们坚持脱真贫，杜芝香先后担任过两个村的第一书记，所有贫困户都如期脱贫。村支书周德清动情地说：“她带着我们，走遍了建新村的每一个田间地头，我们的老脸都晒得痛，她一个女人，晒得乌漆墨黑，真是难为她了！”“我是一名共产党员，我必须带领群众，拔掉老百姓的穷根。”许多第一书记如是说。

踏平坎坷成大道，斗罢艰险又出发。《奋斗在脱贫攻坚一线的第一书记》讲述的是第一书记扶贫工作与生活的点滴真情，展现的是新农村改天换地的亮丽风采。书中第一书记的动人事迹、优良作风感染着我们。他们忠诚于党的品格、热爱人民的真情、埋头苦干的奋斗精神，一定会激励更多的人为乡村振兴而努力奋斗。

“奋斗在脱贫攻坚一线的第一书记”征文活动得到了全国各地组织部门的协助和支持，积极组织撰稿，成批报送稿件，为我们提供了丰富的稿源，在此一并表示衷心的感谢。

《奋斗在脱贫攻坚一线的第一书记》编委会

2021 年 3 月

内容简介

决战决胜脱贫攻坚，全面建成小康社会是党和政府对人民的庄严承诺，见证了中国共产党的初心使命、性质宗旨、理想信念、奋斗目标、执政能力和领导水平，是我们党团结带领人民实现中华民族伟大复兴中国梦的关键。这些年，在祖国的辽阔大地上，在大江南北、崇山峻岭间，中国共产党基层领导干部——第一书记们奋斗在脱贫攻坚一线，他们不负重托，为贯彻落实习近平新时代中国特色社会主义思想和关于脱贫攻坚的重要论述精神，坚持以人民为中心的发展理念，爱岗敬业、忠于职守、无私奉献，谱写了一篇篇新时代可歌可泣的感人乐章。

本书紧扣全国各地、各个工作村的实际，突出工作特色、生动场景，用清新的文字和讲故事的形式，展现了一个个第一书记艰苦卓绝的工作状态、开拓创新的工作方法、乐于奉献的精神境界以及和贫困群众的鱼水深情；反映了奋斗在脱贫攻坚一线的第一书记们认真贯彻党中央、国务院决策部署，创新方式方法精准扶贫，为打赢脱贫攻坚战立下的不可磨灭的历史性功绩。本书为广大党员干部树立了学习的榜样。

目　录

“大海坨山里有我的初心和使命”

——记河北省张家口市赤城县大海陀乡高栅子村第一书记陈锋胜

18 岁那年，陈锋胜走出山村到了部队，考学、提干、立功、受奖，转业后他脱下军装穿上了警服。2016 年，组织派陈锋胜到河北省赤城县大海陀乡高栅子村扶贫。陈锋胜在部队时就听说，老部队的大功团就诞生于大海坨山，抗日战争时期大功团在村民配合下拔掉了日伪军设在大海坨山高栅子村的据点，歼敌 40 余人。看到老部队曾经战斗过的地方车难走、路难行，依然贫困落后的现状，陈锋胜下定决心：“作为第一书记、作为共产党员，我的初心和使命就在大海坨山，就是要让高栅子村的乡亲们过上幸福生活。”

位于大海坨山深处的高栅子村车难走、路难行，环境脏乱差，手机没信号，村民靠天吃饭。村里只剩下被戏称为“三八（妇女）、六一（儿童）、九九（老人）部队”的留守村民，想要脱贫致富无异于痴人说梦。

2016 年，张家口市司法局戒毒所队长陈锋胜，被选派到高栅子村扶贫。刚到村，他就听说了这样的顺口溜：“翻过一座山（大海坨山位于赤城县和北京延庆交界处），收入翻几番。”“要想富，女的嫁出去，男的走出去。”最开始陈锋胜的工作进行得并不顺利，村民们不相信他能为村里做实事。一位爱“挑刺儿”的老人对陈锋胜说：“你们做的每一件事我都要记到本子上，有问题我可要找你。”陈锋胜当时对老人说：“您放心，我不敢保证做多大好事，但绝不做坏事。”

要想带领村民致富，首先要振奋村民的精气神儿，让村民铭记历史、不忘初心，在精准脱贫路上不畏艰难、努力奋斗。于是，陈锋胜回到派出单位申请了 40 多万元扶贫资金，用于修建村里的新时代农民“讲习所”，将抗日战争时期大功团拔掉高栅子村据点的事迹和老区人民的牺牲奉献精神在“讲习所”展出，同时修建了游乐园和广场，用于丰富村民的业余生活。

高栅子村的农作物以种植露天架豆为主，山里雨水多容易滋生黑斑病，导致收成减少，这成了陈锋胜的心头病。大棚种植架豆不仅可以有效避免黑斑病、提升架豆品质，还能提前上市，大大增加村民收入。可是，搭建大棚需要资金，也需要村民流转各家的土地。为了解决这一问题，他利用赤城县是农业农村部对口帮扶县的便利条件，找到农业农村部科技发展中心，为村里争取到资金240万元。但是这些资金仍不够搭建大棚，还需要村民自筹120万元。部分村民担心有风险，不理解、不愿意出钱，也不愿意流转自家土地作为大棚地。

于是，陈锋胜想到他当连队指导员时的法子，遇到急难险重任务让干部、党员、骨干先上，村干部和党员率先流转土地、交钱认领大棚，然后再去做自家亲戚的思想工作。为了打消村民们的各种顾虑，陈锋胜请县城的专家前来授课，带着村里的致富带头人到山东寿光学习。经过多番努力，大棚种植项目逐渐被村民接受，村民自筹的120万元到位了。按照“党支部+合作社+农户”的模式，新建400亩架豆种植基地，建成春秋棚140栋，露天架豆种植200亩。当年，架豆收购价从每公斤3元涨到了最高6元，村民增收很多，手头富裕了。2017年年底，高栅子村顺利通过验收，实现脱贫摘帽出列。

驻村 3 年多来，陈锋胜带领驻村工作队和村“两委”干部，紧紧扣住“以脱贫为本、党建为魂”这根弦，从规范村级事务入手，组织开展党员群众教育活动，搞规划、强基础、兴产业、跑项目，实施了大小 30 多个近 1 500 万元的民心工程——小流域治理、村庄道路硬化绿化、安装太阳能路灯、清理污水垃圾、新建文化广场……在上级有关部门特别是农业农村部的帮扶下，昔日留不住人的穷山村蹚出了一条脱贫致富光明路。

作为驻村工作队队长、第一书记的陈锋胜，在 2018 年村“两委”换届中以高票当选村党支部书记。爱“挑刺儿”的老人满意了：“你做的全是好事。”用村民们的话说：“老陈就是这山沟里的造梦人。”

（撰稿人：刘鹏）

驻村 1687，我们一路不弃

——河北省邯郸市涉县合漳乡田家嘴村第一书记张生自述

2020 年 9 月 3 日，我的生日，也是我在河北省邯郸市涉县合漳乡田家嘴村担任驻村精准帮扶工作组组长、第一书记的第 1 687 天。

这 1 687 天，在党的扶贫政策指引下，在派出单位、各级党委、全村干部群众的共同努力下，田家嘴村摘掉了“穷帽子”，收获了 3 项省级荣誉。田家嘴村和我，不离不弃、一路成长。

1687，是“驻村即我村”的全面热爱

太行腹地，漳河湾里，距县城远，离山顶近，吃河道劣质水，行盘山砂石路，靠乡村“赤脚医生”；常住人口不足百人，种地为生靠天吃饭。这就是田家嘴村，涉县最东南端的贫困村，我的新工作地。

帮扶要和群众一个想法。进村后的一个多月时间里，我和队员们进百户、见百人，现场调研、座谈 70 多次，接访村民 40 多次，形成各类文字材料 30 多份。面对面倾听、心贴心交流、实打实分析，在村民最直接、最真切的声音中，我逐步确定了“精准对象、分类施策、注重造血、着眼治本”的工作思路，并同步精准识别建档立卡贫困户 12 户 32 人，精准制订帮扶工作整体计划，涵盖了村里亟待解决、村民强烈期盼的全部项目。

帮扶要和群众心心相印。2016 年 7 月 19 日，田家嘴村遭受特大暴雨袭击。全村赖以生存的河滩地有一半被冲毁，庄稼颗粒无收，唯一的进村砂石路多处被冲断，人员、车辆无法进出，手机信号中断，与外界无法联系。值得庆幸的是，出于水利人的职业习惯，我在汛期之前就对全村防汛和应急逃生做了周密部署，

全村无一人伤亡。灾情发生后，在指挥生产自救的同时，我迅速向派出单位请求支援，半天内募集衣物和现金 9 000 多元，紧急购置矿泉水、方便面、火腿肠、面粉各 100 件救灾急需物资。

2020 年春节，在新冠肺炎疫情防控工作最吃劲的关头，我和队员们放弃休假，全体返岗，入户开展防疫宣传，落实各项疫情防控措施，捐助 84 消毒液、口罩、酒精等防疫防护用品，为值班人员购买方便面、矿泉水、火腿肠、热水壶等防疫日用物资，为村里备战高考的学子提供免费 Wi-Fi，便于他们上网课、随时打印复习资料。2020 年 8 月 31 日深夜，以高分被吉林大学录取的村民小王突然来到我的宿舍，送来了一面锦旗。当听到孩子说因为票价高，父子二人决定乘坐 20 多小时的硬座去长春报到时，我这个被他喊了 4 年多的“张叔”，拿出了当时身上仅有的 500 元钱，作为对他拼搏上进的奖励。

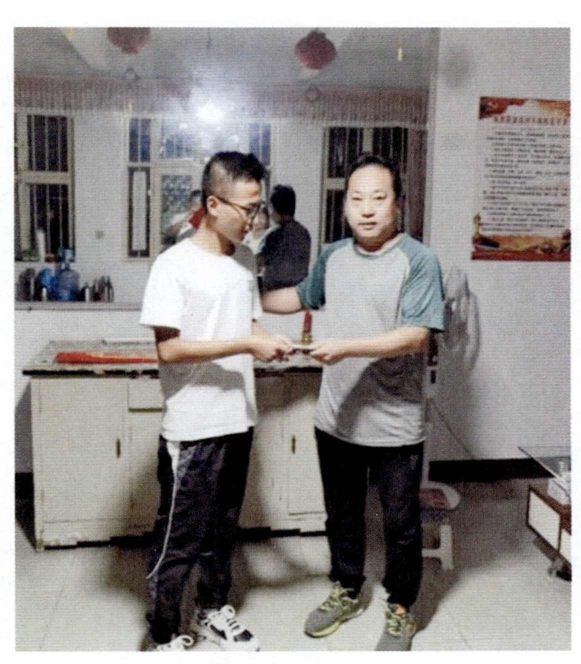

1687，是“我村必脱贫”的全心付出

面对田家嘴村的各种困难，我坚持“饭要一口一口吃、难要一处一处克”。驻村以来，我多渠道、多方面争取建设资金累计 200 余万元，全村基础设施得到了全面改善。

硬化全村道路，修建漫水桥一座，助力建设出村的台田公路，彻底解决行路难问题。修建倒虹吸式及配套灌溉工程，配套修建覆盖全村的饮水斗渠工程，恢复已废弃的漳东渠，形成全村受益的灌溉饮水体系，新增水浇地 200 余亩，彻底解决吃粮难问题。更新改造饮水管道，维修加固蓄水池，水质已 100% 达标，彻底解决吃干净水难问题。建设标准化卫生室一座，村民在家门口就可以看病报销，彻底解决看病难问题。整治村容村貌，全村配备垃圾桶，修建村民文化广场，栽种法国梧桐，安装太阳能路灯和健身器材，打造文化墙，彻底解决文化发展难问题。

1687，是“脱贫先保底”的全情投入

脱贫效果，要让全体村民实实在在看得见、体会得到。

在教育得实惠方面，全村 5 名贫困学生享受扶贫教育政策，没有义务教育阶段辍学学生。

在医疗得实惠方面，12 户建档立卡贫困户城乡居民基本医疗保险参保率达到 100%，并且免缴费用；有慢性病的 10 人全部办理了慢性病诊疗证，在村卫生室、乡卫生院拿药都能享受报销政策，住院看病享受基本医疗保险、大病保险、医疗救助三重保障，报销比例达到 90% 以上。

在生活保障得实惠方面，为 6 户建档立卡贫困户进行了危房改造，现居住房屋等级均为 A 级，达到安全住房标准；为符合条件的 10 名困难群众办理了低保，1 名办理了“五保”，解决了最低生活保障问题。

1687，是“保底靠产业”的全力以赴

产业扶贫才能真正脱贫。2017 年，我向派出单位申请资金购置花椒树苗 2.4 万棵，免费发放给村民种植，大力发展符合村情民意的花椒种植产业。2018 年以来，村里扩大红薯种植面积 200 多亩，人均年增收 700 多元。2019 年，利用扶贫资金为村集体修建 25 kW 光伏发电站一座。目前，所有建档立卡贫困户全部参与扶贫资金入股分红，共包括涉县娲皇宫、林投、海巨三家企业，入股标准每人 3 600 元，每年按照不低于 10% 的收益进行分红。

同时，我积极引导贫困家庭劳动力就近参加就业服务培训，为王书生等 6 名有劳动能力的贫困人员安排了村内公益性岗位，为 1 名贫困人员安排了巡河公益性岗位，每人每月收入 1 200 元。

2019 年，田家嘴村顺利通过验收，实现脱贫摘帽出列。群众在得到实惠的同时，也给我和战友们带来了荣誉。在 2016 年以来的历年扶贫工作考核中，我们驻村工作队先后获省级集体荣誉 1 项、省级个人荣誉 2 项、县级个人荣誉 1 项。我个人也荣获 2017 年度“全省优秀第一书记”称号。2018 年 10 月 17 日，以我们工作队扶贫事迹为题材的微电影《路上》首映，引起不小的轰动。

田家嘴村的贫困帽子摘了，但摘帽不是终点，而是新生活、新奋斗的起点。我和战友们，将在扶贫的路上不停奔跑。

第 1 687 天，这是我的新起点。

（撰稿人：张生）

在“西旺”的田野上

——山西省忻州市代县峪口乡西旺村第一书记赵超自述

2019 年 4 月，按照山西省委编办的安排，我担任了国家级贫困县代县西旺村的第一书记，与乡亲们一道，吹响了脱贫攻坚战的冲锋号。

精准掌握村情民意

作为一名年轻的第一书记，我心中充满壮志豪情。驻村头 3 个月，我与扶贫工作队队员们一头扎进群众家里，集中走访了 45 户（次）村民，整理录音资料 2 900 多分钟，撰写访谈笔记 6.1 万余字，整理访谈报告 18 份，发现需要解决的村民矛盾和纠纷隐患 12 件。经过科学的调查研究，我们逐渐弄清了群众贫困的原因。刚开始的时候，想迅速和村民打成一片、获得第一手信息是真不容易。村民们看着我们拿着本本到处转，操着一口普通话，把我们看成走马观花的“外来人”。我们一时得不到村民的信任，成为与他们交流的“哑巴”“聋子”。

一次偶然的转机使我们走进村民的心田。在走访过程中，我们发现并成功制止了村民范某与其亲叔叔打架的纷争。我们用交朋友、解“心疙瘩”的态度，坐到两家的炕上，仔细聆听，做思想工作。经过几次上门，他们终于吐露心声，原来是因为危房改造和宅基地分配引起的矛盾。我们与他们反复商议，开诚布公地分析利弊，积极调动资源，不断调整解决方案，终于使他们达成了和解协议，重归于好。群众了解到我们办实事、解难题的诚意和能力，开始主动找我们谈家庭困难、产业发展，甚至邀请我们调解矛盾，我们的身份终于从“外来人”转换为消息灵通的“村内人”。有的村干部说：“这些娃娃们了解的村里一些细节，比我们还更清楚哩！”从了解群众烦恼，到找出事情缘由，我们摸清了发展什么、怎么发展、效果如何、前景怎样，逐渐形成了“滴灌式”的帮扶思路。

战疫、扶贫两不误

2020年春节，西旺村也打响了新冠肺炎疫情防控战。为了战疫、扶贫两不误，我们扶贫工作队2月25日到村后主要做了三件事：一是对接疫区滞留人员，做好他们的防疫留守观察工作；二是推动返乡外出务工人员复工；三是推动恢复农业生产。西旺村虽然不具备城市先进的卫生防疫条件，但是依靠乡土社会对危机天然的自我阻断力和山西省委编办多年来积累的帮扶成果，筑牢了疫情防控的安全堤坝。我们建过养牛场，扶持过养鸡户，购买的打地机和旋耕机助力2019年实现丰收，即使全村因疫情防控而封闭，村民们也能自给自足；我们前几年花大力气建设路网、地下管网，争取到的12万元希望工程助学金已发放给困难家庭学生，间接地增强了村民的抗疫能力。村民们也为自己拥有的乡土社会骄傲。老人们说：“俺们这村子几百年都没病没灾。”村干部说：“村子封闭了，风险就进不来了，村干部降点工资也能运转，不怕这疫情。”

疫情缓解后，我第一时间联系了山西省玉米研究所的专家，深入田间地头抢抓春季农作物种植工作，走访、帮扶劳动能力弱的群众。我们对确实具备复工条件的村民也应帮尽帮，先后到范荣华等 11 名跨省复工的人员家里调查了解，为他们出具健康证明，帮助他们顺利复工。特殊时期必须绷紧弦、加把劲，西旺村这个时期表现出来的坚强、韧性，让我们既感动又兴奋。

搞好排水、吃水“里子”工程

在扶贫项目中，基础设施建设是群众最认可的民生工程。“晴天一身土，雨天两脚泥，吃水成问题。”这曾是村民的顺口溜。原来，排水不畅是西旺村长久积累的问题，一遇到久雨、暴雨，村里一片汪洋。同时，吃水困难也严重影响了村民的日常生活。扶贫工作队抓住群众生活的痛点，申请了 235 万元的大额资金，用于排水工程和自来水管网的建设。西旺村这样的小村实施这么大的工程，全县都不多，群众尤其关注。在排水工程和自来水管网建设过程中，道路开挖，出行不便，群众有点儿情绪；建成后工程隐藏在路面之下，不像道路和建筑那样直观，大家觉得花那么多钱“没看到”。

为做好沟通、疏解工作，我和工作队队员们在 6 300 米的管道上反复查看，向山西代县水利水电工程公司的施工人员学习专业知识，严格依据合同执行，紧盯资金的使用和施工质量。经过我们和懂工程的贫困户耐心宣传，一笔一笔计算管道和覆盖件的成本，使大伙儿逐渐了解了地下管网工程的施工难度和成本，明白了地下管网建设是看不见的大工程。工程建成后，“村中看海”终于成为“昨日往事”，村民们实实在在地感受到了变化。同样，随着自来水管网的成功铺建，村民吃水难问题也得到有效解决。用心浇灌乡亲们的脱贫梦想，凝聚耕耘奋斗的磅礴力量，我们相信，在“西旺”的田野上，群众的生活肯定能越过越旺！

（撰稿人：赵超）

美丽乡村的开拓者

——记山西省孝义市临县碛口镇寨则坪村第一书记杜亮姝

教老年人练习书法，为全村村民免费检查眼睛，为村里妇女组织开展缝纫技能培训，为村里的学生送去600册图书、皮影玩具、毛绒玩具，申请到82万元灌溉工程项目经费，利用网络平台建起线上爱心商店，帮助村里销售出价值50余万元的农产品，筹集20万元爱心扶贫款为村里修路，成功申报第四批“中国传统村落”并争取到资金300余万元、“美丽乡村”试点村建设经费590万元……作为山西省孝义市选派到临县贫困村任第一书记的103名干部中仅有的4名女干部之一，杜亮姝驻村驻心让幸福常驻寨则坪村，也让艺术与群众实现“零距离”接触，成为美丽乡村的开拓者、建设者。

冷与暖

“真倒霉，等了半天给我们分了个女书记！”2016年11月29日，坐车连续颠簸了三个多小时，终于在寒冷的夜色下与村里的干部接上头后，人生地不熟的杜亮姝只听懂了这句嘀咕。提着行李箱，坐着摩托车来到四处漏风的村办公场所后，“我以后住这里？”“你是搞画画书法的？”相互提问并得到肯定的答案后，杜亮姝和村干部两个人心都凉了半截。一个平时坐在宽敞明亮的办公室一门心思研究书法绘画，没有一点儿基层工作经验的女干部，如何跨县到一个贫困村当第一书记？这样的跨越，这样的质疑，不仅让寨则坪村的干部群众无法相信，杜亮姝自己也心里没底。然而更多更直接的问题摆在眼前。忙了一天回到住所的杜亮姝打开水龙头才发现停水了；半夜发现有什么东西飞进了屋里，黑暗中隐约有双眼睛看着自己，吓得她裹着被子冲出院子大喊“救命”，为了驱赶不速之客——蝙蝠，整个屋子被烟熏得根本没法睡；村里一天只吃两顿饭的习俗让初来乍到的她找不准节奏，还没到饭点就饿了……这个看着柔弱的“85后”文艺女青年能扛几天？杜亮姝用冰冷中的坚守写下了自己的执着，在零下3摄氏度的室内熬了两个晚上，一个人挥舞着毛笔，以梦想泼墨，将党的政策融入每一副对联中，把火红的祝福和温暖送到每一户贫困户家中，也将致富的信念和对美好生活的期盼送到每一位村民的心中。

“拍结婚照了啊！”

“不好意思拉住手拍照，怕孩子笑话呢！”

“不行，不拉手就不给你拍。”

“我刮刮胡子再拍啊。”

“靠近点，再靠近点。”

……

行走在2018年的春天里，杜亮姝像一簇火苗，走到哪里就把火红带到哪里。“我一辈子都没有穿过这么好的衣服，更别说拍结婚照了，你就是我们的小棉袄！”杜亮姝带来了专业摄影师和十套吉庆中国红服饰，为村里80户建档立卡贫困户拍摄“全家福”，在春节前制作成16寸照片摆台，作为新春礼物送给他们。在欢声笑语中，在满含热泪的拥抱中，寨则坪村贫困群众一幅幅火红的“全家福”、一张张幸福的笑脸构成了最美的“全村福”。

长 与 短

160公里，是孝义到临县的距离。60 000公里，是800多天里杜亮姝驾车往返孝义和临县的车程。从一个偶尔开车送送孩子的驾车新手，到一个淡定应对各种突发事件、在高速的车流中穿梭的女书记，杜亮姝愣是把一辆新车开成了旧车，这中间有第一次独自上高速错过出口差点走到外省的曲折，有遇到连环撞车事故的惊险，有一个年轻母亲对年幼

孩子深切的思念……“孙女很乖，想妈妈了就在床头贴一张画，现在床头都被她贴满了。有时候就趁她不注意时把孩子的画放包里给她一个惊喜。”在周一到周五的驻村时间里，婆婆帮忙看孩子。说起儿媳的工作，满是心疼：“临县的生活条件要艰苦一些，尤其担心她来回路上奔波的安全。可是，我知道她一定能把工作做好，她就是有股不服输的倔劲儿。”

“杜书记，你是党派来的吧？是习近平总书记派来扶贫的吧？你是给我们办实事的吧？”走遍全村贫困户发放完联系卡后，刘奋保是第一个给杜亮姝打电话的人。刘奋保是村里的勤快人，自己养着 40 只羊，想扩大规模，却一直苦于缺乏资金。一次不行就两次、三次，杜亮姝仿佛和自己较上了劲，查政策、跑手续，没有人担保怎么办？平时说话声音不高的她语气特别坚定：“不怕，有我呢，我给你担保，我相信你肯定能扩大规模。”

经过先后十多次协调，杜亮姝终于在两个月后帮助刘奋保办成了 5 万元的小额贷款。如今，刘奋保的羊养殖规模扩大到了 150 只。他逢人就说：“我能脱贫了，这是最好的书记，感谢党、感谢政府。”每次去临县的车上都载满了朋友们和热心市民捐赠的爱心衣物，村民们热络的招呼、坚定的支持，从孝义到临县，杜亮姝将其缩短为人心到人心的距离。“乡亲们各种事情都找我，相处得和家人一般，去年 10 月，我参加县委宣传部‘维护核心、见诸行动，全民喜迎十九大’朗诵比赛，全村的人在微信群里为我鼓劲加油，最终取得了第三名的好成绩。”有了群众的支持，杜亮姝的干劲更足了。

动 与 静

“艺术创作不仅是沉静后的升华，更是实践后的升华。通过在农村工作，深入基层，可以创作出更好的作品。”杜亮姝笑着说，“你所有的经历都是你的财富。”她的绘画作品《美丽乡村寨则坪》参加了2019年山西省美协、山西省文化馆主办的农民画展并荣获优秀奖。如果说《美丽乡村寨则坪》是静态的艺术创作，那么扶贫工作则是动态的艺术之旅。2017年年初，杜亮姝牵头引进国家非物质文化遗产——孝义皮影戏，村内妇女踊跃参与，8名优秀学员领取结业证书。在碛口镇的孝义皮影碛口展示馆里，她参与编排的皮影戏《梦回碛口》，半年来共接待观众5 000人次以上，皮影戏学员人均增收4 000元以上。

文化搭台、经济唱戏。针对碛口镇丰富的旅游资源，杜亮姝和村民们组建了碛口镇寨则坪村布艺加工厂，村民们一致推选杜亮姝担任厂长，专门开发老粗布系列枕头、布老虎、背包、扇子、花篮、扑克牌等各种产品，在碛口古镇设立了“古村文创一店”“古村文创二店”作为产品销售点，让村里有手艺的妇女不出村就可以有收入。“听杜书记的肯定没错，种上花栽上树，原来破破烂烂出租的办公用房立马有了精神、气质，以后肯定能引来金凤凰。”

组织弱，驴拉磨；组织强，牛马壮。杜亮姝积极与上级党委、政府沟通，申请资金5万元，村委自筹资金2万元，用两个月时间重新整修“阵地”，设计了“寨则坪村历史文化宣传栏”“产业发展宣传栏”“党建文化宣传栏”等，村委大院整齐地画上了停车线，四周是用美术字体写好的宣传标语……“五一”小长假来寨则坪村采摘的、看《梦回碛口》的人多了，来录制节目《做客中国——乡村遇到最美生活》的国外导演组也来了……“听说在你来之前，村党支部、村委会的干部之间多少有那么点别扭，你一个外来人又是一个外行人，怎么开展村里工作的？”对于笔者的提问，杜亮姝憨憨地一笑，“实事求是讲，刚开始我心里也有点发怵。面对这种情况，我暂时采取了‘缓兵之计’，先慢慢去熟悉，有机会就跟大家聊天。大约一个多月的时间，我开始逐步与村‘两委’融洽了关系，成了村‘两委’沟通的桥梁。”在杜亮姝的眼中，艺术创作与基层工作是相通的，都要抓住点、线、面。每月党员学习日，杜亮姝都会提前做好功课，事先整理好自己的工作思路，在会上把自己的想法与大家分享、探讨，把工作思路交给村

“两委”成员去研究，把班子的意见交给党员和群众去讨论，转化为党员和群众的实际行动，团结党员、干部和群众一道工作，形成工作合力。

如今，杜亮姝化身为一支神奇的画笔，为寨则坪村勾勒着美丽的乡村图画：结合碛口古镇旅游业的优势，在农闲时间可以加工粗布荞麦枕头、布老虎等旅游产品，调动村民的积极性；依托寨则坪村距离碛口古镇2公里、处于交通要道的地理优势，搞好“一村一品”的开发；借助被评为传统古村、美丽乡村、旅游扶贫建设示范村的大环境，成立古村酒坊、布艺坊……

“咱们老百姓要求的不多，你来村以后给村民办了不少好事，我们真舍不得你走呀！”两年半的第一书记任期结束时，全村300多人为她举行了盛大的秧歌欢送会。“做美丽乡村的开拓者、做基层群众的贴心人”，杜亮姝用自己的行动践行对乡亲们的承诺，把最美好的年华奉献给了这片热土。

（撰稿人：武姝君）

群众心里的"自家人"

——记山西省长治市壶关县五龙山乡程庄村第一书记李鹏飞

2017 年 9 月 4 日，李克强总理来到山西省长治市壶关县五龙山乡程庄村考察脱贫攻坚。

群众纷纷说，和以前相比，程庄村变了！

"手机信号强了，柏油马路通了，村容村貌新了，产业红利分了，贫穷帽子扔了……" 62 岁的老党员程富生心生欢喜，写下诗篇《向总理汇报》。

说起程庄村的变化，老乡们竖起大拇指称赞第一书记李鹏飞。

2016 年 11 月，李鹏飞被选派到程庄村担任第一书记。

抓党建、聚民心，上项目、抓增收，变村貌、办实事。2017 年年底，程庄村摘了"穷帽"。昔日"不富、不强、不美"的程庄村，发生了一场由内而外的链式"裂变"，变出了"凤凰涅槃"的新景象。

一捧鲜花凝聚了党心

“李书记，啥时去长治，给我捎上顶养蜂用的帽子。”

“李书记，我们老两口儿的慢性病卡快办下来了吧？”

……

李鹏飞蹲在地上，和乡亲们拉家常。

戴一副眼镜、文质彬彬的李鹏飞刚到村里时，乡亲们对他可没这么热情。第一次组织开会，村里的13名党员只来了5名。开会时，李鹏飞说话没人听，大家各说各的，老党员程富生更是看着李鹏飞冷笑：“一个毛头小子，能干啥？”

程富生以前当过七八年民办教师，还当过村支书，在村里很有威望。他老伴儿患有抑郁症，长年吃药，没有劳动能力。驻村后，一有空，李鹏飞就往程富生家跑，帮衬着一起干家里地里的活儿。

2017年教师节，李鹏飞专程开车到市里买了两束鲜花，组织村民代表、党员、小学生，为程富生和村里另一名在职教师过节。接过鲜花那一刻，程富生热泪盈眶、激动万分。

“让党员有荣誉感、归属感、责任感，让党支部有力、有爱、有温度。”李鹏飞言化于行，实行“党员联户”，设定“党员先锋岗”，为每名党员定岗、定责、定任务。

一名党员一面旗。党支部书记程阳历为“产业扶贫先锋岗”，带头领办产业项目；在外务工党员程小兵为“就业扶贫先锋岗”，带领村民外出务工；70岁的

退休老党员程全有为“基建提升先锋岗”，带着村民搞基础设施建设；程富生为“生态扶贫先锋岗”，带领贫困户生态护林增收；全村党龄最长的老党员、77 岁的程黑扁为“社保扶贫先锋岗”，村里大街小巷的卫生他全包了。全村党员人人有责任、个个有事做，一条心、一股劲，党支部有了凝聚力、号召力。

一条产业链富裕了百姓

在程庄村进村路上，一排 4 座蔬菜大棚映入眼帘。

走进蔬菜大棚，西红柿长势正旺，村民程小旦和他妻子正忙着绑秧。“再有个把月就下西红柿了，你瞧这西红柿长得多好哩！”程小旦小心翼翼地捧着西红柿，仿佛捧着一个个“金元宝”，喜悦之情飞上眉梢。

“蔬菜大棚是程庄村发展的第一个产业。”李鹏飞说，“说一千道一万，让老乡们腰包鼓起来，才是扶贫的核心。”

上级帮扶款拨付到村，该怎么花？李鹏飞召集村“两委”干部、党员、村民代表开会商议，最终确定发展蔬菜大棚。“种大棚菜，门槛相对低，乡亲们以前种过旱地西红柿，好上手经营。”

蔬菜大棚建起来了，却没人愿意承包。“怕赔钱，老百姓不敢干，咱是‘产业扶贫先锋岗’，咱得带头干。”程阳历说。定植、培土、施肥、绑秧、浇水、打枝……一年下来，4 座蔬菜大棚经营得红红火火，年底给村里交了 5 000 元承包费。尝到了甜头，2020 年一开春，程小旦夫妻俩就把 4 座大棚全承包了下来。

紧接着，20 万元产业扶贫资金到村，李鹏飞带着村干部外出考察市场，算细账，达成了一致意见——依托山西珍妮康花农业科技有限公司，种植鲜花康乃馨。

“一座棚种康乃馨 16 000 株，1 株 4 朵花，两年 3 茬儿，地头价从几角到 2 元不等，通过珍妮康花农业科技有限公司，我们的康乃馨卖到了俄罗斯。”谈起康乃馨种植，李鹏飞如数家珍、头头是道。

“一天 1 个工，挣 50 元钱，守家在地，活儿也不重。”66 岁的常爱秀，一边切花、包装，一边说。

3 座花卉大棚，带动了 10 多个剩余劳动力就业增收，每年还能给村集体交纳承包费 2 万元。

如今，4 座蔬菜大棚、3 座花卉大棚、近 100 亩中药材种植、100 千瓦光伏项目，村集体产业从无到有，村集体经济从零增加到近 5 万元，2020 年达 20 万元。

一件件实事美丽了乡村

旧时的程庄村，进村路宽不到 3 米，错不开车，路面坑坑洼洼，土坯房残垣断壁，垃圾堆、煤堆、柴草堆乱堆一气，村委大院年久失修，会议室“铁将军”把门。

从群众最期盼、最关注、最困难的事情抓起，李鹏飞一趟趟跑交通运输、水利、林业、文化等管理部门，申请项目资金。拓宽改造柏油路 4.5 米宽、2 公里长，解决了乡亲们出行难问题；新建 100 立方米蓄水池 1 座，解决了村民吃水、产业用水问题；改造村级组织活动场所，新建 40 平方米文化室、100 平方米文化广场，解决了党员活动、群众文化生活无场地问题；新建 60 平方米标准化五室分离卫生室、200 米排洪渠 1 条、小型通信基站 2 座……街巷整洁、路面干净，路灯亮了、村庄美了，小广场上欢声笑语不断，以往没精打采、整天靠着墙根儿晒太阳的乡亲们，有了精气神儿，脸上洋溢着幸福的笑容。

有和谐班子，有发展项目，有集体收入。从“三无”到“三有”，程庄村的变迁，见证了扶贫干部的努力奋斗，也是许许多多贫困村脱贫摘帽奔小康的缩影！

（撰稿人：郭梁）

老吕的退休“成绩单”

——记内蒙古自治区包头市固阳县银号镇大圐圙村第一书记吕宝龙

“吕书记，我的证明开好没？”“老吕，我这个表格咋填？”……在内蒙古自治区包头市固阳县银号镇大圐圙村委会办公室，不断有村民来找吕宝龙问长问短，他一边忙着手头的工作一边认真解答村民的问题。

吕宝龙是内蒙古一机集团保卫武装部办公室主任，2017年4月，57岁的他来到固阳县银号镇大圐圙村担任驻村第一书记兼扶贫工作队队长。3年1 000多个日夜，吕宝龙全身心扑在农村，把全部精力倾注到大圐圙村，真心实意为群众谋实事。

刚到村里工作时，没有多少农村工作经验的吕宝龙，面对有着21个村民小组，162户315名贫困人口，面积达100多平方公里的大圐圙村陷入了思考：“怎样开展工作？怎么能知道村民想什么？该怎样帮助他们脱贫致富？”

没有头绪，就从工作实践中寻找。凭着多年养成的雷厉风行的作风，吕宝龙立刻投入工作中。白天，他走村串户了解村、组和村民基本情况，贫困户贫困原因，家庭劳动力状况，有什么需求；夜晚，他一头扎进资料文件，认真了解扶贫政策。很快，吕宝龙就把村里的情况摸得一清二楚，扶贫工作也有了思路。

他每个月都要对各户的收入增减情况进行及时走访摸底，并进行核实、分类归档，整理形成贫困户分类档案，用脚步丈量所属的各个自然村组，为精准施策打下坚实的基础。

发展产业才是彻底脱贫的关键，吕宝龙为村里相中了肉兔养殖项目。得到县、镇两级政府的支持后，他多次和村“两委”班子成员到山东省、西安市、鄂尔多斯市进行考察。

2018 年年初，吕宝龙争取到政府帮扶资金 47 万元、一机集团和包头市红十字会帮扶资金 10 万元，结合本村实际情况，以村集体经济的形式引进了肉兔和生猪养殖产业带动项目，并及时为村民提供就业岗位，解决农村剩余劳动力的就业问题。

到 2019 年年底，村里的肉兔养殖已达到 1 000 余只，由 2014 年人均收入不足 3 000 元达到现如今的 8 000 元，实现盈利。同时，为了让肉兔养殖业惠及群众，吕宝龙积极谋划，精细算账，制定产业带动增收方案，动员农民以帮扶资金入股、分户养殖集中收购等形式参与肉兔养殖，促进稳定增收致富。

筹措资金修复大圐圙村灌溉机井，保障村内农田灌溉；帮助贫困户取药带药……驻村 3 年多来，从解决生产生活困难到帮助贫困户日常生活点滴，只要吕宝龙能想到、能帮到的，他都会尽全力去做。

2018 年 4 月，吕宝龙在辖区旧贵渠调研时发现，由于井下水泥井筒损坏严重，水质混浊有异味，村民饮用水不达标。为解决这一涉及村民身体健康的问题，他多次与相关部门联系，筹集资金 9 万余元用于改造饮用水系统，彻底解决了村民多年无法解决的饮水问题。

贫困村民戚小毛的妻子患有严重的白内障、青光眼，需要长年用药。吕宝龙得知情况后，主动帮助她办理了慢性病待遇，每次回市区都帮助买药，已经为她免费购买药品达3年之久……正值秋收季节，村民毕小虎老伴儿不慎将脚扭伤导致骨折，得知情况后，吕宝龙与驻村干部轮流为其送饭，还走进老人农田帮他收割玉米。

吕宝龙就是这样，憨憨的样子，接地气的作风，想村民之所想，做村民之所需，把群众的事当作自己的事办，用一桩桩、一件件的小事感动着村里的每一位村民，乡亲们都亲切地称呼他为“贴心人”。

吕宝龙用一桩桩看似细微的小事，成就了大圐圙村民的大事。2019年，大圐圙村人均年收入超万元，全部实现脱贫。

（撰稿人：马轶慧）

“爸爸去扶贫！”

——记内蒙古自治区扎兰屯市中和镇福泉村第一书记李健

“大家好！我是市幼儿园小一班的李钰涵，今年5岁。在我还没出生的时候，爸爸就下乡扶贫了。在我的记忆里，爸爸总也不陪我玩，我希望在下一个生日时，爸爸能有时间陪我阅读。”一段稚嫩的童声让很多人眼眶湿润，正在村里忙着村务的李健看到女儿的视频后，沉默良久。

2016年3月，身为组工干部的李健第一批被派驻基层，任内蒙古自治区扎兰屯市中和镇福泉村第一书记，至今已整整4年。

女儿出生于杜鹃花盛开的5月，虽然福泉村距离城区仅65公里，但李健还是缺席了女儿童年的记忆。4年来，女儿挂在嘴边的问题是：“爸爸去哪儿了？”女儿回答别人的是：“爸爸去扶贫了。”“她现在应该还不理解扶贫的真正意义，等她长大了，一定会为爸爸做的事感到骄傲的。”李健期待着脱贫攻坚战取得全面胜利的日子快点到来。

组工干部转型“第一书记”

1988年出生的李健在扎兰屯市委组织部工作期间，从事过党员教育、基层党建、“两新”党建等工作，他将组工干部的“安、专、迷”精神带到了脱贫攻坚战场上。

入村后，李健发挥自己对基层党建工作比较了解的优势，与村“两委”班子、党员群众凝心聚力抓党建、促脱贫，一心扑在工作上，探索着走出了一条党建、产业和脱贫互促互进的脱贫攻坚新路子。通过两年时间的努力，福泉村党支部在全市村级组织分类管理评选中由三类晋升为一类。

无论工作多忙，李健都要组织村“两委”干部和驻村工作队坚持每周一次集中学习，与大家一起认真学习党建新理论新要求，学习党建促脱贫攻坚、乡村振兴等方面的政策理论以及上级党委、政府下发的重要文件。他和班子成员一起，结合工作实际，边学习、边工作，以学习促进能力提升，以能力提升推动工作开展，提升服务群众本领。

他善于发现优秀村民，把优秀村民发展为党员，推荐年轻的党员作为村级后备干部进行培养，让年轻人在实践中得到锻炼。2018 年，在村“两委”换届中，3 名村级后备干部进入了村班子，班子整体凝聚力、战斗力明显增强，长期信访户趋于稳定，村级事务运行规范化水平日渐提升。

驻村更驻心，成为百姓“家里人”

“李健，你别老给孩子钱，学习是他自己的事儿，考 100 分也不能奖励，别惯坏了！”

“郑大爷，咱家情况特殊，我给孩子点鼓励，让他知道有人关心着他，是好事儿。”

50 多岁的郑海成是家里 4 口人中唯一的劳动力，妻子长期疾病缠身，儿子因车祸导致小脑萎缩，儿媳早已改嫁，孙子郑昊正在上小学。

2016 年，李健刚帮扶郑海成时郑昊才上一年级。或许是因为不能经常陪伴在自己女儿身边，李健把爱都给了郑昊，开学时准备学习用品，时常去家里陪伴。只要郑昊在期中或期末考试中取得好成绩，李健都会奖励孩子 100 元钱，让孩子买课外书。如今郑昊已经读小学四年级了，自立懂事，成绩优异。

“此前有人劝我换一家帮扶，但我认为脱贫攻坚工作要的不只是成绩，而是实心实意、脚踏实地地做点事。”李健说。他为郑海成本人争取到了生态护林员公益性岗位，共计获得补助 1.8 万元；为其妻子申请了低保，为郑昊申请了助学补助金。已经脱贫的郑海成一家早已把他当成了“家里人”。

福泉村建档立卡贫困人口有 129 户 363 人，李健与村“两委”、包村工作组和驻村工作队根据村里的实际情况研究制定了“作战图”，一人一策开展脱贫攻坚工作。由他牵头制定了《福泉村三年发展规划》，拟定了《福泉村脱贫攻坚工作计划》，明确具体工作内容、完成时限，对照规划和计划逐项落实，以确保工作落到实处。

李健与其他同志一起，根据国家扶贫政策，加大力度，通过金融扶贫、产业扶贫、教育扶贫、健康扶贫、兜底保障和生态护林扶贫 6 种主要模式，进一步深化脱贫攻坚工作。李健对已经脱贫的脱贫户仍然密切关注，关注其家庭生产生活情况，关注其是否有返贫迹象，让广大贫困户真脱贫、脱真贫。他不怕“硬骨头”，把全村最困难、最难帮扶的5户作为自己的帮扶户，郑海成家便是其中之一。几年来，他多措并举帮助困难户走出贫困。

李健还协助架起“连心桥”。福泉村1～7组360户出行难的问题多年来始终未得到解决，李健积极协调、多方筹措，争取到了交通运输部门的项目，为村里硬化了5.1公里的道路；为5组和6组连接处申请建设了一座桥涵，现已通车；申请建设了通往扎兰屯市客车专用线一条，解决了1～7组1100多人出行难题。

冬日里，村里的乡亲们没有活动场所，李健看在眼里、记在心上，他协调帮扶单位出资5万元，完善村级活动场所和基础设施建设，让村民有了活动室。

壮大村集体经济，让村级组织“有钱办事”

为了加快村集体经济发展步伐，李健与村“两委”结合福泉村“家家种土豆、户户生产手拍粉”的特点，引进蒙松薯业有限公司，通过“支部＋企业＋基地”的模式，把农民增收和集体增收结合起来，不断壮大村集体经济。

李健和村“两委”班子成员多次与蒙松薯业有限公司洽谈、协商，以村集体的马铃薯合作社为基础，引导企业投资500余万元建设2 400平方米的标准化晾晒场、500平方米的库房、300平方米的冷库，解决了25户贫困户60余人农闲季节的就业问题，通过收取承包费的形式增加村集体经济收入共计19.5万元。同时，将“三到村、三到户”扶贫资金135万元投入该企业，所得资产收益10.8万元用于贫困户分红。

为破解福泉村发展集体经济资金短缺的问题，李健和村“两委”争取到中组部发展集体经济项目资金125万元，用于建设冷库和排污池。李健还与村“两委”申请发改项目资金390万元用于建造污水处理厂。“污水处理厂建成后，村里的很多作坊式的经济体便可以通过相关环境保护部门的评估，曾受市场欢迎的‘库堤河手拍粉’一定会再次为当地农民带来更多的经济收益。”李健对福泉村集体经济发展充满信心。

2019年年初，扎兰屯市完成自治区级贫困旗、市摘帽并退出评估验收。摘帽不摘责任，脱贫成果仍需巩固。在脱贫攻坚决战决胜的关键时候，李健依然在坚守，盼望爸爸回家仍然是他的女儿心心念念的愿望。他用工作成绩、群众口碑向女儿诠释着“爸爸去扶贫”的真正意义。

（撰稿人：邱春凤、宋颖）

“多亏有范书记，咱农民不用靠经验种田了！”

——记内蒙古自治区巴彦淖尔市乌拉特前旗苏独仑镇苏独仑村第一书记范瀚理

从初次踏上这片土地时的“外乡人”，到如今村民嘴里那一声亲切的“老范”，范瀚理作为内蒙古自治区巴彦淖尔市委组织部派驻到乌拉特前旗苏独仑镇苏独仑村的第一书记，今年已是第3个年头了。

在他的帮扶下，一个贫困村实现了脱胎换骨的蜕变，62户贫困家庭脱贫，占地1 000亩的智慧农业科技示范基地带动土质改良项目递次推进，一座现代远程教育大院为农村党员群众搭建起了“家门口的课堂”……

他一身土、两脚泥，走进了群众的生产生活，驻进了乡亲们的心里。

科技种植，让盐碱地重现生机

微雨如酥的6月，苏独仑村的农业科技示范基地里，嫩嫩的苗尖尖从新翻的泥土中冒出了头。农户孟辉知道，不出3个月，这里将是一大片金灿灿的向日葵。

苏独仑村土壤生态较差，土地盐碱化严重，农民对于“如何科学种田”知之甚少，农业种植效益差。范瀚理与村“两委”以及致富带头人共同研究确定，把盐碱地改良作为本村精准脱贫的发展项目，并计划引进土壤环境智慧监管系统，对土壤成分进行准确监测。

令范瀚理没想到的是，项目确定下来了，村民们对此却反应冷淡，认为范瀚理描绘的“智慧农业”遥不可及。群众为什么不感兴趣？范瀚理走进农户家里找原因。原来是之前的土壤改良的失败经历让村民们灰了心，大家不愿意再尝试。知道了症结所在，就有了突破口，范瀚理亲自带领农学教授走入贫困户家中，面对面讲土质改良、智慧监管 App 使用方法，并发动种植能人、大户率先实施盐碱地改良项目，消除贫困户对使用新技术的顾虑。

做通了群众的思想工作，范瀚理便请来农技专家对土壤成分进行化验、检测，引进现代农业科技服务公司，建立了 1 000 亩农业科技示范基地，全面开展科技研究、人才培养、科技培训等合作。土质的极大改善给贫困户带来了沉甸甸的收获。几近弃耕的葵花地，现如今出苗率达到 90%，实现每亩节水 20 立方米、节肥 25%，每亩产量突破 200 公斤，人均年增收近 2 000 元。土质改良运动在这片希望的田野上蓬勃发展。

培训造血，让农户有一技之长

苏独仑村盐碱地改良项目的推进过程和结果，让范瀚理认识到“造血”的重要性，让贫困户拥有一技之长是脱贫的关键。

如何让村民在家门口就能学技术、学政策，范瀚理把目光聚焦到村委远程教育终端站点上。这个站点播放室因年久失修，服务设备陈旧，基本处于闲置状态。

说干就干！范瀚理积极对接派出单位巴彦淖尔市委组织部党员教育中心，协调争取到32万元专项资金，用于翻修旧楼，配备LED大型显示屏、计算机、投影仪等。经过多方努力，终于打造出了1 100平方米的党员远程教育大院。

村民田军是党员远程教育大院的受益者，他说：“玉米‘一增四改’高产栽培技术一直是农民挂在嘴边的新技术，最近在范书记播放的远程教育片《农业综合生产技术》中，多所农学院教授面对面为我们传授。多亏有范书记，办起了这‘家门口的课堂’，咱农民不用靠经验种田了。”

现代远程教育给农民带来了真实惠，像田军一样，越来越多的农户正在通过显示屏学习掌握最先进的种养技术，逐渐成长为带头致富的能手。截至2020年6月底，苏独仑村党员远程教育大院累计播放远程教育科目195小时，培训农村党员干部群众3 200余人次。

与此同时，范瀚理还办起了“板凳讲习所”，让政策甘霖浸润贫困户的心灵。

村民经常看到范瀚理提起板凳走到田间地头，走到村、组小卖部，走到村头聚集点……用一口地道的“巴盟话”向围坐在他跟前的农民讲解最新的扶贫政策。

为增强宣讲课堂的吸引力，范瀚理又从选调生、离退休教师、老干部、致富能人、道德模范中精选了15名文艺骨干，组成“乡音宣讲团”，通过二人台呱嘴、独唱、快板、山曲等群众喜闻乐见的方式传唱脱贫攻坚好政策。

常在“板凳讲习所”听课的贫困户赵永飞说：“范书记推行的‘板凳课堂’带土味、接地气，把医疗保障、危房改造、饮水安全等扶贫政策送到咱贫困户身边来。”如今，“板凳讲习所”已经覆盖了全村 3 个村民小组，累计开展脱贫攻坚宣讲 60 余场，受众 2 000 余人。

（撰稿人：赵芃）

蹚出一条“富硒”路

——记辽宁省瓦房店市西杨乡车家村第一书记高进毅

这里虽然有品质优良的地瓜、桃和香瓜等农产品，但却戴着“低收入村”的帽子，是一项富硒专利技术的引进渐渐改变了村里的面貌，不仅本村农户收入翻了番，周边村子的经济也被带活了。这就是辽宁省瓦房店市西杨乡车家村。在村里的扶贫攻坚第一线，有“两把刷子”的驻村第一书记高进毅，通过打造“天牧味道”农产品品牌，探索出了因地制宜兴村富农的发展路子。

“我选择来到农村，就是要把所学所思带到农村，真正为老百姓做点实事。”2018 年 5 月，大连市市场监督管理局青年干部高进毅被派往瓦房店市西杨乡车家村任第一书记。在他主持的第一次村委会议上，高进毅了解到，车家村下设 4 个自然屯，土壤以沙土地为主，农产品品质虽然优于周边地区，但因为没有打出自己的品牌，售价低，村民收入不高。

参加工作以来，高进毅一直关注“三农”问题。他向村委会介绍了一项专利技术，既可以有效增产，又可以降解农药及重金属残留，还能使农作物在生长过程中自主平衡，成为富硒食品。“如果这项技术引进我们村，可以切实让村民受益！”这个想法得到村委会的一致认可。

高进毅对这项富硒技术的了解，缘于他接触过的一个项目。“那时我在庄河工商系统工作，曾经帮助对接过一个农业项目，一家农业技术公司发明了一项富硒技术专利，在国内多个省份有产业化推广。当时我帮助介绍这个公司在庄河做技术试验推广，效果很好。”高进毅一刻也没有耽搁，及时与这家公司取得了联系。在他的沟通协调下，该公司同意在车家村设立富硒示范田，如果成功，将在全村推广富硒食品生产技术。

为了发展车家村集体经济主体，高进毅又马不停蹄成立了大连天牧农业发展有限公司，申请注册了“天牧味道”商标，并选择富硒示范田试种富硒香瓜。“我们制订的计划是，先从香瓜开始，选择最好的两块瓜地做试验。我和大家说，一种产品能够长远发展，品质的控制是关键。我们做试验，就一定要认真负责。我们对消费者负责，也就是对我们村负责。”

高进毅熟悉市场监管业务，他像在执法现场执行任务一样对待车家村的农产品，检测全程由大连质量技术监督局派驻西杨乡西柏村第一书记谢涛跟踪，全程贴封条、拍摄监督，确保流程可追溯。

试种结果没让村民失望，抽样检测结果显示，车家村香瓜无农药和重金属残留，硒含量达到每公斤 18.8 微克，是市场上同类产品硒含量的 2 倍。因为品质高，车家村富硒产品的售价虽然是普通香瓜价格的 2 倍，但销量不断增大。在最短时间内，村民看到了实实在在的科技成果，车家村的富硒富农大幕徐徐拉开。

在香瓜上获得成功的高进毅，又开始带领村民在地瓜上做试验。

地瓜是车家村的主打农作物，自从使用了富硒技术后，车家村的地瓜不仅硒含量提高了，而且减少了农药的使用，产量也提高了。现在，车家村的富硒地瓜一共有 10 块示范田，有 100 多户村民参与了富硒产品种植。

地瓜属季节性产品，最多只能卖半年。为了保证天牧公司全年有富硒农产品可卖，车家村还通过技术输出，与周边村镇合作生产富硒农产品：在驼山乡培育出富硒苹果，在永宁镇培育出富硒福寿桃，在杨家乡培育出富硒番茄，在老虎屯镇培育出富硒紫金葡萄，在三台子乡培育出富硒大米等。

2019 年以来，车家村依托专利技术优势，在 2018 年三大类 40 余个品种富硒农产品标准化生产的基础上，向富硒农产品规模化发展，现已种植富硒香瓜近 200 余亩、富硒地瓜 300 余亩、富硒油桃 4 000 余株、富硒苹果 80 余亩、富硒玉米 200 余亩、富硒有机葡萄 150 余亩。通过“天牧味道”品牌，周边的村子也被带活了。

（撰稿人：连心）

“自行车书记”的致富经

——记辽宁省瓦房店市太阳街道王店村第一书记曹中华

曹中华，大连市财政局干部，2018 年 4 月 27 日任辽宁省瓦房店市太阳街道王店村第一书记。为了方便基层工作，他驻村第二天就买了辆自行车，从此骑行于农家院和田间地头，认真了解并热心帮助村民解决困难，被村民们亲切地称为“自行车书记”。

王店村是大连市的低收入村，又因为是水库水源地保护区，所以引进项目受限。经认真调研，曹中华认为必须发挥村党组织的引领作用，依托全村现有资源，充分用足用好党的强农惠农政策，集中精力推进农业现代化。

驻村后，恰好村里有合作社新建了红薯栽植项目，曹中华得知后，与合作社进行了座谈，积极倡导合作社打造绿色产品，并得到大家的认同。

他带着合作社负责人到相关部门咨询生产质量标准，并邀请技术专家进行现场生产指导。

随后，合作社全程使用富硒

生物菌肥，推行人工除草，严控化肥和农药使用量，采用科学合理的田间管理，实行滴灌作业，种出的红薯瓤金黄、味特甜、营养价值高，并于 2018 年国庆节前通过了无公害农产品认证。

为方便顾客居家烘烤，合作社又将红薯实施分级分类，将大小最适中的精选出来装箱售卖，其余规格的制作成红薯粉条。

由于王店村红薯优良的质量和周到的服务，当年零售价就达每公斤 2.5 元，是普通红薯价格的数倍。鉴于较好的经营形势，合作社又于2019年、2020年连续扩大了种植面积，2020年产量可达到2 000吨，带动了更多的农户致富。

王店村“守着水库却缺水”已是多年的无奈。因为全村山地较多，引水设施又有限，无法利用水库开展大面积灌溉。遇到大旱时，农民只好用三轮车运水上山，成本高且杯水车薪，很多果树被旱死。

改变靠天吃饭的局面，是王店村世世代代村民的梦想。经与村“两委”商议，怀揣着这个梦想，曹中华多次骑车翻山越岭到瓦房店市找相关部门汇报情况、衔接政策，一个来回就是50多公里路程。

功夫不负有心人，王店村引水灌溉项目得到了上级支持，最终依托原有一座引水天池实施了引水管线延伸工程建设。项目于2019年竣工使用，新建管线7 800米、新增灌溉面积近4 000亩，大大促进了增产增收，群众亲切地称之为“天水工程”。

村民生产的农产品质量上来了、产量增加了，还要卖得出去。为此，曹中华多次带队参加各类农产品展销会甚至全国农博会，增加了销售额也结识了很多大客户。他在大商集团位于大连市黄金地段的商场里申请下来“第一书记农产品专柜”，日销量平均每天250公斤。

他还在《半岛晨报》《大连日报》报道驻村事迹时顺带插播农产品“小广告”，在大连电视台播出“驻村第一书记带货”专题节目，帮助联系各网络销售平台推介王店村农产品。

为把网上销售主动权掌握在自己手里，曹中华还鼓励合作社建设自营微信商城。当社会上的软件开发公司要价较高又不肯让步时，曹中华一咬牙，跟合作社说，“不谈了，咱们自己动手弄”。

说干就干，他结合大学时自学的一些编程基础，利用数月的业余时间钻研软件开发，2019 年国庆节前，自营商城正式上线运营，进一步拓宽了农产品的销售渠道。大家都非常开心，纷纷点赞道：“没想到这事能成，曹书记干事儿还真是有一股蛮劲。”

驻村两年来，自行车陪伴着曹中华走遍王店村的沟沟坎坎、屯屯户户，先后 5 次爆胎，胎纹被磨平，脚蹬子的主轴承已经晃动，变速齿轮破碎重换多次……

两年间，曹中华脚踏实地，积极协助村“两委”推进党建和脱贫攻坚工作，建设和升级了王店村党群综合服务中心、党员活动室、慈善工作站、传统文化讲堂、图书阅览室，举办了“不忘初心、牢记使命”主题教育广场舞大赛，组织了庆祝中华人民共和国成立 70 周年合唱快闪等一系列党员群众喜闻乐见的文化活动。

曹中华还争取到上级单位的壮大村集体经济专项资金 200 万元，用于开展种鸡代养殖项目，每年为村集体创收 16 万元；协助推进“农光互补”光伏发电投资项目建设，投资 2 亿元，建成光伏大棚 32 栋、占地 105 亩，形成“四合一收益”，即高附加值灵芝菌销售、务工农户工资、占地农户租金和发电收益；为缓解农民发展生产资金难问题，协助村“两委”衔接银行贷款等事宜。

2019 年，王店村被瓦房店市列为“乡村振兴金融样板村”和“阳光信用示范村”，在各方面支持下，当年全村新建大棚 30 余栋，新种植油桃树 500 亩、樱桃树 1 000 亩。

2019 年年底，王店村全村人均年收入达到了 1.7 万元，已连续两年增长 10% 以上。王店村委会 2018 年、2019 年两度蝉联辽宁省思想政治工作先进单位，2019 年被辽宁省扶贫办确定为脱贫攻坚观测点，被大连市委组织部确定为主题教育观测点。

曹中华说：“党员干部总在机关办公室坐着，就像是从高楼上往下看停车场里的汽车，都四四方方的差不多，却看不清它们的细节差别。”

“制定的政策是否符合群众所需？落实起来有没有困难？能不能发挥最大效用？越贴近基层和群众，越能了解实际，越能避免工作中靠‘拍脑门儿’。”

“骑不骑自行车并不是关键，这可以根据实际情况去选择，这是从群众中来、到群众中去的工作态度。”

（撰稿人：宇宙）

将青春书写在农村大地上

——记辽宁省丹东市振兴区汤池镇金崮村第一书记陶准良

走进辽宁省丹东市振兴区汤池镇金崮村，眼前一片生机盎然的景象。盛夏时节的金崮村被一片郁郁葱葱的绿色环抱，山间阵阵凉风吹散些许的闷热。“瞧！那就是陶书记！”顺着村民手指的方向，一个头戴草帽、“全副武装”的男子正在田间埋头劳作。听到说话声，他直起腰、挥挥手。这个皮肤黝黑、憨憨的“80后”农民就是汤池镇金崮村第一书记陶准良。

一块黑板、一根粉笔，传道授业解惑曾是陶准良肩上神圣的职责。2018 年 5 月，他的青春又被赋予新的使命——响应辽宁省选派干部到乡村工作的号召，他来到汤池镇金崮村担任第一书记。从三尺讲台到乡村热土，两年来，他凭借沾满泥土的双脚走进了金崮村村民的心坎儿里，在他和村“两委”班子的共同努力下，金崮村稳步奋进在脱贫攻坚、乡村振兴的大道上。

“要想富，先修路”

“懂农业、爱农村、爱农民。这是驻村前领导对我们提出的期望，也是我服务脱贫攻坚、乡村振兴的准则。”陶准良边说边翻开他的驻村日记本，里面一条条记录着村民姓名、困难诉求、解决办法和完成情况。

“说实话，刚到村里的时候真是‘两眼一抹黑’，不知道该怎么干。”陶准良说。为了解村情、民情，他用了 5 个月时间走遍了金崮村的 300 多家农户，了解村民各方面的情况和需求。其中，村民反映最多的是村里的道路问题，尤其是百姓的林地作业路，施工条件比较恶劣，大修没有资金支持，而且需要大量的人力财力，假如简单修整，一场雨就又会恢复原样。

针对这种情况，陶准良来到现场设计作业路施工方案，到处寻找低价或者免费的回填料。他带头施工，又是装卸又是运输，一干就是一整天，老毛病滑膜炎犯了，就吃两片止疼药顶上接着干。在施工现场，他瘸着腿指挥施工的场景更是令村民动容。

如今，之前车辆无法通过的田间路变得宽阔、畅通。去往修路现场的路上，笔者恰好遇到了金崮村的蓝莓种植户李廷宇，他开着小汽车去市区送货。提起陶准良，李廷宇竖起大拇指：“陶书记是真为我们百姓办实事啊，这么跟你说吧，以前我运送蓝莓都靠人往外抬，现在我的汽车可以开到大棚跟前儿。”

驻村期间，陶准良先后带领村民修整作业路 10 余条，共计 3 000 余米。同时，他积极向上级部门协调争取“户户通”村间道路项目，修建道路 6 000 余米，彻底解决了村民反映的“头号诉求”。

“小康不小康，关键看老乡”

村里的路虽然修好了，但只有村集体经济收入上来了、农民的口袋鼓起来了，这条脱贫攻坚、乡村振兴的路才是真的“户户通”了。金崮村是一个传统农业村，仅靠传统农业种植群众致富的难度很大。根据调研，陶准良提出借助紧邻国道和丹东机场的地理优势，村集体经济拿出 70 余万元开发了 30 亩土地，这块土地在最新一轮土地使用转换中，为村集体经济升值 15 万元。之后他又提出建设门市出租，门市出租后将实现村集体经济的稳步增收。

村集体经济有了起色，陶准良进一步琢磨怎么让农民口袋也跟着鼓起来。为了打开农业致富的局面，他先后到多地考察种植项目，最终确定了金崮村的发展之路——东北玉簪种植“党支部＋农户”模式。

“东北玉簪是非常好的绿化作物，市场前景好，而且种植简单，对土地面积没有要求，适合农户种植，每亩每年可为村民增加收益1 000元以上……”但是，任凭陶准良脚底磨烂、嘴皮讲破，村民就是不敢动。

群众不敢干，陶准良就带头干。从地块修整、种植到施肥、打药，他全程亲自动手。在管理过程中，他优先雇用低收入群体，解决本村村民打工难问题。同时，他将前期产出的玉簪，免费提供给本村的贫困户和持观望态度但有意愿种植的农户，让全村村民看到玉簪项目的前景。渐渐地，大部分村民开始种植玉簪，成规模后再成立合作社，“党支部＋合作社＋农户”发展模式逐步形成。

初见成效后，陶准良又把目光投向更远的未来，积极争取建设资金打造农业园区。现阶段农业园区项目正在进行招投标，整个园区建成后，预计每年将为村集体经济带来100余万元的收益。

“干得好不好，群众说了算”

村里的矛盾纠纷无小事。除了带领村民致富，陶准良还要做好村民调解工作，化解矛盾纠纷，确保村里稳定。金崮村工业园区征地，金崮三组村民多次到村里诉说集体补偿资金分配问题，情绪异常激动，一言不合竟对村民组长大打出手。这时候，陶准良挺身而出，面对村民的指责和谩骂，他诚恳地说：“我不是官员，我就是来为大家服务的，帮助解决问题的……”为了化解矛盾纠纷，陶准良主动深入村民家中了解情况，耐心讲解，多次召开村民代表会议、村“两委”班子会议，向上级有关部门反馈情况。看着陶准良奔前忙后，一心为了村民，大家也终于认可并和解了。就这样，两年来，他解决村里占地补偿、边界纠纷、集体信访等问题 20 余件。

陶准良也是一个闲不住的人，平时好琢磨点事儿。他结合实际工作，设计了困难村民二维码建档系统，建立电子档案，统计家庭人口数、当前状态、主要贫困原因等，并逐户形成二维码，通过扫码就可以清楚知晓村民家庭情况，并开展有针对性的帮扶，既提高了工作效率，也方便了村民。在新冠肺炎疫情防控期间，他继续采取扫码登记的办法，设计了二维码扫码防疫登记系统，通过扫二维码将防疫登记变得简单化，这一方法在全区被广泛推广。

每一件实事都回应了群众的呼声，每一件实事都办到了群众心坎儿里。驻村两年多时间，陶准良以自己饱满炽热的真情赢得了村民们的信赖。“跟着陶书记干，我们放心！”

（撰稿人：李莉）

管家村的“大管家”

——记辽宁省丹东市凤城市草河街道管家村第一书记彭文明

2018 年 5 月，辽宁省凤城市草河街道管家村来了一位城里人，他走街串户，详细询问村民们的产业现状、生活困难等，并在日记本上一笔一画做了详尽记录。这个城里人叫彭文明，是辽宁省卫生健康服务中心派驻村里的第一书记。驻村两年多时间，彭文明时刻将村民利益放在首位，以实际行动践行着“干”字精神，甘当管家村的“大管家”，提升了村民的生产生活质量，实现了村中建档立卡贫困户 39 户 95 人的脱贫梦，使驻村工作驻进了村民的心里。

“路不通，还谈啥经济发展？修路架桥这事儿我管了！”

俗话说：要想富，先修路。老党员陈庆有向彭文明反映了困扰村民多年的村路问题。实地考察后，彭文明发现资金是阻碍村里修路架桥的瓶颈。“个人利益是小事，老百姓的问题不能等。”于是，彭文明打起了他 2018 年度那 3 万元驻村补贴的主意。他带着村“两委”干部亲自去买涵洞管、钢筋、水泥、砂石等，发动本村党员参与修桥。在大家的共同努力下，西沟漫水桥建成了，结束了 120 户 600 余名村民蹚水过河的百年历史。除了自掏腰包为村民修桥，彭文明还积极与市级相关部门沟通，两年累计争取市级修路专项资金 90 万元，修缮村路 3 公里。架了桥、修了路，农产品运输顺畅、村民出行便捷，看着村民们的笑脸，彭文明心里倍感欣慰。

“村集体没钱怎么服务群众？怎么带领群众致富？这事儿我管了！”

管家村是典型的“空壳村”，在借鉴他山之石的基础上，彭文明与村“两委”研究决定，将向市级争取的100万元壮大村集体经济专项资金用于新建近220亩大榛子园，将村党支部和榛农形成利益捆绑，以榛子种植优势成立合作社。在彭文明的积极推动下，135户榛农加入合作社，全村种植大小榛子累计7 000余亩。他联系生物菌肥厂为榛子树提产提质，邀请专家指导榛农提高种植技术，参加省级农博展推销榛子等特色农产品，在沈阳新建第一书记扶贫馆解决榛农销售难题，忙得不可开交。入社榛农2019年累计收益较2018年增加了65万元，2020年村集体经济收益达7万元。党支部的政治引领增强了村集体经济的“造血”功能，更让榛农看到了“钱景”。“今年合作社新增榛子栽种面积210亩，其中包括5户贫困户的45亩。我准备为这些新增户的榛子苗每棵补贴1元，贫困户的每棵补贴1.5元。”彭文明自己拿出近2万元，鼓励村民一起做大做强榛子特色农业产业，一起致富。

“村里没产业，老百姓的来钱道儿就受限，招商引资这事儿我管了！”

管家村土地肥沃，除了适合种植榛子，还适合种植人参。彭文明在朋友的帮助下认识了辽宁桂德人参实业有限公司的负责人，经过多番沟通和公司的实地考察，辽宁桂德人参实业有限公司决定在管家村流转土地 2 000 亩、投资 1 亿元建立人参种植基地。辽宁桂德人参实业有限公司每天用工 100 余人，人均每天收入 100 元。招商引资的成功，不仅为管家村打响了特色农业产业品牌，更让村民们在家门口找到了“铁饭碗”。其实，最让彭文明牵挂的是贫困户的生计问题，经与公司负责人商量，凡有相应能力的贫困户可优先在公司择岗就业，没有劳动能力的贫困户将自家土地以每年每亩 600 元流转给公司使用。“我去年一年在这公司干了 140 多天活儿，挣了近 15 000 元，感谢彭书记让我有机会靠自己的双手实现脱贫。”第六村民组赫荣钱感激地说道。彭文明说：“想让村民的钱袋子真正鼓起来，发展富民兴村产业才是关键，希望这些产业项目能够促进村民们尤其是贫困户都尽快过上小康日子。”

“谁家都有需要帮助的时候，只要村民们需要我，我能办的事儿我管了！”

“纪叔一家生活困难，听他说孙女要辍学，我的心里就不是滋味儿。”带着对贫困学子的特殊关爱，彭文明自驻村开始，每月便从工资中拿出 800 元帮助 4 名贫困小学生缓解家庭生活费压力；自费为草河中心小学捐赠价值 1.1 万元的课外读物 500 册；联系辽宁星光爱心团队，资助村里 2 名贫困生，高中期间每人每年 9 000 元、大学期间每人每年 1 万元；联系自己的亲朋好友为贫困学生捐款捐物共计 5 000 余元；邀请沈阳农业大学志愿团队为村中 20 余名留守儿童开展寒暑假“补习班”共 3 期。同时，他还利用自己派出单位优势，在村内举办 3 次大型义诊，为村卫生所捐赠彩超机 1 台，争取到浙江泰康药业健康扶贫专项资金 50 万元。管家村妇女主任管序玲说：“我们这个‘80 后’第一书记脑子活、有爱心，年年‘七一’都自费 4 000 多元买慰问品走访贫困党员，还为 2 户贫困户争取到危房改造机会。这书记，行！”

新冠肺炎疫情防控期间，彭文明用自己 2019 年的 3 万元驻村补贴，先后为村民购买并免费发放口罩近千个；购买手提音箱 1 台，每天步行 10 余公里在 12 个村民小组开展移动喊话宣传；创新成立“跑腿儿”服务队为村民提供跑腿

儿派送服务；为 117 名学生准备口罩和电子体温计等“开学大礼包”；带头参与支部捐款 500 元，并将 3 万元驻村补贴剩余的 1.57 万元以特殊党费名义全部捐赠给防疫一线工作人员。

两年来，彭文明用双脚丈量了管家村 12.5 平方公里的土地，用真心倾听了全村 528 户 1 722 位乡亲的喜怒哀乐，以共产党员的初心在管家村的土地上挥洒着青春汗水。望着党员群众赠送的 5 面锦旗，彭文明说：“党组织派我来驻村工作，就是要我想方设法让村民们脱贫奔小康。既然来到了管家村，我就是这个村的‘管家’，我得兑现对党组织的承诺，更对得起乡亲们的那份期盼。”

夜已深，彭文明这位“大管家”仍伏首案前，谋划着惠民助农的下一步计划。

（撰稿人：仲笑莹）

白手起家的“牛书记”

——记辽宁省朝阳市朝阳县羊山镇鲁王杖子村第一书记薛钊

在辽宁省朝阳市朝阳县羊山镇鲁王杖子村有一个小有名气的“牛书记”，只要谈起养牛他就会滔滔不绝。其实，“牛书记”并不姓牛，他叫薛钊，是辽宁省委宣传部的一名副处长。2018 年 3 月，他响应省委号召主动报名来到鲁王杖子村担任驻村第一书记。

两年多时间，他白手起家，不等不靠，带领村“两委”赊账建养牛场，干起了全镇第一个村办产业，把一个杂草丛生的荒山沟变成了存栏 202 头牛、占地 30 亩的生态养牛场。薛钊也因此被村民、朋友们戏称为“牛书记”。

“小事情”促成“大想法”

建养牛场是好事。刚到村不久的薛钊，第一次在村“两委”会上提出建养牛场来壮大村集体经济时，得到的不是大家的支持，而是一致反对。面对种种质疑和担心，薛钊并没有与他们争辩，而是暗下决心：一定多做实事，得到村民认可，力争把养牛场尽快建起来。

2018 年 3 月 23 日，驻村还不到 10 天，薛钊就协调铁岭某企业为村小学无偿捐助 2 台风暖锅炉，彻底解决了 60 位师生冬季取暖的问题。

之后几个月，薛钊积极联系企事业单位为村里捐图书、计算机、路灯、村部办公设施，捐建灌溉井，协调辽宁广播电视台为村里拍摄专题宣传片，协调医疗单位爱心团队到镇上和村里义诊。他还亲自为村里的扶贫鸭蛋代言，自掏腰包购买了包装设备并通过电商平台将扶贫鸭蛋卖出了省，一次就为贫困户分红 2 万余元。

这些看似不起眼的小事，在村里却引起了不小的反响，既为村里解决了实际问题，同时也树立了驻村干部的良好形象，得到了村“两委”干部和广大村民的一致认可。

“小书记”展现“大作为”

感到时机成熟，薛钊又一次提出了建养牛场的想法。这次大家都没有反对，但是建养牛场投入巨大，启动资金从哪里来？薛钊认为，产业是根本，没有产业作支撑，脱贫攻坚工作、农村精神文明建设、人居环境治理等都将是空中楼阁。

经过反复沟通，薛钊最终和村“两委”达成一致，晚干不如早干，不等不靠，没有启动资金，就由第一书记担保，赊账建养牛场。2018 年 5 月 17 日，王杖子村畜牧养殖专业合作社成立。7 月 18 日，养牛场破土动工。

那一阵子，养牛场每天都在发生着新的变化，薛钊每天都奔走在找资金的路上。功夫不负有心人，两年来，通过社会捐赠、爱心众筹、集资入股等形式，他共募集资金 300 余万元，实现存栏肉牛 202 头。

在帮扶单位的支持下，牛场的电通了、路修好了，实现了通信网络全覆盖。2020 年 2 月，养牛场的第一批肉牛出栏，共为贫困户分红 15 万元，为村集体经济分红 3 万元，也迎来了第一批 9 户村民共计 40 万元的自愿入股。

在建扶贫养牛场的同时，薛钊又将目光投向了生态养鸡产业。说干就干，一座面积 330 平方米的生态“溜达鸡”养殖场建起来了，精心选购的 2 000 只雏鸡被投放到场内，它们每天吃着杂粮、喝着山泉水、沐浴在阳光下，确保了纯生态养殖。预计在出栏时村集体经济可增加收入 10 万元。

“小产业”彰显“大成效”

众所周知，农村干产业难，而最难的是建立长效机制。两年多时间，不止一个人提醒过薛钊，“千万不要你一走养牛场就黄了”。如今，驻村剩余时间已不足一年，薛钊除了继续为养牛场跑扶持外，又开始着手其长效机制的建立。省农业农村厅、沈阳农业大学农业经济专家的电话成了薛钊的咨询热线，用沈阳农业大学专业研究合作社王春平教授的话说，“薛钊是我见过的最较真儿的学生”。

2020 年 3 月 4 日，养牛场运营一年多来的第一份公示在全村 11 个自然屯张贴，养牛场的资金来源、运作模式、负债情况和发展远景规划展现在村民面前。

3 月 26 日，村里召开村民代表大会，研究通过村集体经济股份授权代表人选并公示。

4 月 12 日，村里召开合作社成员大会，研究通过新社员入社、修改完善章程、聘用经理等一系列事宜，研究通过了由薛钊起草的完善村集体经济、土地和个人入股合作社合同。

4 月 15 日，合作社肉牛养殖项目召开第一次股东大会。

优化的组织结构是基础，合理的利益分配是动力，完善的制度约束是保障，这就是薛钊建立产业发展长效机制的思路。

薛钊说：“养牛场虽然已经度过了最困难的发展时期，但是还存在很多问题。我要抓住驻村最后的时间，尽全力让养牛场能够活下来、立得住、走得远。”

（撰稿人：张景瑞）

小订单，大希望

——记吉林省双辽市柳条乡清沟村第一书记胡永超

他把脱贫的种子埋在希望的田野，把富裕的硕果装进农民的口袋。在脱贫攻坚的征程中，他带领清沟村全村 46 户 74 名贫困人员在 2019 年全部脱贫。他就是吉林省双辽市柳条乡清沟村驻村第一书记胡永超。

“驻村不仅是人驻，更要‘心驻’。”“我不是来走过场的，而是带着富民强村的责任来的。”自从 2018 年来到清沟村，让村民们增收致富就成为胡永超心中的梦想。

清沟村位于吉林省双辽市柳条乡的东南部，东辽河中下游，地处河套地带，种植的农作物以水稻为主。但由于各种因素制约，绝大多数村民一年到头仅能维持温饱，这个偏远的小村子一点点被时代抛在了身后。

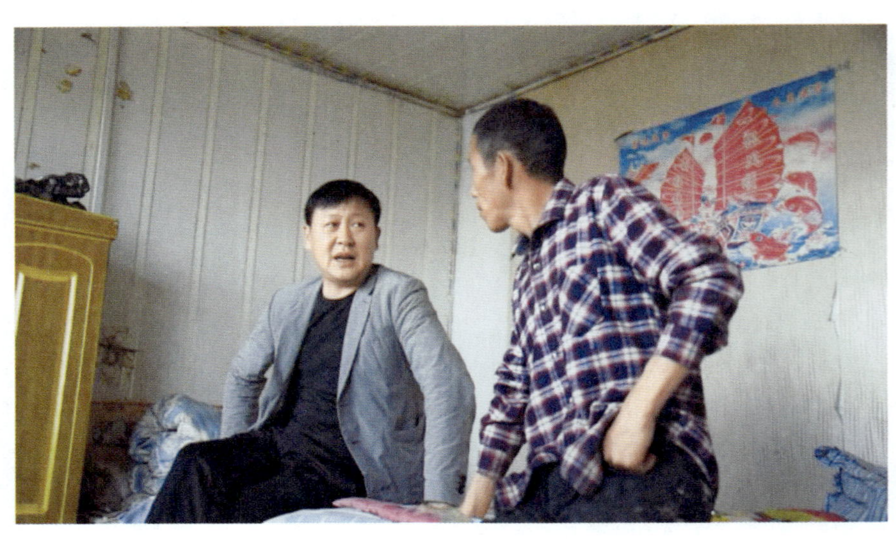

订单式育苗，为水稻种植解决后顾之忧

为了找到贫穷的病根，胡永超遍访了所有村民。他了解到其实村里的水稻种植是一项非常有前景的农业产业，只是由于村民大多采用已经落后的育苗方法，导致水稻育苗成本高、产量低、品质差。

针对这一难题，胡永超经过多方考察，找到一个既适合本村实际又能提高个人和村集体经济收入的长远产业项目。这个产业项目就是建立育秧工厂，用先进的科学技术与设备，打破传统育苗模式的弊端，从产量、品质、成本等多方面改变水稻在清沟村的种植模式，同时打破多年来农民固有的传统种植思想，由一家一户的小作坊向集约化生产转变。

在胡永超的多方奔走下，2018 年，10 万盘水稻育秧工厂项目正式落户清沟村。该项目总投资 311 万元，占地 3 万平方米，建设育秧大棚 2 万平方米，可用于清沟村 3 000 亩水稻订单育秧。胡永超积极同省农科院联系，从农民育种开始，省农科院的专家便全程跟踪，用最先进的农业科学技术支撑起水稻的全程生产。同时，水稻育秧由合作社全权负责，并与农民签订订单，保证秧苗的价格与品质。

春华秋实，通过水稻育秧工厂的集约化生产，清沟村每亩水田增产 150～200 公斤，户均可增收 1 300 元。

订单式劳务，带动贫困群众稳定增收

解决了育苗的难题，胡永超并没有停下脚步。水稻的集约化生产，让清沟村的群众有了空闲时间，如何让他们把时间变成收益，胡永超在贫困群众就业的问题上又下足了功夫。他积极帮助农村剩余劳动力外出就业，同时，还将不能外出就业的贫困群众吸纳到育秧工厂务工，为清沟村 20 人提供长期就业岗位。在春季育秧期间（45 天），育秧工厂可吸纳清沟村 100 个劳动力就业，按每人每天 100 元计算，可为全村劳务增收 45 万元。

订单式销售，给群众吃下“定心丸”

清沟村大米一直以来是依赖米商收购的传统销售模式，信息不对等，农户获利较少。胡永超积极联系，为清沟村量身打造了新的销售模式——销售大米助农脱贫计划，即通过建立网上微店、微商等订单方式销售，让农民不离乡土，企业与农户结成利益共同体，用企业的力量带动农民脱贫致富，增加收入。如今，清沟村的水稻已经远近闻名，种植、加工、销售一条龙的生产体系，让水稻真正成为清沟村脱贫致富的产业项目。

乡村振兴，首要的就是产业振兴。在产业助力脱贫的道路上，清沟村正昂首阔步，大步前行。

老百姓的日子一天天富起来了，胡永超又将心思放在了村屯建设上。他积极争取派出单位的支持，协调资金，加大村人居环境建设力度。如今的清沟村，新建村部 280 平方米，新建广场 3 500 平方米，新建村路 3.4 公里、路灯 89 盏，栽植路边绿化树 4 500 棵。

胡永超用他订单式的产业模式，换取了群众的幸福指数，也用行动诠释了驻村第一书记的责任与担当。在飘扬的党旗下，那一抹耀眼的红色正在成为精神引领，让这个昔日落后的小村子，阔步向前，奔向小康。

（撰稿人：闫冬光、赵胜磊）

扶贫路上“乘风破浪”

——记吉林省白山市靖宇县大北山村第一书记高世龙

推开高世龙的办公室门，他正伏案勾画着一张“思维导图”，上面遍布了有关即将上线的“第一书记代言”App的林林总总，左手边还堆着一沓厚厚的企划书、方案和图纸。高世龙抬起头，不好意思地说：“抱歉啊，也没迎迎你们，快请进！我带你们先参观参观协会吧！”

吉林省白山市靖宇县大北山村第一书记高世龙，这个身高一米八多、面色黝黑的汉子，一手策划创建了吉林省驻村第一书记协会。

从无到有，变“单打独斗”为“抱团取暖”

指着办公区门口醒目的协会门牌，高世龙回忆起协会创办前后的经历。

“在吉林省委组织部的亲切关怀和指导下，今年1月22日，协会正式成立，大年初二就开始工作。当时就我一个人、一间屋。你们再看现在，这层楼的一半房间都是协会办公区，有116个好伙伴加盟助力！现在是周六上午，你们看不到那么多人，因为大部分工作人员都是从下午一点开始直播到深夜，得轮班倒。”高世龙提起协会的“大家庭”，一脸自豪表情。

谈到创办第一书记协会的初衷，高世龙回忆起自己驻村扶贫的经历。2016年1月，高世龙被吉林省广播电视台选派到靖宇县大北山村开展驻村扶贫工作。在驻村扶贫的过程中，他与工作团队创新思路、克服困难，共同打造了“品牌+媒体+电商”的产业发展模式，形成了人参、天麻、灵芝、蓝莓等七大产业，打造了“老农夫”品牌。通过品牌引领，与吉林省内23家企业达成合作发展联盟，推出的系列产品达到102个，累计销售额达到了2.1亿元，贫困户和村集体经济实现了 4 年连续分红。

2017 年 3 月，为了打通大北山村的农特产品线上销售渠道，高世龙与团队在淘宝网开设了第一家村级淘宝店铺，按照原产地直销的运营模式，保证了产品从田间地头直递到千家万户。经过一年半的努力，“老农夫”品牌产品实现了销售量过千万，每天平均发货量在 3 000 单以上，成为全国滋补品市场领军品牌。

这段探索电商的宝贵实战经验，不仅让大北山村开拓了脱贫新路径，也让许多第一书记慕名跑来向高世龙“取经”。大家普遍反映的问题是：“我家有大米你家也有，我这儿产木耳、蘑菇你那儿也不少，都是东北特色，都是吉林佳品，但就是卖不出去或者卖得不好，这可咋整？”这些“抱怨话”在高世龙的脑中迅速“发酵”，一个“从分到统”的理论闪现于脑海，“对啊，就这么干！”

在高世龙的谋划筹建下，全省 1 489 名驻村第一书记和 1 万名村支部书记从“单打独斗”到“抱团取暖”，成立了吉林省驻村第一书记协会，打造了吉林省第一书记和村支部书记代言平台，在发展产业、打造品牌、开拓市场的道路上，联合作战、携手前行。

全面升级，从云直播到“第一书记代言”App

“真品、真事、真实惠！欢迎各位新老朋友来到吉林省第一书记代言官方直播间，今天，咱们一起来尝尝这个蓝莓干与别的地方产的有啥不一样……”直播间里一句句精彩的带货语音搭配主播生动热情的讲解演绎，一会儿工夫便有不少人下单购买。

从第一书记摇身变为带货主播，这在吉林省第一书记代言官方直播间里并非新鲜事儿。采访当天的主播是有着20多场直播经验的原汪清县鸡冠乡吉兴村第一书记王纵鹏，现在他是第一书记协会的副会长。“在协会工作，我们大家拧成一股绳，劲往一处使，都是尽自己最大努力为咱们吉林的农特产品代言，帮助企业、农民破解发展难题。”王纵鹏说。

协会还主导开发了扶贫和乡村振兴综合性全功能电商平台——“第一书记代言”App。目前，该App的技术开发工作已基本完成。

不改初心，努力打通“造血式”帮扶新路径

在办公区的一个拐角处，一面写着“悉心指导、贴心服务、爱心助农、尽心尽责”的红缎锦旗让高世龙讲述起一个小故事。“这是白城市通榆县新兴乡新茂村谢大娘送来的，这也是我们协会收到的第一面锦旗。”原来，当时因新冠肺炎疫情防控，谢大娘家的鸡蛋滞销家中，她四处求人帮助销售。谢大娘的求助信息得到了高世龙的迅速反馈，他派专人上门收购鸡蛋，提供便利服务，免费组织直播活动，快速解决了谢大娘的难题。

谢大娘拿到自己卖鸡蛋的足额货款，请人做了面锦旗，特意让同乡捎到了长春。

黑木耳、大米、玉米油、黄豆酱……各种吉林农特产品摆满了协会的货架。农特产品能否销售好，关乎农民的生计，高世龙和第一书记协会响应国家扶农助农号召，开拓“电商助农”新路子。一方面，他们积极与农特产品企业合作，搭建直播带货、电商推广、渠道对接平台；另一方面，根据地方特色制订相应的营销计划，让企业、农民有计划地展开销售，让电商走进企业、农户和消费者之间。

新业态、新经济、新思路，拓开农特产品销售新局面，高世龙在扶贫路上披荆斩棘、乘风破浪，越走越坚定。

（撰稿人：张丹、王璐）

“多情”的第一书记

——记黑龙江省绥化市兰西县临江镇富河村第一书记张云龙

“用火热的情温暖百姓的心。”这是张云龙常说的一句话。他是黑龙江省绥化市检察院一名“90后”检察官，2019年初春，被派到兰西县临江镇富河村担任驻村扶贫工作队队长、第一书记。他到任时，这里扶贫工作正处于爬坡过坎的关键时期，面对难啃的“硬骨头”，他认定只要干部用心用情，就能让贫困群众跳出穷坑、走上致富路。

用热情打好“攻坚战”

张云龙一到村就深入农户走访，在十几天时间内，对69户贫困户一个不落地入户调研，努力做到对每户贫困户的情况都了如指掌。新立屯建档立卡贫困户高英东，身患严重的胰腺炎，自己怀疑是患了癌症，妻子也患有抑郁症，夫妻

二人再无心过日子。张云龙感到要激发高英东的脱贫信心，首先要帮助他解除病痛。他帮助联系医院 4 位专家为高英东会诊，最终确定为就是一般炎症。

老高的心锁打开了，张云龙开始帮着他谋划脱贫项目。老高养过羊，院子又宽敞，张云龙认为只要利用起来，一定能成气候。于是他自己拿出 2 000 元作为资助，又动员扶贫队队员、村支部书记献爱心，每人拿出 1 000 元作为支援。老高利用这笔钱，买了 1 公 4 母优质小尾寒羊，搭起了羊圈。不到两年，院落养羊发展到 48 只，老高还成了“因勤致富”的典型。

高英东脱贫致富的实践，让张云龙感受到庭院经济是脱贫的捷径之一，于是他走一户落实一户。经过他的工作，富河村 100 多个家庭都搞起了庭院养殖，有了固定收入。

用柔情稳住“脱贫路”

富河村地处松嫩平原黑土区核心地带，但村民守着良田却没能实现粮食高产，由于各家单门独户经营，地被种得五花八门，有的还赔本。这一问题让张云龙感到挠头棘手，贫困村民梁久富开春种不上地的情景又呈现在眼前。

梁久富家是大成玉屯的贫困户，前几年因脑出血留下后遗症，半身不遂。2019 年春耕时节出现倒春寒，春播延期，天气一好转，有农用机具的农户抢时播种，很难顾及贫困户。梁久富家因无农用机具地种不上，着急上火，嘴上起了大泡，病得好几天没下炕。

梁久富家的情况让张云龙揪心，他感到贫困户大多年老多病，无机械又缺劳力，自己经营困难多。是否可以让他们把土地托管，由别人代耕呢？

他四处奔走，用心寻找信得过的经营主体，最终相中了杜宝忠的农机合作社，这个合作社是全市模范合作社，从不拖欠土地收益。这种托管经营办法，就是让农民以土地入股，土地变成股权，农民成了股东，到年底按股分红。这个意见拿出后，贫困户拍手欢迎，纷纷把自家土地托管。到去年年底分红时，托管土地比自己经营每亩增收 300 元，户增收 2 500 多元，农民得到了实惠。

用激情打好“组合拳”

脱贫取得整体成果以后，张云龙及时消减干部松劲情绪。他说：“摘帽不是终点，而是新的起点，返贫的因素还很多，我们要巩固成果乘胜而上。”接着他组织干部结对走访，发现返贫及时止贫。

一走访吓一跳，他们发现有的脱贫户已处在返贫边缘。双榆树屯的寇雪兵脱贫后不久，突发脑出血，留下严重的后遗症，治病花了一大笔钱，3 个儿女上学又面临困难。他的妻子认为“这日子没法过”，与他离了婚。寇雪兵家陷入了困境。于是张云龙为他申请了大病救助资金，让他得以及时治疗。接着又发动村干部和派出单位为寇雪兵家捐款，还为孩子们购买了学习用品。

为确保贫困户不返贫，张云龙打出一套“组合拳”。

兴办企业，增加经济收入。他们先后办起米面加工、酸菜腌制等企业，加盟电商平台，入股合作社。同时紧抓“清、化、收”（清理村集体资产资源、化解债务纠纷、增加村集体经济收入），通过2019年的努力，村集体经济累计达到了107.5万元，富河村从“空壳村”变成了富裕村。

富河村烂洼塘地多，常常被水淹，低产不增收的情况时有发生。张云龙积极落实市检察院争取的1 700万亩土地整理项目，先后修建排水沟12条、打抗旱井75眼、架设农电线路45公里、修缮田间道路63条，形成了“田成方、林成网、路相通、渠相连”的现代科技标准农田；通过土地整理、托管服务，实施连片耕种，非常有利于机械作业，每亩增产近50公斤。从此，贫困户既不愁种地，又有了高收入。

用真情织密“兜底网”

富河村有不少空巢、残疾老人，丧失了劳动能力。徐发窝棚屯的南福奎有脑出血后遗症，靠双拐行走，妻子患麻痹症，双腿弯曲，长年卧床，一家人一直靠政策兜底过日子。张云龙感到这些兜底户更需要细心周到的关爱。

为做到有资金保障，张云龙决定全面清欠。他多次主持召开村民代表大会、村“两委”班子会，逐个地块清算核实，要求欠债户主动补交所欠费用，然后对土地承包实行公开招标，在阳光下运行，重新签订承包合同。仅此一项，收回承包费共计 20 多万元。村党支部会议作出决定，这笔资金只能用于兴办公益事业和补助兜底户大病使用。

张云龙还同哈尔滨医科大学签订定期到村义诊协议，每半年组织专家到村进行一次义诊，为老人做心电图、量血压、做化验、拍胸透片，进行全面身体检查，医科大学免费给村民提供常见病药物。同时，他还同镇医院签订家庭医生巡诊协议，一旦发现患者，便通过绿色通道及时救治。

张云龙还帮助那些行动不便、难以自理的兜底户老人住进幸福大院儿。面对屋内宽屏电视、屋外健身器材，老人们都说：“小张书记这孩子比亲儿子还要亲！”

（撰稿人：胡博志）

小身板扛起富民大事业

——记江苏省盐城市响水县张集中心社区港湾村第一书记徐清

江苏省响水县张集中心社区港湾村，是盐城市南北镇村对口挂钩帮扶的重点村，2017 年村集体经济收入只有 0.5 万元。两年后，全村集体经济收入增长到 23 万元，群众人均年收入 1.37 万元，贫困户 146 户 324 人已全部脱贫。港湾村近两年取得的喜人变化与一个人的辛勤付出密不可分，她就是被港湾村村民亲切地称为“小徐书记”的徐清。

2018 年 11 月，徐清被江苏省委组织部选派到港湾村任第一书记。刚到港湾村之初，一张娃娃脸、一身朴实打扮、一米五的个头，别人眼中她不过是个娇小女生，那时谁都没看出来她真正的“斤两”。

支部“有力度”，发展“加速度”

“来到一个陌生的村庄，我不知道它有什么、缺什么，如果两眼一抹黑肯定是找不到出路的。”徐清明白为港湾村“把脉问诊”是她要做的第一件事，要从根上找出港湾村经济薄弱的真正原因。

拿定主意之后，徐清便深入全村 7 个小组实地走访，1 个月内双脚踏遍了港湾村的家家户户、沟沟坎坎。走访中徐清渐渐地了解到，港湾村整体经济基础薄弱，村民思想观念比较陈旧，各种矛盾、遗留问题较多，这些都是摆在她面前绕不过去的坎儿。

问题找出来，下一步就是想办法了。她首先从党员队伍管理抓起，开通“港湾 e 支部”网上平台和“港湾先锋号”微信公众号，与流动党员建立起经常性联系，着力提升党员教育管理整体实效。为丰富组织生活，她策划实施了“巾帼党员志愿队扮靓庭院共抗疫”“520 带着技术来爱您”“争创四优党支部”等一系列主题党日活动，经常组织党员开展线上线下交流，鼓励每一位党员“话初心使命、谈理想信念、商发展之策、解群众之难”，增强了党员的责任感与使命感，提升了党组织的战斗力、凝聚力。

“脱贫攻坚、支部当先，难题还得支部解、难事就得党员办，支部是主心骨、党员是主力军，我们要为支部赋能增效，要助党员提升本领……”此后，徐清在港湾村扑下身子，带领村党员干部一起奋斗，将一个又一个想法付诸实践，港湾村也随之开启了华丽的“蝶变”。

脑袋“富起来”，口袋“鼓起来”

“小徐同志巾帼不让须眉，她到农村并没有‘水土不服’，反而能把问题看到根上，办法想到点上，做事有钉劲、有韧劲。自从她来了之后，我们村可以说是变化不停、惊喜不断。”提到徐清，港湾村党总支书记朱士兵赞不绝口。

港湾村一组居民陈梅因病致贫，家庭生活困难。徐清了解情况后，将她介绍到村包菜种植基地务工增加收入。目前像陈梅这样，港湾村 146 户贫困户家家有致富门路、户户有增收项目。

扶贫先扶智。徐清认为要想发展产业富民，提高村民的素质很关键。“我到港湾村挂职，不是一个人在战斗！”为了将盐城师范学院的人才、技术优势与港湾村的发展结合起来，徐清小小的身影经常奔波于盐城市与港湾村两地之间。

2019 年 1 月，港湾村与盐城师范学院第一个合作项目启动，与校法政学院共建了“关爱留守儿童”党建联系点，开展“雏燕云课堂”活动，由 1 名学生党员结对 1 名留守儿童，建立课后辅导长效机制，真正做到“从源头上扶智”。

之后，在徐清的推动下，“学院 + 乡村”的合作逐步走向纵深。港湾村先后与盐城师范学院海洋与生物工程学院共建党建基地、大学生实践教学基地，产学研相结合为村产业发展提供科研支持；邀请校信息工程学院“智慧 + 志愿”服务团来村开展“学习强国”培训等志愿服务。

徐清通过一系列的引智帮扶活动，给港湾村发展注入新的活力，提高了群众的技能水平，激发了他们自我发展的内生动力，为发展产业带动脱贫致富打下了坚实的基础。

产业“立得住”，富民“创大业”

打赢脱贫攻坚战，产业发展是关键。有了可持续的产业才能真正带领乡亲们脱贫致富。

港湾村三组村民陈国军在外务工回乡后想养殖草鸡，却苦于不懂技术，迟迟拿不定主意。徐清得知后，对草鸡养殖和市场行情进行了一番调研摸底，并与盐城师范学院海洋与生物工程学院沟通寻求技术支持，最终帮助陈国军选定了益生菌草鸡养殖项目。

“养成了！今年 3 月初试养第一批，2 个多月就长到 0.5 公斤重，全程都有老师为我提供技术指导，真是太感谢小徐书记了。”让陈国军更加高兴的是，首批草鸡出栏上市后行情一片看好。

“陈国军的草鸡养殖成功了，也为其他农户做了榜样，下一步我们打算让更多的农户加入进来。”徐清把特色产业培育当作自己任期内的一道“必答题”，她还千方百计发展壮大港湾村原有的包菜和芡实等种植产业，成立各类专业合作社，让农户抱团取暖，增强抗风险能力。她说：“农业产业发展走规模化、专业化的路子是大势所趋，我们鼓励贫困户到合作社来务工，学习种植、养殖技术，拓宽他们的增收渠道。”

2020年以来，为了打造港湾村地标性品牌，徐清紧跟直播带货潮流，利用抖音、微信等网络平台策划了“校地同屏、青春助农”直播带货活动。她还亲自上阵，化身为一心做大做强特色产业、带动更多农户增收致富的“网红主播”。

驻村工作的21个月，外表娇小、内心却很强大的徐清，用苦干加实干带领港湾村走出了贫困，变成“爱的港湾”，赢得了当地干部群众的一致赞扬！

（撰稿人：王家成、程建文）

让万羽大白鹅“落户”咱村

——记浙江省台州市仙居县埠头镇振兴村第一书记张新建

“来了，来了……”2020年3月25日上午10时30分，浙江省仙居县埠头镇振兴村农村指导员兼第一书记张新建踮着脚，向山下看。只见一辆辆装满大白鹅的卡车，沿着山路缓缓驶来。

张新建拉着一旁的宁波市象山县畜牧兽医所所长陈淑芳的手，一脸兴奋地说：“终于把大白鹅盼来了。接下来，养殖技术指导、肉鹅销售等方面，还要你们多多帮忙。”

大白鹅的故事，要从2019年北京的人民大会堂之旅说起。

2019年，获得“全国人民满意公务员”称号的张新建前往北京参加表彰会。当时，张新建调任埠头镇振兴村农村指导员兼第一书记不久，正是在为村子愁发展、谋出路的时候。

“振兴村无山林、无田地、无河滩，还有部分贫困户和低保户，要发展、要致富，就得另辟蹊径。”就在这时候，张新建遇上了另一位“全国人民满意公务员”陈淑芳。

“可以养大白鹅！”陈淑芳告诉张新建，宁波市象山县不少人通过养殖大白鹅项目致富了。而且，象山县有着成熟的养殖技术和销售渠道，可以提供帮助，只要找到合适的场地，埠头镇振兴村就能“复制”这一大白鹅的养殖模式。

奔着让村民共同致富的愿望，两人一拍即合。经过陈淑芳的牵线搭桥，象山县文杰浙东大白鹅养殖合作社与振兴村达成合作意向：由该合作社提供技术和市场，振兴村提供场地和资金，共同建设一个浙东大白鹅养殖场。

眼看着项目“近在眼前”，而最关键的场地、资金问题，都没有解决，张新建发愁了。通过与村民沟通、实地考察，他看中了邻村一块“废地”，决定与“邻居”西亚村“搭伙”搞项目。同时，他也找到了“合伙人”——仙居江腾大白鹅专业合作社负责人徐江腾。

经过洽谈，徐江腾愿意出资，先建一个种鹅场，再通过“合作社 + 基地 + 贫困户”的模式，将大白鹅种苗免费提供给贫困户养殖，并提供技术、饲料，以及后期销售渠道。徐江腾表示，“就算不是贫困户，只要愿意养殖大白鹅的，我们都会提供技术、养殖上的帮助，至于销售，村民也不用担心。”

2020 年 3 月 25 日，满满 4 卡车的首批 8 000 羽浙东大白鹅种鹅在振兴村村民的翘首以盼中来到了仙居“新家”。这块原本的废弃矿山采石场，随着大白鹅的到来，俨然变身成为“聚宝盆”。与此同时，养殖场第二期的建设也在如火如荼推进中，下半年，还将有 1.2 万羽大白鹅入住。

据了解，这种大白鹅养殖 80 天即可出栏，一年四产，理论上养殖场每年可孵化 40 万羽苗鹅，此次这批种鹅预计 8 月底就可以生产种蛋。村民养成肉鹅出栏后保证每只有 30 元左右的纯利润，总利润约有 1 200 万元。

“当地 90 多户低收入家庭平均算下来，每户每年可增收 10 多万元。”看着一只只大白鹅扑棱着翅膀、适应着新环境，张新建觉得这条致富路走对了！

近日，张新建再次邀请陈淑芳与她的同事们来到仙居县，教授村民如何给大白鹅打疫苗。

而对于张新建来说，这只是一个开始。过去的一年里，张新建和振兴村“两委”干部一起努力，共争取了近20个项目，累计投入建设资金共1 000万元，目前已落实开展近10个。党建文化长廊、东篱之家、家宴服务中心等项目基本完成，其他更多的项目也正在有序推进中。

新的一年，随着大白鹅项目的落地，一幅农村致富新图景已在振兴村徐徐展开。张新建说：“会有更多的项目落地，会有更多的村民富起来。我们的目标是——小康路上，一个都不能少！”

（撰稿人：张玮洋）

甘做扶贫路上的一粒沙

——记安徽省亳州市涡阳县龙山镇段营村第一书记夏洁

一滴水可以折射出太阳的光辉，一粒沙可以凝聚成塔底的基石。2017年，夏洁主动请缨，成为安徽省政府发展研究中心派驻亳州市涡阳县龙山镇段营村第一书记、驻村扶贫工作队队长。扶贫三载，他始终“不忘初心、牢记使命”，坚持以群众工作为核心、以产业发展为统揽的扶贫工作思路，为村集体谋发展，取得了明显的帮扶成效。

守初心、扑下身，做好群众知心人

2017年5月，夏洁开始了自己的扶贫征程，经过3个多小时的奔波，来到了距省城300公里的段营村。这是一个位于涡阳县龙山镇东北角的省级贫困村，交通闭塞、产业缺乏、经济结构单一，村集体经济水平在全镇20个行政村中靠后，2017年建档立卡贫困户130户，贫困人口358人，贫困发生率达9.36%。夏洁从驻村的第二天开始，就和村干部一起，逐户走访贫困户，采集基础信息。他充分尊重村民的生产和生活习惯，选择在雨雪天集中走访群众，这样既可以提高“见面率”，又可以实地探访村组道路泥泞程度和农田水利损毁情况。为尽快和贫困户建立方便快捷的联系渠道，他们制作了工作队标示牌，张贴到每一户贫困户家中，以方便贫困户能随时联系工作队所有成员，及时提出帮扶需求。

在实地走访了解村情民情的基础上，夏洁创新工作方法，带领扶贫工作队队员整理制作了130份贫困户电子档案，详细罗列贫困户基本信息、致贫原因、收入情况，以便精准施策、精准帮扶。据统计，2017年5月以来，在历次满意度调查中，夏洁所带领的段营村扶贫工作队的满意度均为100%，被乡亲们亲切地称为“老乡亲人团”。

抓产业、谋发展，做好群众引路人

驻村伊始，段营村还是个典型的集体经济“空白村”，村里尚有8万余元的债务，村干部和村民对发展村集体经济持悲观态度。夏洁带领扶贫工作队和村“两委”充分研究论证后，决定利用老大队部与周边废弃土地，打造建设面积580平方米的标准化扶贫驿站。扶贫驿站建设所需资金50余万元，在多方筹集而资金尚未完全到位的情况下，为不影响工期，夏洁自掏腰包垫付4万元，同时招商引入专业化团队——亳州众盛服饰有限公司，发展劳动密集型服装加工业。扶贫驿站带动30名村民就近就业，仅开工3个月就接到订单3笔，价值数十万元，工人平均月工资达1 500元，带动9户贫困户实现了就业增收。

夏洁利用涡阳县开展的“一村一品”项目契机，积极外出邀商入驻段营村，引入“吴方根特色养殖家庭农场”，打造年产20 000只肉兔的大型养殖农场。同时要求农场加强与贫困户的深度合作，按照“四带一自”模式，免费向贫困户提供种兔和技术，并按照市场价回收，带动养殖户实现年增收4 000元的目标。夏洁逐步引领段营村走上一条以扶贫驿站为载体，以激发贫困群众内生动力为核心的

“群众就近就业，产业助力脱贫”的稳定脱贫之路。2018 年、2019 年，村集体经济收入均达 20 万元以上。

顺民意、强基础，做好群众贴心人

夏洁求真务实的工作作风、平易近人的处事风格赢得了村民的信任和理解，久而久之，很多村民都喜欢找驻村工作队“老夏”聊一聊生产生活事。村民反映：村小学门前道路狭窄，接送孩子的车辆经常拥堵，既不方便也不安全，能不能想办法拓宽一下；村幼儿园基础设施陈旧，能不能帮助升级改造，让娃娃们的条件好一点；村里的地下水含碱度高，还有苦味，渴望喝上干净清甜的纯净水；村里没有一个活动广场，没有休闲娱乐的合适去处……夏洁认识到，群众利益无小事，民生工程也是脱贫。他先后多方协调到 13.5 万元资金，对段营村幼儿园基础设施进行升级改造；协调到 15 万元项目资金，对段营小学入校道路进行拓宽改造；协调到 5 万元资金支持，建成占地 500 平方米的村文化广场。2017 年，段营村实现 3 个村民组电网农网改造，突出抓好通组道路硬化建设，形成畅通的道路网络，实现了组组通水泥路。2018 年，段营村建成惠民饮水站，彻底解决了群众吃水难的问题，让群众喝上了健康水。

驻村伊始，扶贫工作队就“约法四章”：一是工作队成员每天要在村干部的陪同下，深入群众家中走访，了解群众的所思所想所盼，不允许一直待在办公室；二是要入乡随俗，尽快学会当地语言，学会当地人的俚语、俗语；三是注重廉洁自律，不拿群众的一针一线，在群众家吃饭要给钱；四是充分发挥村监督委员会和村纪检员的作用，从而筑牢了扶贫领域廉政风险防范的“防火墙”。守规矩的扶贫工作队更受村民的欢迎了。一分耕耘一分收获，2017 年，段营村整村出列。2018 年，涡阳县成功实现整县摘帽。截至 2019 年年底，段营村已累计脱贫 91 户，贫困发生率降至 0.07%。

（撰稿人：马鋆）

青春筑梦，不负韶华

——记安徽省滁州市来安县施官镇龙山村第一书记支荣鑫

龙山村是安徽省来安县施官镇唯一的贫困村，全村面积约 20 平方公里，辖 28 个村民小组，共 1 241 户 5 160 人。全村建档立卡贫困户 113 户 206 人，其中老弱病残 103 户 187 人，占比达 90% 以上。2018 年，支荣鑫来到龙山村担任第一书记。

走访调研，做农村工作的有心人

“脱贫攻坚、乡村振兴，这是千载难逢的大事业。能踏上这条路，是组织上对我的信任。上有乡村振兴战略和各项扶贫政策，下有基层群众对美好生活的向往，只要大家踏实肯干，一定能带着乡亲们一起脱贫致富。”2018 年，支荣鑫满怀希望和决心，来到来安县施官镇龙山村担任第一书记。

“不来便罢，来了定不能当个‘花架子’。”抱着这样的信念，她像是不停转的“永动机”，早出晚归，晴天一身土、雨天一身泥，长期奔波在扶贫路上。她用双脚丈量这里的每一寸土地，任职不到一个月，就摸清了龙山村的整体情况。

几乎每天都登门入户，深入田间地头，与村民、村干部拉家常、谋发展，春去秋来，勤劳朴实的支荣鑫渐渐赢得了村民的信任。“支书记，有件事找你……”成了她最常听到的一句话。

“深山无路去，出门衣带泥”一直是困扰龙山村的老大难问题。为此，支荣鑫多方奔走，争取到了农村道路“扩面延伸”工程项目，用一年多的时间，在龙山村新建太阳能路灯 178 盏，铺设水泥路 10 公里。

在征得上级部门同意后，她组织村内干部群众搬运山上路边散落的碎石块，破碎加工后给乡亲们铺设入户路，解决了近 10 公里的泥泞路问题，让群众出行

不再“拖泥带水”。

“和我想象的艰难不同，这里的每个人都充满了热情和干劲。我相信落后只是一时的，大家缺少的是方向和机会，我来到这儿就是要替大家去争取、去谋划，带着大家脱贫奔小康。”支荣鑫上任半年后，在村民代表大会上掷地有声地向全体村民作出承诺。

修路盖房、新建龙山村农贸市场、修缮文化休闲公园，建设标准化幼儿园、停车场、候车亭，一个个基础设施让群众的呼声和期盼真正有了回应和着落。这中间所经历的一桩桩一件件解决难题的过程都有着汗水和泪水的回忆，但支荣鑫坚信，她脚下的路正是她苦苦寻找的光明大道。

谋划项目，做产业振兴的带头人

“无名山大川、无优势资源、无特色产业”，一个“三无”贫困村如何脱贫振兴成了萦绕在支荣鑫心头的第一大事。“精准扶贫的关键是产业发展，没有产业的发展，脱贫是不稳定的，也是不可持续的。”为此，她带领着村“两委”积极寻找适合龙山村的产业项目，田地里、山林里、河流里，但凡可以踏足的地方无一遗漏。终于，她找到了方向。

土地是农民的根本。经过广泛调研，她和村“两委”决定抓住“农头”的基础优势，基于龙山村长期种植水稻、小麦、菜籽等农作物规模大、产量足的条件，扶持米厂和油厂发展，提高农产品附加值。同时，通过订单合作，带动贫困户发展特色有机种植。

2019 年 8 月，龙山村食用油加工项目建设完工；9 月与绿农有限公司签订了合作协议；当年年底，焕然一新的芝麻油品牌“龙锦坊”正式上市。在此基础上，她带领村“两委”探索了“构建利益共同体”资产收益扶贫的做法，积极打造“贫困户＋大户＋企业＋村集体”的利益共同体，实行“租金保底＋务工收

入 + 股份分红”等方式的收益分配机制，实现了贫困户有收益、企业有规模、贫困村有产业。

2020 年，在施官镇党委、政府的支持下，龙山村联合周边的 7 个非贫困村，一起申报了总投资约 650 万元的粮食加工项目，初步估计平均每村每月至少能够增收 5 万元。“找准了项目好好干，我们龙山老百姓的日子一定会越来越好。”支荣鑫信心满满地说。

激发动力，做脱贫致富的领路人

在两年的扶贫工作中，支荣鑫制定了一套环环相扣的“扶志规划”。在工作初期，她每季度召开一次全村贫困户会议，对上级政策、脱贫典型、特色产业等进行宣传，鼓励贫困群众树立脱贫致富的信心和决心。

她带领村“两委”干部紧抓就业脱贫工作，从市农委邀请农业专家进村授课，每个季度举办一期农业知识讲堂进基层活动，开阔贫困户视野，提高他们产业发展能力；从市人力资源社会保障局、财政局协调到5万元资金，在村部新增人力资源LED电子显示屏，定期发布招工信息，为贫困户打通就业信息渠道。

同时，她积极利用企业形成的就业岗位，大力支持当地企业如龙粮米业、龙翔服装厂、绿农食用油有限公司规模化发展，有效带动周边群众就业。

排忧解难，做服务群众的热心人

万庄组的贫困人员谢佳加肢体二级残疾，其妻子王丹丹因照顾孩子不便外出，长期待业。支荣鑫了解情况后，与村服装厂联系，为王丹丹提供缝纫设备，让她在家工作，按件计酬，让其家庭有了一份稳定的收入保障。

贫困人员张明在丈夫因病去世后，长期在外租房打工，她家在村里的房屋年久失修。2019年，张明不幸患上肺癌，她抱着落叶归根的想法回到家乡，但房屋已经不能居住。支荣鑫和村里商量，对村里一些闲置的厂区宿舍，由村集体出资进行简单翻新，建设一排“公共房屋”，免费提供给像张明这样的既没有条件进行危房改造，又确实有住房需求的贫困户居住。

带着山区儿童奔向晨曦，陪伴孤寡老人共赏晚霞。两年的驻村工作和生活，让支荣鑫真正地深入基层、触碰到农村脉络，也让她更深切地感受到肩上的责任和使命。

（撰稿人：戴雅峰）

从“造船兴村”到“借船扬帆”

——记福建省龙海市紫泥镇紫泥村第一书记何宇

福建省龙海市紫泥镇的紫泥村位于九龙江畔，现有村民近 3 600 人，大多数人以造船、捕鱼为生。现在村里有大小造船厂 23 家，是龙海市赫赫有名的“造船长廊”，村民足不出村，在村里打工即可致富脱贫。实现这一切，离不开派驻紫泥村的第一书记——何宇。

破瓶颈，疏通“造血管道”

2017 年 12 月，何宇被福建省漳州市委组织部选派到龙海市紫泥镇紫泥村，成为一名驻村干部。报到第一天，紫泥镇党委书记潘福宝就指着地图说出了制约紫泥村发展最大的“瓶颈”——没有一条自己的村道。

紫泥村仅有一条不到 4 米的狭小道路与外界相连，村民日常出行必经邻村溪乾村的村道，且还须通过一座年久失修已成危桥的水利桥闸，生产生活十分不便，严重制约了村里经济的发展。

“造船厂运输生产资料，货车载

重量大、进出次数多，经常在村道发生堵车，时间一久，还影响到沿路村民的房屋安全。”何宇担忧地说。

因为村道这个“老大难”问题，过去很长一段时间，紫泥村村民经常和邻村村民起冲突，堵路、叫板、红脸屡见不鲜，严重影响了邻里关系。然而，苦于村财力薄弱等种种原因，十几年来，道路一直未能修通。

“造船业是紫泥村的主导产业，决不能让一条村道堵住村民致富的‘造血管道’。”为了筹措资金，何宇磨破了嘴皮跑烂了鞋，向漳州市交通运输、林业部门和龙海市政府等单位多方争取资金支持，并发动村民踊跃捐款，520 万元的道路建设资金终于筹齐了。

之后，何宇又积极与村“两委”一起，不分白天黑夜，不论刮风下雨，进村入户，做通了被征地村民的思想工作。

在大家不懈努力下，2018 年 3 月，新建村道工作正式启动。道路设计 1.5 公里长、12 米宽，并对道路两侧进行绿化，2020 年 8 月实现了全线通车。

抓共建，筑牢“安全屏障”

企业发展，安全第一。作为漳州市市场监督管理局特种设备安全监察科的一名干部，何宇深知：守住“安全线”，就是守住发展的“生命线”。

何宇说：“紫泥村船厂多，特种设备多，出海捕鱼的渔船多，安全生产尤为重要。”他在走访调研造船厂时发现，每年紫泥村船企发生大小安全生产事故三五起，不少企业安全主体意识差，起重机械安全管理不规范。有一次台风来袭，有一台大型机械倒塌，导致企业直接经济损失七八十万元。

为增强企业的安全生产意识，何宇利用自身所在的科室管理全漳州市起重机械安全的专业优势，主动与福建省特种设备检验研究院漳州分院对接合作，积极促进党支部共建。

何宇积极帮助企业做好特种设备检验检测工作，逐一排查整改安全隐患，并多次开展特种设备安全知识培训；与镇里分管安全生产工作的副镇长一道，多次与船厂负责人沟通，做通他们的思想工作，提高企业安全主体责任意识，保障全村特种设备安全运行。近两年，紫泥村再未发生安全生产事故。

促转化，激活“文化力量”

新修道路、保障安全、清理河道、移风易俗……扶贫路上的每一步，何宇走得脚踏实地、稳中求进。转眼已经到了驻村的最后一年，他始终在想，还能为紫泥村做点什么，如何真正做到“扶上马，再送一程”。

九龙江流域河网纵横，人们的生产生活与舟船结下了不解之缘。然而，让紫泥村人津津乐道的，不是那些有着先进机械化装置和钢筋铁板的超吨位大船，而是木质手工打造的龙舟。

村委会主任吴福来介绍说："据史料记载，我们村造船业历史悠久，这里造的船，当年还通过月港走上'海上丝绸之路'呢！"

"文化是乡村振兴的灵魂和动力。紫泥村有着很好的文化积淀，却一直没有把这种文化力量转化为经济效益。"何宇惋惜地说。

最近，何宇废寝忘食地"泡"在村里翻查文献，向村里的老人了解龙舟文化、造船文化和"海上丝绸之路"文化。他想通过系统的整理和规划，让百年精湛的技艺和源远流长的历史文化成为紫泥村今后发展乡村旅游的最大亮点，并得到进一步传承。

"弘扬好舟船文化，让世界知道紫泥村曾为'海上丝绸之路'造过船。组织派我到一线驻村，不是只顾眼前，而是要想长远，谋求可持续发展道路。"何宇说，紫泥村以"造船兴村"，他更希望接下来能够"借船扬帆"，大力弘扬舟船文化，在发展道路上走得更稳、更远。

（撰稿人：小鱼）

扶贫路上怀揣初心探索前进

——福建省漳州市长泰县岩溪镇上蔡村第一书记王晨鹤自述

2020年是我在长泰县岩溪镇上蔡村工作的第三个年头，要做的事情还很多。从农村来到农村去的机会使我成长，“不忘初心、牢记使命”的工作格言伴我在扶贫的道路上不断探索前进。

上蔡村是一个以农业为主的大村，面积大、人口多，建档立卡贫困户有14户。初到上蔡村，日记本里手画的地图让我更快地成为“村里人”，逐字整理的扶贫资料助我从源头上找到“穷根”，走亲戚般的入户交流让我和帮扶对象快速建立了深厚感情，扶贫之路走得越来越扎实。两年多过去了，眼见着挂钩贫困户的生活水平日益提高，孩子学习成绩逐渐进步，所有建档立卡贫困户稳定达到了“两不愁三保障”的基本要求，对未来美好的日子越来越有希望，让我对扶贫工

作有了更大信心。习近平总书记说过，“脱贫摘帽不是终点，而是新生活、新奋斗的起点”，让我深知实现整体稳定脱贫、共同奔向小康还有很长的路要走，脱贫攻坚的战斗应该持续而不停息。

产业发展是实现稳定脱贫的主要途径和长久之策。在上蔡村，淳朴的上蔡村民几乎一半以上都种有芭乐，虽然不愁卖，价格却一直上不去，旺季每公斤不过 4 元左右，淡季只能卖到 1 元，售价多受限于厦、漳、泉（当地芭乐以发往厦门、漳州、泉州三地为主要销路）的市场波动。为了拓宽市场、提高售价，我以第一书记的身份带领村里“90 后”的村支部副书记和几位年轻人自费到浙江嘉兴水果市场学习电商的新模式和经验，在村里成立了全县首个社区团购平台，结合原有收购站点，不仅提高了农产品的流动效率和价格，还印证了发展农村电商产业的好处。如今在县政府的鼓励下，我们村已经有了三家电商公司，日销售芭乐、青枣等农产品近 2 500 公斤，拉高了每公斤近 0.2 元的收购价，即使在新冠肺炎疫情期间仍正常收售，成为其他村村民的芭乐销售点，产业扶贫有了新希望。

乡村旅游在闽南地区如火如荼地发展着，我们也不甘落后。虽然上蔡村早在 2010 年就有中国“慢客村”的称呼，但慢客游并不火，餐饮住宿行业也不成熟，村民增收渠道不够宽，归根结底是“慢客村”的内涵不够、氛围不够。村里的“四落大厝”始建于明末清初，占地 6 000 多平方米，彰显出历史时期的建筑

风格，见证过有关大家族的荣辱兴衰，却在历史的磨砺下慢慢衰败。如何写好“四落大厝”这篇文章，丰富“慢客村”的内涵成为全村人的共同期待。我们以“事业是干出来的，机遇是拼出来的”狠劲，历经从对接项目到建设规划、征地拆迁、项目施工，经过村“两委”干部的共同努力，在村民、理事会的理解支持下，短短半年时间内，这座近300年历史的古大厝，从破败杂乱中逐渐焕发出往日的光彩，成为开发民宿、养老、旅游观光等产业的绝佳地。上蔡村村民的思想观念随着产业的兴旺逐步转变，从“局外人”变成真正的“主角儿”，相信慢客游在不远的将来会成为全村脱贫致富有力的产业支撑点。

2020 年，春暖花开、山河无恙。如今，村里的新党群服务中心已落成，进一步夯实了我们打赢脱贫攻坚战的阵地堡垒。新一届村“两委”为村民谋划的项目正逐一落地实施，村集体经济的造血功能正逐步加强，村民的增收渠道正逐渐拓宽。在党的领导下，我们村有信心实现全面小康！

（撰稿人：王晨鹤）

铿锵玫瑰绽芳华

——记福建省泉州市德化县三班镇三班村第一书记黄秋舫

她叫黄秋舫，是福建省泉州市退役军人事务局的一名女干部，2020年年初挂职任德化县三班镇党委副书记兼三班村党支部第一书记。一来到山区德化，黄秋舫便扎下根、沉下心，日夜奋战在新冠肺炎疫情防控、复工复产、脱贫攻坚和乡村振兴的最前线。她以真挚的为民情怀、务实的工作作风和显著的工作成效赢得了广大干部群众的认可和好评。

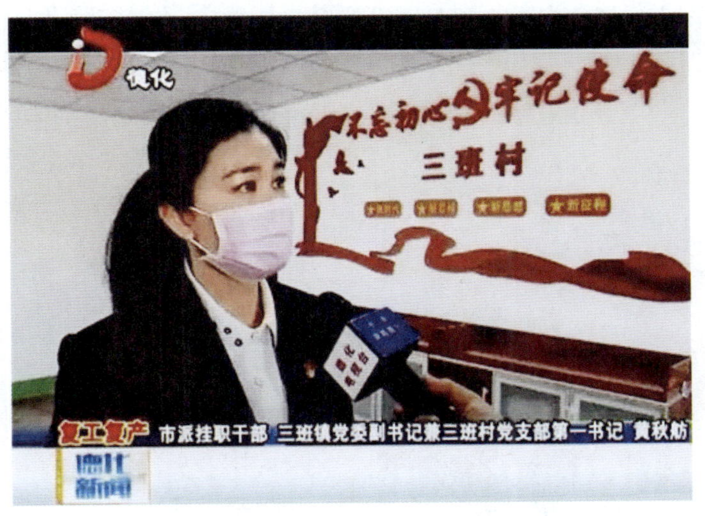

疫情防控的女战士

“妈妈，你什么时候才能回家呀？”黄秋舫经常在忙得不可开交的时候，接到年幼儿子的电话。挂职驻村伊始，黄秋舫就遇上了新冠肺炎疫情防控这一场“硬仗”。作为母亲、妻子和女儿，黄秋舫想念挚爱的家人。然而，疫情就是命令，防控就是责任，大局当前责无旁贷，黄秋舫毫不犹豫地主动放弃春节假期，大年初三便匆匆辞别家人，驱车赶到三班村，日夜坚守在疫情防控第一线，连续作战数月没有回家。黄秋舫说：“戎装在身，保家卫国；解甲归来，兵心依旧。作为退役军人事务部门选派的干部，危难时刻更要挺身而出、冲锋在前！”一来到三班村，黄秋舫便以最快的速度、最高的效率了解村里的各种情况，充分发挥党支部的战斗堡垒和党员先锋模范作用，高效有力地调动村“两委”的工作积极性，带领团队投入农村疫情防控一线工作。她调动广大村民的力量，第一时间组建了“青年党员先锋队”“退役军人排查队”和“老年协会督导队”3 支疫情防控志愿服务队伍，协助村“两委”开展宣传、排查、劝导等工作，构筑起以农村基层党组织为核心、以广大村民为依靠的安全“防护墙”。

新冠肺炎疫情暴发伊始，乡村医疗条件薄弱，防护物资紧缺。黄秋舫多方协调、主动对接，发动社会组织和爱心企业捐赠物资，助力农村抗“疫”工作。她不仅协调厂家捐赠了 200 多公斤消毒水原液，用于全村公共场所消杀工作，还个人出资购买一批优质口罩，供三班村防疫一线人员使用，解了防控物资紧缺的燃眉之急。此外，黄秋舫还对接联系了福建省扶老公益协会等社会组织，捐赠了 600 罐八宝粥、600 碗方便面、1 500 瓶功能饮料和 3 000 个一次性杯子等生活物资，为三班村打赢疫情防控持久战提供了物质支持。

三班村陶瓷企业密集，是德化县复工复产压力最大的乡村之一。面对人口流动带来的防疫压力，黄秋舫琢磨出了“企业开单，政府代办”的服务举措，助推辖区企业顺利复工复产。村里不少企业受疫情影响存在资金难问题，黄秋舫及时联系当地金融机构，结合当前的惠企政策，以靠前对接、上门服务的方式，邀请金融机构直接入企签订信贷融资协议，确保企业复工复产资金第一时间得到保障。在黄秋舫的带动下，三班村疫情防控、复工复产等工作进行得有条不紊，全村上下安全和谐，没有出现任何不稳定因素。

扶贫济困的暖心人

在做好疫情防控工作的同时，黄秋舫始终秉持“小善大爱、扶贫济困”的情怀，在深入了解德化山区贫困户的实际困难后，按照“山海协作、精准扶贫”的思路，坚持专项扶贫和社会扶贫相结合，主动协调社会公益组织和爱心企业捐款捐物，助推山区脱贫攻坚工作。2020 年 3 月 25 日，黄秋舫协调对接了多家社会组织和爱心企业，联手为德化县 8 个乡镇的贫困户、9 所中小学的困难学生送去了粮油、服装、鞋帽、书包、棉被等物资，捐赠爱心物资共 21 302 件，总价值达 538 万元。她还利用三班镇陶瓷企业密集的优势，引导有劳动能力的贫困户到陶瓷厂务工，鼓励他们改变“等、靠、要”思想，通过自身努力实现脱贫“造血功能”，已帮助 22 名贫困劳动力走上了就业岗位。此外，黄秋舫还特别关注特殊贫困群体，5 月 10 日母亲节那天，她带着面线、粮油等生活物资进村入户慰问困难母亲。六一儿童节到了，她主动走进贫困户家中慰问，不仅为孩子们带去了学习用品和生活物资，也为他们带去了关怀和温暖。

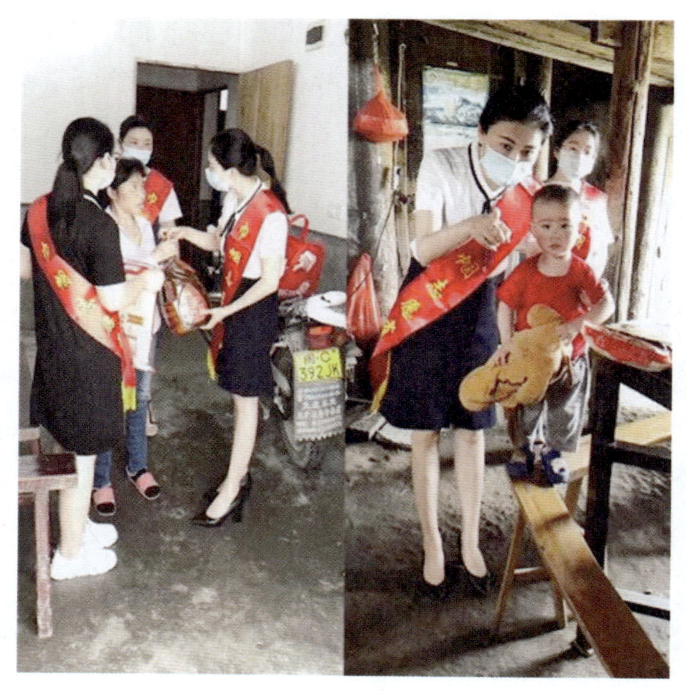

乡村振兴的领航人

“眼界决定境界，思路决定出路，格局决定结局。”这是黄秋舫常常挂在嘴边的一句话。从沿海来到山区，她深知，打铁还得自身硬，乡村要振兴，必须强班子。2020 年 5 月 15 日，黄秋舫带领三班村乡村振兴考察团一行 20 人赴晋江市调研，学习沿海地区脱贫攻坚、基层党建、乡村治理和乡村振兴等方面的经验做法。通过学习“晋江经验”，村“两委”成员纷纷表示，要学习沿海兄弟单位干事创业的闯劲和爱拼敢赢的精神，以省级乡村振兴试点村建设为契机，推动三班村各项事业持续健康发展。5 月 28 日，黄秋舫邀请省、市乡村振兴专家团队走进三班村，在实地考察的基础上，结合村情实际在顶层设计、整体规划和项目推进等方面建言献策，为三班村乡村振兴和长远发展提供智力支持。“火车跑得快，全靠车头带。”黄秋舫鼓励村“两委”发挥“领头雁”作用，利用三班村的资源禀赋和产业优势，抓重点、补短板、找亮点、强弱项，着力在文化振兴、产业振兴、生态振兴、民生振兴等方面下功夫，走出一条具有三班特色的乡村振兴之路。

真抓实干的好书记

“黄书记您伤得严重吗？这是我家里藏了多年的老茶油，拿来给您抹脸上的伤口，可别留下疤痕啊！”“黄书记，这是我家自己养的小母鸡炖出来的鸡汤，您伤得这么厉害，赶紧趁热喝补补身子！”……听闻他们的第一书记在进村入户的路上摔伤了，村民们纷纷自发赶来看望。原来，为更好了解村情民意，黄秋舫经常深入田间地头走访贫困户，不久就走遍了全村 13 户 38 名贫困群众。在一次雨后走访途中，黄秋舫在盘桓泥泞的山路上艰难前行，不小心重重摔了一跤，身上多处受伤，脸上也“挂了彩”。眼下正是打战“疫”、扶贫两场硬仗的关键时期，黄秋舫不想让村民和同事担心，便一个人悄悄去卫生院简单地处理了伤口。她本想“瞒天过海”，不料脸上的伤疤还是藏不住，村民们知道后纷纷赶来嘘寒问暖。2020 年年初刚驻村那阵子，三班村很多村民还心存质疑。可现在，一提起黄秋舫，村民都纷纷竖起大拇指：“这位女书记一点也不娇气，凡事都冲在最前面，为我们做了很多实实在在的好事实事，的确是位真抓实干的好干部！”

巾帼不让须眉，铿锵玫瑰绽放芳华。黄秋舫担任三班村第一书记的时间虽不长，却用务实的工作态度和令人瞩目的成效赢得了人们的认可和赞誉。所谓第一书记，是组织给予的重任，是群众寄予的厚望，是在任何急难险阻面前责无旁贷的“第一人”。黄秋舫用实际行动诠释了驻村第一书记的责任与担当！

（撰稿人：陈怡静、郑培龙）

路，连起了群众的心

——福建省宁德市寿宁县南阳镇坝头村第一书记郭梅峰自述

这是一条通往坝头村的路，2.2 公里长、7.5 米宽、2 座跨河桥，很短，却又很长，因为它通向群众的心，连起了干群鱼水深情。

2018 年，我作为福建省委组织部的一名下派干部来到宁德市寿宁县坝头村担任第一书记。当时的坝头村是省级建档立卡贫困村、革命老区村和少数民族聚居村，全村共有 306 户 1 156 人，其中畲族人口 370 人，村居分散。

至今，我还记得刚到村里时的第一印象——环境脏乱，村里几乎没有产业，交通不便，村民出行的道路是中华人民共和国成立初期建成的盘山公路，九曲十八弯。基础设施的落后极大地制约了坝头村的发展，群众出行不便，产业引不进来，增收致富更无从谈起。

要致富先修路，但修路得花大钱，这不是一件轻而易举的事情。事关坝头村发展大计，再难也要修，从县、市再到省，我前前后后跑了很多单位。经过多次协调汇报，2018 年年底，福建省交通运输厅终于将从坝头到帽底两个自然村之间的道路列入“‘三产’扶贫路”的项目库，并下拨了 350 多万元的专项建设资金。

都说好的开始是成功的一半，让我没想到的是，召集村干部准备大干一场时，群众却传出不同的声音。

群众对修路有不同的理解：有的认为修路是村里的事，与个人无关；有的对征地补偿标准有疑虑，担心少拿了补偿款；有的则觉得修路影响了自家风水等。

做好群众工作最关键的是要解决好他们思想上的顾虑，针对不同的声音，还要分类施策加以引导。我决定从入户走访开始，认真倾听群众意见，一一进行梳理。

老张是坝头村下辖上洋边自然村的村民，为了动员他拆除路边的一座灰楼，我往他家跑了很多趟。头两回去时，老张一会儿说同意，一会儿又说家里人认为灰楼拆了影响风水，不能拆。

怎么办？思来想去，我想到了一支关键的队伍——村里的老党员们。征地涉及的村民有一些是党员，我把这部分人聚在一起，将征地方案和政策讲给他们听，并承诺按标准发放征地补偿款，不会少一分钱，然后通过党员再做村民的思想工作。

动员一人，影响一批。在党员的示范带动下，村民纷纷前来办理征地补偿事宜。其他群众的工作做得差不多时，我第三次来到老张家里，对他说大家都盼着地早些征好，路早点修好，把产业引进来，增加收入来源，从而实现脱贫致富奔小康。

“乡亲们的期盼能不能早日实现，你家的灰楼是关键。”我把村民的想法转达给老张，还提出帮他置换一块地，盖楼时给他一定的补偿。在我的苦心劝说下，老张这个最后的“堡垒”终于攻下来了。

历时两个多月，一次次走访，一点点消除隔阂。心结打开后，群众对这条路也越来越上心，主动捐款，从几百元、几千元到几万元，全村 103 户累计捐款达 30 多万元。

征地问题得到了解决，道路施工也得以顺利推进。从曾经的小路到如今的大道，坝头村几代人期待已久的道路交通终于有了质的变化。

望着这条凝聚众多干群心血的扶贫公路历经一年时间终于完工并投入使用，我感慨不已。这条道路终于修到了群众的心坎儿上，为村里的乡亲们打开了一条脱贫致富和乡村振兴的康庄大道。

路通了，出行方便了，日子也更有奔头了。通过扎根田间地头，我发现，产业扶贫是稳定脱贫的根本之策，只有因地制宜发展产业，才能真正拔除穷根。我积极协调对接福建省农科院，争取到免费的葡萄苗和种植技术指导，并鼓励村干部带头养殖小龙虾、光鱼，种植大棚葡萄。同时还成立畲寨葡萄合作社，村委会还投入 20 万元建设了 10 亩集体葡萄园，每年的纯收益有 2.3 万元。新兴产业的入驻，不仅推进了坝头村产业的多样化，而且帮助许多村民解决了致富难的问题。

好日子是干出来的，贫困并不可怕，只要有信心、有决心，就没有克服不了的困难。

在我驻村期间，坝头村终于摘掉了省级贫困村的帽子，全村贫困户 9 户 45 人全部实现脱贫，村民人均年收入由之前的 9 200 元增加到现在的 13 100 元，村集体经济从之前的零收入到现在的突破 22 万元。坝头村还被评为宁德市文明村、福建省乡村振兴试点村和福建省乡村治理示范村。

“时代是出卷人，我们是答卷人，人民是阅卷人。”看着曾经贫穷落后的小山村蜕变为产业兴旺的美丽乡村，我对习近平总书记的这一重要论述有了更深的体会。

（撰稿人：郭梅峰）

当个乡村“销售郎”

——记江西省南昌县南新乡九联村第一书记应文伟

“一车货4万元，这油门踩得带劲！”见到应文伟时，他刚给客户送完一车板鸭、鸭蛋、菜籽油回来，满脸笑容。应文伟是江西省南昌县畜牧兽医局副局长，也是南昌县南新乡九联村驻村第一书记。由于在自己的私家车车身上喷着“九联村电商平台”广告，车窗贴着“脱贫攻坚”的鸭蛋海报，在村民口中，他还有另一个称呼——“销售郎”。

当好村情“调查员”

2018年年初，南昌县提出用两年时间全面消灭“空壳村”的目标任务。同年10月，应文伟被派往集贫困村、软弱涣散村、重点难点村于一身的南昌县南新乡九联村担任第一书记。来到九联村后，应文伟迅速转变身份，每天走村入户，了解村情，寻找脱贫致富出路。

九联村地处鄱阳湖畔，地理位置偏远、交通不便、资源单一，半数以上的村民都外出务工了，留在村里的村民收入来源基本是依靠种水稻、养鸭，村集体经济“一贫如洗”，是“十三五”省级贫困村，也是南昌县出了名的“空壳村”。应该怎样提高村民收入，改变贫困落后的面貌，这个问题一直萦绕在应文伟的脑海中。

2018年11月，九联村杨家三组养鸭户杨少春来到村委会，称鸭蛋行情不好，每公斤只能卖2.15元，连成本价都收不回，希望村干部能够帮忙找销路。杨少春家的鸭子都是散养在农田里的，鸭蛋品质既好又稳定。随后，应文伟又了解到，在九联村周边，这样的养鸭户有很多，情况也大致相同，最令人头疼的还是销路问题。他敏锐地察觉到这个“痛点”，决定把帮助村民销售滞销农特产品与村集体经济发展结合起来，走出一条符合九联村实际的产业扶贫道路。

变身产品“推销员”

为破解农特产品销售难的问题，应文伟和村干部商量组建合作社，之后在电商平台上售卖，这样既可以帮助村民打开农特产品销路，又能发展村集体产业。在南新乡党委、政府和南昌县农业农村局的大力支持下，2018年11月，九联村建立了电商平台。

应文伟结合自身经验，对鸭蛋进行包装，通过电商平台和微信宣传鸭蛋的散养品质，滞销的鸭蛋以每公斤3元的价格很快销售一空。这次成功的尝试，不仅解决了杨少春鸭蛋卖不出去的问题，而且帮他增收了2万多元。

一炮打响后，2019年1月，应文伟指导村里成立了南新宏鹰综合种养专业合作社，与乡里的风味鸭蛋加工、大米加工、菜籽油压榨等作坊建立合作关系，收购村民的鲜蛋、稻谷、油菜籽，加工后再卖出去。仅1年时间，九联村农产品销售额就达到56万元，实现利润15万元，2019年10月，一举甩掉了“空壳村”的帽子。今天的九联村已成为带动周边村民增收的“火车头”，合作社社员分布于附近几个行政村，逐步形成乡村农副产品加工产业新局面。

主动担任“送货员”

应文伟这个被派来“救火”的第一书记，原定在2019年年底任职期满就要回原单位。2019年10月，南新乡党委领导找到应文伟，表达了希望他留任的想法，并转交给他一封信。这是九联村“两委”干部和20多名村民代表一起向乡党委申请让他留任第一书记的联名信。看着信纸背面村干部和村民的签名，应文伟流下了感动的泪水并决定继续留下来。

2020年，随着九联村农特产品销路的打开，村民的鸭蛋销售火爆，但是突如其来的新冠肺炎疫情打乱了这一切。面对销售渠道基本封死的不利情况，应文伟通过微信朋友圈发布销售信息：“疫情期间，买100个鸭蛋，送5公斤新鲜蔬菜，提供送货上门服务。”不到一天的时间，他就收到了6 000枚鸭蛋的订单。

订单是有了，但是在疫情期间送货却再次成了一道难题。关键时刻，应文伟站了出来，“我是党员，更是村里的第一书记，这个时候应该冲在前面”。应文伟拿出自己的全顺汽车，卸掉后排座椅，改造成了九联电商平台的“专用车”，还当起了专属“司机师傅”兼“送货员”，穿梭在南昌市各小区楼盘间。

尝试成为“带货主播”

为了让扶贫产业真正在九联村扎下根，实现村集体经济可持续发展，应文伟积极奔走，在争取到县、乡两级的支持后，占地 1 600 平方米，投资 225 万元的九联村扶贫车间项目获得批准建设，即将交付使用。该项目将成为集农特产品生产、深加工、包装于一体的综合性车间。

“现在的直播平台流量真的是太大了，扶贫干部在埋头苦干的同时，也要积极关注这类新技术，将其与脱贫攻坚相结合。”随着扶贫车间项目的推进，应文伟打算将直播销售技术引入车间，将九联村农特产品从原料到成品的生产全过程，以直播的形式推向全国。

九联村扶贫产业的发展，得到了上级有关部门的认可，应文伟先后被授予“新时代赣鄱先锋”“三风榜样人物”等荣誉称号。

（撰稿人：邓全生、熊江波）

18双鞋，1320次走访，41本台账

——记江西省九江市德安县塘山乡石源村第一书记刘继红

在刘继红笔记本的扉页上，一行字遒劲有力：精准扶贫，神圣使命！

2017年被九江市委组织部评为脱贫攻坚优秀第一书记、2018年被九江市公安局授予三等功、2018年在九江市委组织部公务员考评中被评为优秀、2018年被评为德安县脱贫攻坚工作优秀第一书记、2019年荣获江西省脱贫攻坚贡献奖……一连串的荣誉背后，是第一书记刘继红几年如一日在贫困村江西省九江市德安县塘山乡石源村的耕耘和奋斗。

石源村距德安县城55公里，平均海拔350米，高山挺拔、山谷陡峭，是一个典型的山区村。全村总面积约9.7平方公里，下辖20个村民小组，人口共535户2 268人，有建档立卡贫困户48户135人。受地理条件和交通环境限制，这里原先没有水泥路、公共照明，甚至有些农户家中连电都用不上，是江西省省级贫困村。

房屋破旧衰败，泥泞路逢雨寸步难行，用水时而不来，用电时而不通，通信时而不灵……2016年12月22日，当九江市公安局国保支队案件侦查大队教导员刘继红作为驻村第一书记踏进塘山乡石源村时，这样一幅“寒酸”村景深深地触动着这位铁血汉子的心。

民心工程得民心

“我们城里都在大规模搞美化亮化工程，而这里连基本的道路都难以通行，晚上照明都没有。”刘继红下定决心，要让群众走一条好路、一条安全的路。他向市公安局领导阐述了自己的思路和想法，并请求援建。最终，在市公安局的大力支持下，83盏太阳能路灯很快到位，石源村从此结束了夜间道路无照明的历史。380米入户道路也很快建成，17户村民从此告别“晴天一身灰，雨天一脚泥”的日子。

“吃水贵如油”，这是对石源村群众曾经吃水难的真实写照。刘继红对建档立卡贫困户进行全面摸排，争取到12万元资金为几十年没有洁净饮用水的十几户村民修建水管、引来生活用水。看到“哗啦啦”流出的自来水，村民们喜笑颜开。同时，他又争取投资近 200 余万元，带领群众建设农田灌排设施、山塘改造和机耕道建设等工程，解决了 730 亩农田的灌排问题，280 亩田地具备了机械化耕作条件。

“以前一到旱季就缺水，吃水要到几公里以外去挑。现在通了自来水，安全又方便。”石源村村民曾姣得就是农村饮水工程的直接受益者。他高兴地说：“以前从水井里打出来的水总是要把杂质沉淀一下才能喝，遇到干旱，吃水成了最大的‘揪心事’，真是感谢政府送来清泉。”

刘继红多次实地查勘，发现石源村权家垄水库干涸，蓄水能力远远不如往年。他又立即争取来资金 62 万元，对权家垄水库进行放水涵闸改造、坡面加固、溢洪道加固、放水涵闸管道加固。改造后的水库，可以解决近 600 亩农田的灌溉和百姓生活用水问题。同时，他还争取帮扶资金 185.6 万余元，用于石源村的村庄基础设施整治、水利工程、产业发展。

“公路常亮绕屋舍，厕所洁净立村边，祖国扶贫跨骏马，弱势群体尽开颜。”该村村民曾晓兵的一首打油诗，道出了大家对扶贫政策和他们对第一书记的诚挚谢意。

3 年的驻村工作中，刘继红踏遍了石源村每家每户门槛，踏遍了每一个角落：穿坏鞋子 18 双，仅入村 3 个月就穿坏 6 双鞋子；入户 1 320 余次，记录工作台账 41 本；微信运动步数基本都排在朋友圈首位。

创新举措开新路

村民基本的生活条件改善了，但贫困的根子还在，输血不是长久之计，造血才是治本之策。

怎样实现贫困户脱贫？当该村有了一座光伏发电站后，刘继红算了算村民的收支明细账，便“瞄上了”光伏电站。“一座发电站每年可为村里带来六七万元村集体经济收入，大约可以为 15 户贫困户带来基本生活保障。”经刘继红多方奔走，在市公安局帮助下，以及县委、县政府主要领导协调下，石源村第二座光伏发电站落地。有了之前的经验和思路，刘继红又争取到市公安局帮扶资金 32 万元，建成了石源村第三座光伏发电站。借助光伏发电，每年石源村集体经济收入能达到 18 万余元，全村 48 户贫困户每年每户可分到 3 000 余元。

如何发展种植业？刘继红也“计”在心头。依托塘山海拔较高，昼夜温差大等独特的地理环境和气候环境，刘继红引进了来自浙江安吉的茶企老板金彪投资600余万元建设500亩茶园。2019年年初，金彪打算将远在瑞昌城区的茶叶生产加工线转移到石源村的“党建+产业扶贫车间”。刘继红得知后，主动对接让加工设备在石源村运转起来，使得塘山乡正式形成了从种植、采摘到加工、包装的茶叶产业链，带动19户贫困户就业增收，培养致富带头人9人。

产业扶贫车间那边是红红火火，产业扶贫基地这边是绿意盎然。刘继红探索发展以“合作社+基地+农户”产业运作模式，流转土地建成近700亩“党建+产业扶贫基地”。其中中草药种植基地里的200亩覆盆子、50亩黄精、50亩前胡等药材长势喜人，32户入股贫困户通过劳动和分红户均可增加年收入6 000余元。

“产业扶贫车间的制茶工人是石源村的贫困户，每天我们请三五位乡亲来这里操作加工，每人每天150元的工钱。如果采茶，那收入就更高了，采摘白茶、黄茶的乡亲们一天差不多30人，每人每天160元工钱。山里的野茶我们按湿茶15元每公斤收购，老党员钟雪花15天就挣了4 000多元，18组的贫困户陈济亮、曾桂得收入也超过3 000元。”说到村民的脱贫致富奔小康，刘继红信心满满地说：“当警察侦查破案，是保一方平安，今天接过扶贫大旗，带领贫困户走上致富道路，也是全心全意为人民服务宗旨的体现，更是我一名党员应该做的本职工作。”

一心为民结善缘

刚到石源村时，农村饮用水工程还未实施。为解村民饮用水困难的燃眉之急，刘继红自费从山下购买桶装水应急，每次从九江的家回来都不忘装载满满一车的桶装水，送到缺水的村民袁金香等 17 位老人家中。

贫困户钟第红左眼失明，行动不太方便，妻子患精神疾病和糖尿病，长年靠药物控制病情，居住的房子年久失修，一家人的生活来源仅靠儿子在外务工所得，生活十分拮据。刘继红了解情况后，及时回单位向领导汇报，争取到 3 万元资金将他们家所住的房屋进行修缮，并就近安排钟第红在村公益性岗位上做保洁员，每月有近 1 800 元的收入，及时解决了他们家里的生活困难。

刘继红办实事、办好事的作风，让他与群众结下了深深的感情。村民李飞全受惠于农村饮用水工程，总称刘继红为“活菩萨”，只要见到刘继红，便会拉他到家里吃饭，硬塞给他一些蔬菜与粗粮，但刘继红从来不会收，还从九江买特产去看李飞全和其他贫困户。

2020 年 1 月，面对突如其来的新冠肺炎疫情，刘继红主动请缨，第一时间从九江家中火速投入到疫情防控第一线，与乡、村两级干部齐心协力，拉“警戒线”，筑“防疫墙”，宣传防疫“最强音”。他说：“我是一名警察，又是村里的第一书记，面对疫情，我坚决不退！”

管制流动人口是外防输入的有效途径，塘山乡云中亭处防疫检测卡口开设之后，虽然卡口每天接触外来人员最多，具有较高的感染风险，但刘继红每天坚持在上午人流量最大、劝返压力最大的时候，自发到防疫检测站值班。

从盘山公路上去，是一条宽阔整洁的水泥路，两旁路灯矗立，小屋错落有致。放眼远望，农田阡陌交通，水库波光粼粼，青山绿意盎然。这是党的春风拂过的新石源村，是刘继红魂牵梦萦的新石源村。2018 年 5 月，石源村一举摘掉贫困村的帽子，全村 46 户 133 人全部实现脱贫。

（撰稿人：陈义剑）

晒得乌漆墨黑的女人

——记江西省九江市永修县白槎镇建新村第一书记杜芝香

爱美怕晒是女人的天性。为了美白，有的女人甚至一个夏天，躲在空调房中，恨不得与太阳不见面。

而在江西省永修县白槎镇建新村有这么一位中年女性，为了抗旱，冒着酷暑，天天穿梭在村里的乡间小道上，晒得乌漆墨黑，不是农妇却胜似农妇。她，就是永修县白槎镇建新村的驻村第一书记杜芝香。

杜芝香不仅是建新村的第一书记，2018 年来建新村之前，她还担任过永修县永丰垦殖场付垅村的第一书记。

她还记得，刚到付垅村走马上任那会儿，村干部们对一名中年女干部来村里当第一书记有些泄气与轻慢。尽管送杜芝香报到的永丰垦殖场主要领导当着村干部的面称赞她敬业肯干，有一定农村工作经验，但仍然能看出村干部眼中的怀疑与失望。

而杜芝香深入了解付垅村的情况后，也是头皮发麻。5 名村干部，平均年纪超过 50 岁，3 人小学肄业，2 人初中肄业。各种扶贫表格，还有文字汇报材料，对他们就是“拦路虎”，更别说各种电子表格与电子操作系统。

果然，报到的第一天，她一查贫困户的资料，不是不全，就是前后数据逻辑矛盾重重，而文字资料更是表述不准，错字连篇。没办法，她只得“事必躬亲”。

她先后走访了全村所有的党员，倾听他们对扶贫等各项工作的建议。然后，又马不停蹄地走村入户，上门调研核实贫困户的各类信息数据，进行筛错补漏，全面完善所有表格与文字资料。接着，她召开了全村党员大会，对新增贫困户进行民主评议和表决，并对民主表决的新增 18 户贫困户进行公示。

这一公正、阳光的操作，获得了党员群众的一致好评与支持。

足有半年多的时间，杜芝香没有休过双休日、节假日，晚上在村部加班是经常的事。所有扶贫工作汇报、总结及电子数据，都是她来撰写、填报、录入、完善。除了在计算机中建立了电子档案，她还为全村 18 户贫困户，每户建了一个专门的档案盒，里面照片及各种纸质信息资料一应俱全。

垦殖场领导将付垅村的这一做法，在全场各村进行推广。

在付垅村一年多的时间，她风里来雨里去，足迹遍及付垅村每一个角落，用一张晒得黝黑的脸和一颗真诚实干的心，“征服”了对她原本有偏见的村干部。

因为真心付出，贫困户对她也渐渐从陌生到熟悉，再到离别时的依依不舍。

聋哑老人勒中庆，一直住在一栋风雨飘摇的破房子里。看到天气预报说，不久将有罕见的冰雪灾害，杜芝香紧急向垦殖场打报告，争取了 2 万元资金，在冰雪灾害来临之前，为老人抢建了一套单层砖混结构的房子。老人兴奋得未等涂墙干透就搬进了新房。他虽然不会说话，但每次见到杜芝香，就会咿咿呀呀地伸出大拇指。

贫困户蔡杏花，自己有慢性病，儿子因精神疾病暴力倾向比较严重，平时见人总是怒目相视，从不主动和别人说话。但接触多了后，他对杜芝香变得友善，一见到她就会主动微笑，并“杜书记、杜书记”地叫。这一切，都源于杜芝香平时经常买点东西探望他母子，还帮他母亲解决了大病医疗费用，帮他办理了残疾证，让他家享受到了政策兜底的保障。

当得知杜芝香要离开付垅村时，贫困户黎细妹拎来一篮土鸡蛋送给她。她的孩子过去没能及时上户口，导致无法上学。杜芝香把她的孩子纳入了“春蕾女童”计划，及时补办了户口，并安排就近读小学。小姑娘每次见到杜芝香都会亲切地叫一声：“大妈好！”虽然拒绝了贫困户的鸡蛋，但这份情谊却感动和激励着她。

永修县给所有扶贫一线的第一书记都安排了 1 万元工作经费，主要用于个人交通、节假日休息、加班、餐费补助等。这 1 万元杜芝香却分文未动，直接让财政所把钱拨付给村里，以补贴村里办公经费的不足。村支书感动地说：“人家见钱眼开，她有钱不要，她是真心体谅村里。”

调到白槎镇建新村任第一书记后，她仅用一周时间就摸清了全村的情况，之后，一切就变得轻车熟路。

只是一上任天公就不作美。上半年，三天两头下雨，防汛防涝牵扯了她不少精力，到了下半年，又滴雨不下，扶贫工作重点转到抗旱保收上来了。

大暑时分，正是农村夏收夏种的“双抢”季节。永修县总降水量仅为 82 毫米，比往年同期少 65.1 毫米，修河河道收缩到只有河心一条“白线”。作为丘陵地区的建新村，大部分水田都出现干枯现象，从水库抽到田里的水，不到 3 天基本蒸发得干干净净。由于反复抽水，建新水库都已经见底了。

“杜书记，怎么办喽！我家田里都有指头大的裂缝了，再不下雨，种下的庄稼全要旱死了。”建新村贫困群众蔡世年在村头恰巧遇到刚从田野检查旱情回村的杜芝香，就像遇到救星，他焦急地向杜芝香诉苦。

“老伯，村里情况我已经全部掌握，并报告给了镇党委、政府，镇、村两级正在积极想办法，争取在最短的时间里帮助大家解决问题，请不要着急。”虽然嘴里这样说，杜芝香内心里却急得像热锅上的蚂蚁。

建新村是白槎镇水稻种植大村，水稻是村民的主要种植收入来源，而七八月份是水稻的孕穗期，此时水分是决定产量的关键因素。持续的干旱，不仅影响水稻产量，也直接影响到村民尤其是贫困户的生活用水。

当晚，杜芝香再次组织村、组干部和驻村扶贫工作队队员召开了抗旱工作专题会，群策群力想办法。

会议结束已是晚上 9 点多，杜芝香来到办公室打开计算机，撰写向上级单位申请灌溉抽水设备和资金的书面材料。

第二天，她就陪同镇领导一起跑县城“搬救兵”。

两天后，当抽水设备与打机井的施工队到达村里时，村民欢欣鼓舞。烈日下的她，丝毫没有女性的娇弱，用手擦一下汗，也没有歇息一下，就与村干部一起，坚守在施工作业现场。

施工队开动钻机，井水犹如甘露，及时滋润了田间庄稼。旱情终于得到缓解，她心里的那块石头也落了地，蔡世年等贫困群众的脸上又重现笑容。

村支书周德清说：“这段时间，她带着我们走遍了建新村的每一个田间地头，我们的老脸都晒得痛，她一个女人，晒得乌漆墨黑，真是难为她了！”

经过 3 年脱贫攻坚，2020 年，杜芝香担任过第一书记的付垅村与建新村的所有贫困户都如期脱贫。

（撰稿人：熊雪峰）

一枚鸭蛋的独白

——记江西省萍乡市湘东区排上镇桥头村第一书记李龙、巫文萍

大家好！我叫“黄富美”，俗称咸鸭蛋，老家在江西省萍乡市湘东区排上镇桥头村。我的家乡地处湘赣边界，四面环山，是一个比较偏僻的小山村，有建档立卡贫困户12户。

最近，我成了美食界的一名网红，肩负着让村民脱贫致富奔小康的重任。我的华丽转身离不开两位第一书记相助。今天，我就跟大家讲一讲这两位“贵人”。

李龙：把咸鸭蛋变成黄金蛋

2017年5月，一个名叫李龙的年轻人来到了我们村，大家都叫他第一书记。我和李龙的第一次见面，是在贫困户杨文增的家里。

那天上午，李龙又进村走访了。“李书记，你带些回去给家里人尝尝。”贫困户杨文增的母亲把我端到了李龙的面前。

推让几次后，李龙抵不住村民的盛情，便当场剥了一枚。

他发现，相比于普通的盐水蛋，我们这种包裹着黄土的咸鸭蛋蛋清更加雪白细嫩，蛋黄更加油亮，香咸适宜。

当了解到我的制作工序简单，就算年老体弱的贫困户也能一学就会，一条村民致富路在李龙脑海中闪现。

“喊破嗓子不如甩开膀子、干出样子。”

李龙第一个去讨教整个制作工序，学会之后手把手教贫困户，建起了他们自己的“致富手工小作坊”。

他骑着摩托车遍寻优质土源，遍访周边散养鸭厂收集货源，通过多方渠道联系超市、企业食堂寻找买家……晾晒黄土、秘方配制、鸭蛋采购、上料加工、打开销路，每个环节李龙都不遗余力。

不到两个月，我从窝里的一枚“闲蛋”，变成了村民手工制作的“咸蛋”，再变成了作坊化生产的“黄金蛋”，短短不到一个月时间，便被订出去了 3 万多枚。

巫文萍：网络直播让咸鸭蛋成网红

“老妹，我的担子今后就交给你了啊，一定要把咸鸭蛋产业做起来，让村民收获更多的财富。”2019 年年底，李龙由于工作岗位变动，不得不离开桥头村，将带领乡亲们脱贫致富的接力棒传到了下一任第一书记巫文萍的手中。

第二位“贵人”的到来，让我走上了“星光大道”，成了一名闪耀的网红！

受新冠肺炎疫情影响，我已经有两个多月无人问津了，贫困户们也是一筹莫展。面对这种情况，巫文萍开动脑筋，想到了最近很火的网络直播带货。

“买它！买它！”2020 年 3 月 15 日，我登上了“湘东区扶贫助农淘宝直播间”，感受到了网友的呐喊，内心激动无比。不到一个小时，我就被卖出了近 2 000 枚！

5 月，我又登上了湘东消费扶贫电商平台，日均销量达 3 000 枚，稳稳占据农副产品销量平台的“C 位”，瞬间供不应求，让贫困户赚了个盆满钵满。

现如今，我们的产业已初具规模，我的家宽敞又明亮，从小作坊搬进了 280 平方米的大厂房，年产量达到 40 万枚左右，年产值 80 万元，可为村里每名贫困人员带来年收入 7 500 元。

“我们得一起加快进度，把鸭蛋清洗干净。”“包装礼盒不够了，得再运一批过来。”每天一大清早，车间里一片繁忙，我们总能看到巫文萍有序调度生产的身影，贫困户的脸上都洋溢着灿烂的笑容。

（撰稿人：杨芬）

用心驻村，实干富民

——记江西省萍乡市湘东区荷尧镇大义村第一书记张军科

壮实的身体、黝黑的脸庞，这是大义村村民对张军科的第一印象。2018年，张军科被江西省萍乡市自然资源和规划局湘东分局选派到湘东区荷尧镇大义村担任驻村第一书记。当时的大义村农业种植结构单一、基础设施薄弱，是一个贫困村。驻村以来，张军科凭着一颗初心，与村“两委”干部肩并肩，与广大群众心贴心，扭转了大义村贫穷落后的面貌。

抓党建，聚人心

大义村党支部共有党员133人，其中，60岁以上的党员有73人（70岁以上的39人），占比54.9%，党员队伍年龄偏大的问题比较突出。俗话说：“家有一老，如有一宝。”在张军科看来，人数过半的老党员们是党支部的宝贵财富，他们长年居住在村里，不仅熟悉村情，而且德高望重，群众基础好。

驻村以来，张军科每年都要对村里的老党员逐一走访一遍，上门宣讲党的方针政策，听取他们对村“两委”的意见和建议。2020年“七一”党的生日，张军科还制作了精美的政治生日贺卡，送到老党员手中，给他们带去党组织的温暖和关怀。曾凡奇，一位有着50年党龄的老党员，接过政治生日贺卡时，他虽已看不清贺卡上的字，却不断抚摩着贺卡，久久不愿放下。

老党员们的归属感增强了，参与村里事务的主动性也提高了，不仅能为村“两委”干部分担工作任务和压力，还成了党支部与群众之间的桥梁和纽带。在党员群众的共同努力下，大义村基础设施全面完善，卫生环境明显改观，群众满意度进一步提升。2020年夏，为了防止村里的孩子溺水，村“两委”决定把村里的鱼塘改造成公共游泳池。老党员们得知改造经费紧张的消息后，主动上门做村民工作，动员大家捐款捐物，部分村民还自发揽下了管理维护的重任。现在，旧鱼塘变成了孩子们的游乐园，村民们都竖起大拇指称赞。

真帮扶，暖民心

“张书记，我现在在医院，你可以过来一趟吗？”接到贫困村民温大妈打来的电话，张军科二话不说，马不停蹄地赶往医院。

原来，温大妈准备在医院做白内障手术时，需家属签字同意，但她两个儿子都有精神残疾，签字没有法定效力。温大妈第一时间想到的就是这位不是亲人胜似亲人的第一书记张军科。经确认可行后，张军科毫不犹豫地签下了自己的名字，并安慰温大妈，“放心，这是个小手术，我会在这里一直守着您。”手术完成后，他一直放心不下，在病床前日夜照顾。温大妈康复出院后，专程找到张军科表示感谢。

李大哥家排水沟有问题，钟婶家的电线老化了需要更换，小吴家断网影响了网络学习……在张军科的扶贫日志上，详细记录着每一户贫困户需要解决的问题。他把贫困户家的事当成自己的事来办，以真情换真心，张军科赢得了贫困户的认可和信任。

兴产业，提信心

“在我最难的时候，是张书记拉了我一把，让我过上了好日子。”村民温明启夫妻双双患病，还要负担儿子上大学的费用。张军科在了解到他家的情况后，不仅替他申请到了村级保洁员的公益性岗位，还帮助他建立了养殖场，免费赠送鸡鸭苗，邀请专家手把手教授养殖技术。现在，温明启一家日子越过越红火，人均年收入达到 1.8 万元，已于 2019 年顺利脱贫。

张军科深知要有可持续发展的产业，才能让群众看到脱贫的希望。在实地参观、充分论证的基础上，他和村“两委”干部决定成立种养专业合作社，通过土地流转，打造农业综合种养基地，既能解决农田撂荒的问题，又能让村民获得持续可观的收入。为了让农业项目尽快落地，张军科带领村“两委”干部到上级部门跑项目、争资金。如今，产业基地已日趋成型，栽种白莲 58 亩、蔬菜瓜果 35 亩，稻虾养殖 55 亩，解决了 11 位贫困劳动力就业问题，每人年均收入增加 5 000 余元。

“通过一年多的摸索和实践，我们已经总结了不少工作经验，有信心将基地做大做优。”2020 年，张军科和村“两委”计划扩种 30 亩白莲，做好农特产品深加工，建设田园综合体，让产业致富路走得更宽广。

（撰稿人：杨芬、王君仪）

一心只为贫困户

——记江西省上饶市万年县裴梅镇黄墩村第一书记况巧平

况巧平，现任江西省上饶城投集团驻万年县裴梅镇黄墩村第一书记。他告别喧嚣热闹的城市，来到贫穷落后的农村，“妻儿老小无暇顾，一心只为贫困户”是对他的真实写照。他每天骑着单车入户调查，访贫问苦、嘘寒问暖。在他的带领下，昔日的贫困村于2018年顺利脱贫，实现了改头换面的华丽转身。

江西省万年县裴梅镇黄墩村是个千年古村，由于自然条件及发展能力不足，一直是省级贫困村。“晴天扬尘埃，污水溢路排，窄巷连狭弄，汽车进不来。”这是当时村里的真实写照。几届村干部也曾尝试改变村中“屋挨屋，墙连墙”的拥挤杂乱现状，但都以失败告终。村民失去了发展的信心，认为以目前的状况想改变村容村貌就是天方夜谭。

2016年，村里来了一个第一书记，他叫况巧平，30出头，个头不高、文质彬彬，初看一脸书生气，来了之后每天就马不停蹄地骑着单车在村里入户调查。况巧平与村“两委”夜间入户时，头顶上的照明灯像是夜空里最亮的星星，不仅照亮了贫困户的脱贫梦，更像打更队一样守护着黄墩村夜晚的平安。也就是从那一年开始，村民过去认为不可能的事，一件件都慢慢变成了现实。

为彻底改变村中脏乱差及乱搭乱建现象，况巧平积极争取1 200万元的EPC（工程总承包）项目资金，亲自制定项目实施方案，对接项目实施关键点，包括机耕道与沟渠修整、拆“三房”、道路硬化、改水改厕、环境绿化美化亮化等工程。他耐心细致地做村民思想动员工作，特别是在拆围墙及违章建筑时，因没有任何补偿，况巧平就动员村组干部、德高望重的老党员入户宣传，与他们一同挨家挨户上门做思想工作，充分发挥党员扶贫志愿服务队作用，开展“我是党员我带头”活动，让大家积极参与基础设施建设过程中的矛盾纠纷调解。在他的号召和带动下，村组干部、党员积极发挥先锋模范作用，主动带头，拆除工作进展顺利。为解决进村道路拓宽占用邻村土地问题，在两村村民协商不成、关系闹僵的局面下，他带领村“两委”干部多次找隔壁村干部洽谈，动之以情、晓之以理，最终以优质农田置换的方式加以解决。

为解决村里剩余劳动力就业及帮助贫困户增加收入，况巧平在2017年主动联系上饶市经济开发区达淋新材料有限公司，盘活村戏台闲置场地，实行“龙头企业+黄墩村合作社+贫困农户”的产业扶贫模式，在村里建立了扶贫车间，让村民足不出村就可实现就业，每个月可以增收两三千元。目前，扶贫车间已进入正常运营，现有员工30余人，每年可为村集体经济增加近2万元的收入。

驻村期间，况巧平在村里新建了村委办公楼一栋，进一步改善了村委办公条件；新建村小学一所，使学生就学得到保障；筹资879万元建设了1.325兆瓦村级光伏电站，年均发电量110余万度，年收入100余万元；筹资126万元建设了135亩马家柚产业，每年村集体经济收入可增加近60万元；筹资40万元发展马家柚庭院经济，有效拓宽了农民增收渠道，并加强房前屋后环境卫生整治；筹资48万元建设了64千瓦屋顶光伏项目，实现年发电总收入3万余元；筹资30万元发展菌菇产业及20万元发展中药材枳壳种植产业，用于贫困户分红……

如今的黄墩村，有宽敞明亮的村委办公楼，自来水户户通，修建了健身广场、农家书屋、文化戏台，街头巷尾安装了光伏板太阳能路灯，新建了 5 米宽干净整洁的三横两纵主干道，投资 1 200 万元的 EPC 项目已全面完工。对黄墩村村民来说，这一切仿佛是梦但又不是梦，是看得见摸得着的实物实景，是每一天都在上演的真实故事。

而对于况巧平来说，最内疚的是 2019 年父亲查出癌症晚期，而他这边的脱贫工作正进入攻坚期，只好两边都不放弃，两边都坚持，两地来回奔波。直到父亲离世的那天，他还在黄墩村填报精准扶贫整改台账资料。未能见上父亲最后一面，这成了他人生最大的遗憾。思念父亲的况巧平在日记本上写道：“脱贫攻坚路茫茫，奔赴战场不思量；娘亲难舍爸卧床，离家恐父命不长；今日归来见灵堂，回首往事情断肠；自古忠孝两难全，唯有来生把债偿。”

在扶贫的路上，不能落下一个贫困户，不能丢下一名贫困群众。况巧平为了党的事业，为了黄墩村早日脱贫，为了孤寡老人的幸福晚年，舍小家、顾大家。他的行为感人肺腑，他的事迹催人奋进！

（撰稿人：顾强）

再冷的“石头”也能焐热

——记江西省贵溪市鸿塘镇富岗村第一书记徐旭明

“你算一下账，现在养一头猪，政府补贴 2 000 元，多养几头最高补贴可达 6 000 元……我都可以，你也可以的！”江西省贵溪市鸿塘镇富岗村贫困户杨文清拿着宣传单，掰着手指头一项一项地向贫困户杨贵清宣讲。

2020 年年初，为了有效应对新冠肺炎疫情、决战决胜脱贫攻坚，贵溪市出台了 22 条扶贫措施，鼓励贫困户发展家庭种植、养殖等项目。措施出台后，曾经出了名的“上访户”杨文清居然主动提出要当“义务宣传员”，他以自己的亲身经历，在贫困户中宣传在家养殖的好处，鼓励其他贫困户利用好扶贫政策，努力劳动、脱贫致富。

而杨文清从“上访户”到“义务宣传员”的转变，还要从贵溪市鸿塘镇富岗村第一书记徐旭明驻村开始说起。

2019 年 4 月，由村干部带路，徐旭明第一次去杨文清家走访。村干部们说杨文清是块“石头”。“只要我们多用点心，真心为他过上好日子，我想再冷的‘石头’也能焐热。”听完村干部们的抱怨后，徐旭明笑着说道。

杨文清的妻子是残疾人，不能劳作，全家的重担都压在他一人身上，再加上夫妻俩身体都不太好，长年吃药，生活拮据，日子一度过得“吃了上顿没下顿”。天长日久，杨文清看到周围的村民盖起了小洋楼，开起了小汽车，心里渐渐不平衡起来，并把矛头指向政府，埋怨政府不关心帮助他。

在不良情绪的影响下，杨文清变得游手好闲，有事没事就在村里散播不实言论，甚至多次“上访”，一度成了远近闻名的“专业上访户”。镇、村干部上门做工作、宣传上级政策，他就装聋作哑，甚至闭门谢客。

当徐旭明和村干部们来到杨文清家门口时，他正在破旧的屋子前扫地，看见一行人到来，他用力挥动起扫帚。徐旭明笑着迎尘上前，并从他手中拿过扫帚，帮他打扫。杨文清一时怔住了，转而言语又犀利起来：“以后不要到我家来，那些政策也不要跟我讲，我不欢迎，也不想听！”

徐旭明并不急着跟他说扶贫事宜，而是叫同行干部一起先帮着杨文清打扫家里、收拾柴火。杨文清家极其简陋，有几扇窗子破损严重，整个厅屋都被风吹得吱咯吱咯响。徐旭明几人便找来塑料布帮他把窗子先蒙住，第二天一大早又送去了几块崭新的玻璃，安装加固妥当。每次看见杨文清家灶台上的米、油快见底了，徐旭明就会在下次上门的时候捎一些补上。

3 个月的时间里，徐旭明和帮扶干部几乎每周都会去杨文清家坐坐，和他聊聊天，帮他解决思想上的小疙瘩、生活中的小困难。一句句热心的攀谈、一次次真心的帮助，杨文清看在眼里、记在心上。“徐书记不是作假样子的，眼神骗不了人，作假也坚持不了这么久，他是真的想帮我。”从刚开始躲着不见，到后来也会聊上几句，再到主动打起电话来，杨文清的态度一百八十度大转弯。

2019 年 7 月初，在一次上门走访交谈中，杨文清透露了要养鸭创收的想法。徐旭明马上与相关部门取得联系，为杨文清争取到了“连创连补”政策资金，第一年 3 000 元自主创业资金用于购买鸭苗。徐旭明还自己购买了养鸭书籍，送给杨文清学习。

“没想到自己的一点想法竟然被徐书记这么放在心上，他真是个好书记。我一定好好干，决不辜负书记的一番心意。”杨文清拿到书时激动而又坚定地说道。

他开始风风火火地在村里穿梭，到处问经验、学技术，边努力看书学习知识，边试着养了400只鸭子。日子有了奔头，杨文清待人接物也变得亲切和善起来。

2019年8月底，由于天气干旱，长期雨水少，杨文清家的鸭子有半数接连发病。徐旭明得知消息，特意赶到杨文清家详细了解情况，随后又为他向单位争取到了2 000元的帮扶资金，希望能把损失减少。“谢谢您，徐书记。我现在相信了，党和政府还是关心我们贫困户的，我以前真是太不应该了！”杨文清握着徐旭明的手久久不愿松开。

2020年年初，受新冠肺炎疫情影响，杨文清家的300多只鸭子滞销，徐旭明立刻帮他寻找销售渠道，联系有关单位食堂购买，并把他家的鸭子申请推介进“贵溪市消费扶贫产品采购目录”。

通过多方努力，滞销的鸭子热销一空。杨文清再次感受到了第一书记的关心，也打心底里感谢党和政府，当下就在心中做了个决定，要带头做疫情防控义务宣传员！于是，村里到处都有杨文清的身影，发宣传画报、在卡口值守……他没有一天缺席。

曾经思想消极的杨文清已经变了个“活法”。2020年，他又加购了2 000只鸭苗，并且计划再养两头猪。第一书记徐旭明通过真心帮扶将这块“石头”焐热了！

（撰稿人：李杨、徐灵高）

村里的“狗不叫书记”

——记江西省赣州市于都县仙下乡龙溪村第一书记袁勇锋

袁勇锋，1984年12月出生，江西省赣州市于都县仙下乡龙溪村第一书记。自精准扶贫工作开展以来，他行百里路、进百家门、听百家言、住农家屋，关心群众冷暖，解决群众疾苦，任劳任怨，无私奉献。

村里来了个“狗不叫书记”

2017年7月，袁勇锋初到龙溪村担任第一书记，为了快速进入角色、融入群众，他从精准摸底着手，坚持“一户不漏”，深入群众家中、田间地头，与群众面对面交流，详细了解每位贫困人员的家庭基本情况、经济收入、住房情况以及致贫原因，并分类建立台账。

有时候遇到贫困户白天外出不在家，袁勇锋就等夜幕降临了再去走访。山路曲折坡陡、常有大雾，晚上基本无人敢下山。汽车行驶在山路拐弯处，为了避让迎面而来的摩托车，袁勇锋的车子有一次差点跌落悬崖，回想起当时的场景他仍心有余悸。“散落”在山里的158户贫困户，袁勇锋走了一遍又一遍，私家车轮胎都跑坏了4次，真正做到了底数清、情况明、心中有数。

“袁书记，您来啦，到我家去喝杯茶吧！”这是袁勇锋进村走访贫困户时，听到最多的一句话。龙溪村的贫困户人人都认识袁勇锋，贫困户家的狗对他也很熟悉。但凡生面孔经过，老远就能听见声声犬叫，而袁勇锋来访，狗都不叫了，因为那是“老朋友”来了。当地群众见到袁勇锋，常开玩笑称他为“狗不叫书记”。

用心用情攀“穷亲戚”

为增进与村民的感情，袁勇锋坚持与村民同吃、同住、同劳动，在拉家常、“攀亲戚”的过程中把党的政策及时带给贫困群众，引导他们克服困难，树立脱贫信心。帮群众插秧、到田里除草、代办残疾证，群众的大事小情，袁勇锋都爱帮忙，真心把村民当家人，把龙溪村当家乡。

在上门入户过程中，袁勇锋得知方屋组方向银的儿子是精神残疾人，长年需要药物治疗，而夫妻俩都60多岁了，还长年在外务工，家庭负担重，生活困难。虽只是听说，袁勇锋却记在了心里。袁勇锋打电话了解详情，核实情况后便立即联系民政部门，通过村组评议和上级核实，为其解决了低保待遇。就医用药报销比例提高了，大大减轻了方向银的家庭经济负担，让这个家庭享受到了党和政府扶贫政策的阳光雨露。2018年9月，方向银带上儿子专程送来一面“人民公仆、情系百姓”的锦旗，他紧紧地握住袁书记的手，感慨万千。

“姜”脱贫进行到底

“甜香辛辣龙溪姜，赛过远近十八乡，嫩如冬笋脆如藕，一家炒菜满村香。”生姜是龙溪村村民世代种植的经济作物，因龙溪独特的高山环境和土壤，造就了龙溪生姜的“贡姜”优良品质。袁勇锋在走访贫困户时发现，家家户户基本上或多或少都种了生姜，有的家庭年收获生姜达三四千公斤，即使按平均 2 元 / 公斤计算，除去成本，也远超种水稻的收入。但是长期以来，有两个难题制约着龙溪生姜的产业发展，也让龙溪的群众守着好的产业却致不了富：一个是生姜发姜瘟病的概率较大，大部分村民不敢大面积种植；二是生姜不易储存，且价格不稳定。

当问及龙溪村发展什么产业最好时，许多贫困户对袁勇锋说：“龙溪的生姜是个好东西，如果袁书记您能帮忙解决生姜的瘟病问题，把龙溪生姜的品牌打响，带领我们一起跑市场，就依靠这个产业，我们都能脱贫。”

袁勇锋把村民说的话记在了本子上，更记在了心里面。他带着村“两委”干部多处奔走、汇报，在挂点领导的协调下，赣南科学院农科所的专家先后 4 次到龙溪村进行实地指导、培训授课并发放宣传资料，村里的姜农基本上都接受了培训，掌握了生姜的病虫害防治技术，有效地减少了姜瘟病的发病率，提高了产量。同时，袁勇锋带着部分村民争取到在北京的赣州企业商会的帮助，利用多种平台推广销售龙溪生姜。在各方的协调努力下，龙溪生姜的品牌影响力得到了提升。2018 年 12 月，赣州市市长曾文明为龙溪生姜代言，再一次将龙溪生姜品牌推到一个新的高度。同时，龙溪村成立了生姜合作社，注册了商标。

截至 2020 年 6 月底，龙溪村生姜合作社深加工制作的醋泡生姜、红糖姜膏等产品，通过微信、网商平台，销售生姜 10 万多斤，保底价格每公斤 7 元，户均增收 1 500 多元，带动 9 名贫困劳动力就业增收。

（撰稿人：吴超珍）

“小毛”写“大爱”

——记山东省滕州市官桥镇时店村第一书记毛立建

2019年6月，经组织部门选拔，毛立建被选派到山东省滕州市官桥镇时店村任第一书记。作为一名“90后”年轻党员，他扑下身子不断学习积累经验，在实干中磨炼自身意志，在苦和累中品尝快乐和幸福，找到了真正的人生价值。驻村一年多时间里，他把打赢脱贫攻坚战作为自己的首要任务，充分发挥共产党员的先锋模范作用，事事跑在前，处处想在先，用青春的妙笔，谱写了一曲脱贫致富的大爱之歌。

一箱泡面获认可

2020年是脱贫攻坚的决战决胜之年。为确保时店村贫困户稳定脱贫不返贫，毛立建每天都要叩开贫困户的大门，了解他们的生活现状和存在的困难。同时，他认真学习研究各项扶贫政策，做到烂熟于心，逐户逐人研究制定帮扶措施，琢磨帮扶金点子……为了节省时间，他常常是一碗泡面填饱肚子，大家见到这个年轻人为了村里乡亲们不辞辛劳，亲切地叫他“泡面书记”。

当69岁贫困户老人的两个女儿一改之前不管不顾老人的态度，每周轮流回家看望老人，为老人送来孝善养老金的时候，乡亲们体会到了毛立建用情感化的力量；当一名低保户的残疾儿媳拿到自己的残疾证，享受了残疾补贴，露出笑容的那一刻，乡亲们感受到了毛立建帮跑办理的成果；当贫困户时耿敬的孙子欢快地背上书包上学的时候，乡亲们看到了毛立建带给这个家庭的希望……大家亲切地叫他“小毛书记”的那一刻，毛立建知道，他已经获得了干部群众的认可，成了他们的亲人。

一封书信传真情

2020年4月24日，对毛立建来说是个不平常的日子，官桥镇组织办收到了时店村71岁贫困村民时耿敬老人亲笔书写的表扬信。信中，老人用颤颤巍巍的双手，写下了毛书记来村里做的点点滴滴：“他在我们的路两边栽上了树，我们村变好看了！”“他给村里得大病的那户人家捐了好几百元钱。”“他经常跑到地里转一圈，提醒我们哪块地该浇水了。”……字里行间写满了老人的感激和骄傲。

时耿敬老人是毛立建帮扶的贫困村民之一，一家3口人，自己得了脑梗，老伴刘传英也体弱多病，两人光治病就花光了家里的积蓄。孙子时强从小便没有了父母，心理叛逆和孤独导致他开始逃学、打架，学习成绩也很差。面对这样一个家庭，毛立建主动伸出了手。“扶贫先扶志！”毛立建铁定了心先从改变时强做起。他经常利用晚上下班后的时间带些零食和新衣服送给时强，通过聊天逐步了解他内心的想法，帮助他树立自信、阳光的生活态度。在他的陪伴下，时强渐渐地走出了生活的阴影，打消了逃学、辍学的念头。他还联系医保部门上门为时耿敬办理了慢性病医疗卡，联系镇卫生院签约医生开展上门随访服务。这一系列的帮扶举动，时耿敬老人看在眼里、记在心里。

老人的这封感谢信，让毛立建真切地感受到乡亲们对他的信任，同时更坚定了他服务基层、服务群众的信心和决心。

一批项目拓宽路

经过一年多的扶贫工作，毛立建深刻意识到：打赢脱贫攻坚战，既要“输血”，更要“造血”，产业扶贫是打赢脱贫攻坚战的关键点。

为了这个目标，他积极争取项目，累计协调争取资金 50 余万元，盘活“房前屋后、街旁院内、河畔沟渠”空闲资源：环村栽种大马牙品种石榴苗 700 余棵，带领全村发展乡村采摘游项目；流转土地 40 亩进行金蝉特色养殖；加大农业基础设施投资力度，新打 140 米深水井 1 眼；通过林业种植与产业养殖相结合的方式，对村北近 10 亩地的大沙坑进行生态景观整治；新建设文化广场 600 平方米，安装健身器材 6 套；开挖建设占地 400 平方米的村级污水处理站；升级改造路灯 190 余盏；栽植冬青、黄杨等绿化苗木 4 200 余棵。

在毛立建的不懈努力下，一个个项目相继落地启动，村集体经济收益越来越多，人居环境越来越好，时店村脱贫致富之路越走越宽……

（撰稿人：张晓强）

邵家庄来了个“组工人”

——记山东省潍坊市昌乐县乔官镇邵家庄村第一书记王西刚

2019年4月，山东省潍坊市委组织部的王西刚到昌乐县乔官镇邵家庄村担任第一书记。

驻村之前，王西刚一直在思考：“组织部门是具体组织第一书记包村工作的部门，怎样才能把组织工作理念与包村工作实践结合起来，做出组织部门的特色？”

为此，他走进组织、干部和人才科室进行请教，虚心向市、县两级组织部的同事咨询，渐渐找到了一条抓党建、强产业、办实事的新路子。

用“组工人”党建引领的理念，在建强基层组织上“开篇”

2019年4月23日，首次参加村里的会议，王西刚就和村里的党员干部交了心：“我们包村是来干实事的，到了咱村就是村里的人。今后老百姓需要什么，咱就干什么。但有一条，不论干什么，先得把村班子建设得强起来。”

关键在支部，主要看支书。邵家庄村党支部书记、村委会主任邵立清是个致富能人，之前主要承包环卫、绿化工程，平时忙于公司事务多，投入村里的精力相对少一些。发现这一情况后，王西刚多次与邵立清谈心交心，一起研究村里的发展思路。不到半年，大家都觉出邵立清明显对工作上心了。“现在我在村里领着干，大家自觉靠过来，有活儿一起干，工作推得明显快了。”邵立清说。

对村里的重点工作，王西刚始终带着村干部一起跑、一起干。渐渐地，村干部在工作中树立起了威信，赢得了村民的更多尊重。

人心齐了，事业推进就快了。经过半年多的努力，村里的扶贫、环境卫生、文化建设等工作都走在全镇前列。邵家庄的“精气神儿”提了起来。

干好驻村工作，关键是留下一支“永远不走”的工作队。王西刚着力抓好村级后备干部队伍建设，和村干部一起，从政治素质高、致富能力强的年轻党员中选中了两个人，作为后备干部予以重点培养和锻炼。

为帮助党员群众开阔眼界，王西刚先后组织他们到寿光、高密、临朐、济南等地，学习考察旅游合作社、蔬菜大棚、矿泉水厂、葡萄栽培、猕猴桃种植等项目 40 余人次，促进他们致富能力的提升。

一个党员就是一面旗帜。王西刚注重发挥党员的先锋模范作用，关键时刻带着党员冲上去。

2019 年汛期到来了，他高度重视排水设施加固工作，提前制定应急预案，组织党员和入党积极分子成立应急抢险小分队，备齐挖掘机、铲车等工程机械。

“利奇马”台风期间，他会同村干部实时巡查，及时转移 3 户群众到安全地方居住，避免了重大生命财产损失。88 岁的邵钦朋老人长年瘫痪在床，他家在村南沟底下。下雨前，王西刚和村干部多次到家中查看，赶在台风到来前，与老人的儿女一起将他转移到安全处。

新冠肺炎疫情突袭而至。得知村里防控物资紧缺，大年初三一大早，王西刚就紧急购买口罩、84 消毒液等物资送到村里，赶忙给值勤的党员、村民送去。疫情发生以来，他先后为村里送去口罩 1 500 只、每桶 5 升的酒精 10 桶、每桶 2.5 升的消毒液 10 桶，解了村里的燃眉之急。

疫情防控期间，王西刚和村“两委”共同研究，在关键岗位、特殊时刻，设立党员先锋岗，每次值班他都鼓励党员带头，注重在急难险重任务中锻炼入党积极分子，加快其成长成才速度。

为加快村级制度健全步伐、提高制度活力，王西刚把制度落地落实作为工作重点，梳理完善有关制度 30 多个，对“三会一课”、主题党日、“四议两公开”等制度跟进督促，并通过列席会议、谈心谈话等方式不断提升，确保各项工作规范有序。

以“组工人”务实笃行的作风，在推动产业振兴上“布局”

产业振兴是乡村振兴的基础。驻村后，王西刚经过深入走访，发现村集体经济收入主要靠土地发包和占地补偿，村民收入主要来源于种植粮食、核桃，收益不高，蔬菜大棚不到 80 亩。中青年村民基本都在镇上胶合板厂打零工，收入不太稳定。

面对这一情况，王西刚积极与村“两委”研究讨论，想方设法增加集体经济收入，引导群众致富增收。通过外出考察，他研究确定了“青山 + 绿水 + 合作社”的发展思路，千方百计增加村集体和村民收入。

村里山地核桃品种日趋老化，收益也不高，一些群众表达了想改种其他果树的意愿。王西刚立即向潍坊市农业局果树专家咨询，得到该村适合栽种猕猴桃的答复。找到“药方”之后，他筹资 7 万元帮助村里建成猕猴桃采摘示范园，并定期邀请专家到村进行技术指导，通过将果树种植与观光旅游结合起来，可实现村民收入持续提升。

村里荒岭薄地多，适合栽种地瓜。了解到这一情况后，王西刚协调有关方面采购了 10 万棵优质地瓜苗，免费发给村民。党员邵海滨说："王书记看到俺村沟头崖岭的荒地没人种，比我们还着急，专门买来地瓜苗，试种之后大伙儿都说好。"

邵家庄村是半山村，群众生产生活用水不够充足，王西刚又把打井作为头等大事来抓，谁知还真发现了好机遇。水利专家在勘测水源点时发现，邵家庄村为火山岩地质，具有开发天然饮用水的优势。

从集思广益到设备下地，前前后后经过近 5 个月时间，邵家庄村终于打出深水井 3 眼。井水奔涌而出的那一刻，现场的群众沸腾了，王西刚的眼眶湿润了。

村党支部书记邵立清擅长经营环卫、绿化公司，有一定的经济头脑。王西刚积极争取镇党委支持，多次与邵立清谈心沟通，鼓励他作为村干部发挥致富带头人作用，依托合作社方式，带领全体村民共同致富。一幅借鉴昌乐县庵上湖村“党支部 + 合作社”模式、成立邵氏苗木农民专业合作社的蓝图呼之欲出。

“我们出资 10 万元，购买水车等设备，以村集体经济股份合作社名义入 20 股，村集体以资源股形式入 10 股，合作社建成后，每年可为村集体增收 5 万元。”2020 年 4 月底，王西刚对乔官镇党委书记孙国伟说。

这一行动计划，得到镇党委的大力支持，村民踊跃入股，仅在筹建期间，就已完成占地 100 亩的乔官镇隋姑山绿化项目，栽种黄栌 5 000 棵、侧柏 1.3 万棵，完成废旧矿坑绿化项目、唐家店子田园综合体项目、潍临路绿化管护项目等，栽种各类养护苗木 1.7 万余棵。

凭“组工人”人民至上的情怀，在改善群众生活上“落脚”

驻村之初半个月的时间，王西刚马不停蹄地走访群众 36 户，了解到大家普遍希望解决硬化路、安路灯等问题。王西刚先后协调争取到资金近 80 万元，夯

实了有钱办事的工作基础。邵家庄的“新生活”开始了。

群众的事再小，也是大事。驻村之后王西刚发现，夜晚村内道路漆黑一片，村民骑电动车还要戴头灯，不方便更不安全。2019 年 9 月，在王西刚东奔西跑一番忙活之后，邵家庄村内主干道和村民文化大院亮起了 84 盏太阳能 LED 路灯。

夏天，村民在雪亮的路灯下纳凉聊天，健身娱乐；农忙时节，路灯底下是加工粮食的好去处……一幅幅“农忙图”“农家乐景象”映入眼帘。

“要想富先修路”，这句话在邵家庄村得到了生动的诠释。原先村里只硬化了西半区道路，有的胡同还是“晴天一身土，雨天一身泥”，村民意见不少。王西刚先后争取资金 20 万元，将村内 9 条道路全部实施了水泥硬化，总长 1 285 米，实现了全村户户通。

（撰稿人：刘树东、刘文晓）

筑巢引凤，崮前崖开出幸福花

——记山东省临沂市沂水县夏蔚镇崮前崖村第一书记齐长青

崮前崖村位于山东省临沂市沂水县夏蔚镇西南。该村原有贫困户 80 户 130 人，曾是山东省省定扶贫工作重点村之一。

2018 年 2 月，沂水县跋山水库管理处齐长青担任崮前崖村驻村第一书记后，开启招商引资助力村庄蝶变之路，改变了崮前崖村贫困落后的面貌，2018 年年底实现整村脱贫摘帽。如今的崮前崖村满山翠绿，5 家企业来村兴办产业，3 名企业家回村创业，全村贫困户全部脱贫，120 多名村民实现在本村就业，村集体经济收入由 2018 年以前的不足 3 万元增长到现在的 21.6 万元。

筑巢：小村建起服装厂

“长年在外务工，把孩子放在家里让老人照顾，虽然有点不放心，但也没办法。”驻村之初，了解到村里55岁以下的妇女有近60名，齐长青决定引劳动密集型企业进村。他把村里400平方米的闲置楼房进行扩建，利用扶贫资金，新建扶贫车间1 200平方米。

“巢”筑好了，不愁引不来“凤凰”。齐长青动员沂水德汇行服装有限公司到村租赁扶贫车间办服装加工厂，优先照顾贫困劳动力就业，30多名妇女在家门口实现就业。“从家到车间2分钟就到了，耽误不了接送孩子上学。”今年32岁的杨宜青，在扶贫车间上班，每月3 000多元的收入让她很满足。“两家企业在村租赁扶贫车间经营，每年向村集体交租赁费6万元，将这两家企业年净利润的20%分红给村集体，村集体年分红所得5万元以上。”齐长青介绍说。

引凤：樱桃大棚火了

2018年6月，齐长青把发展樱桃大棚种植产业提上了日程，但是发展樱桃大棚最缺有技术、懂经营、会管理的人才。夏蔚镇是沂蒙大樱桃的传统种植地区，齐长青多次向夏蔚镇党委联系对接人才回乡，镇党委向他提供了上里庄村在外企业家王启东回乡考察项目的信息。齐长青听说王启东在大连做樱桃种植和旅游产业很成功，主动联系聘请他当“智囊”，带领村民种植樱桃。

崮前崖村气温比周边温度低，发展大棚樱桃种植能够缩短樱桃生长周期，解决露天种植的弊端。但王启东对土地流转的问题有所顾虑：村民们愿意流转土地吗？村“两委”逐户做工作，并保证在土地丈量上不让村民吃亏，最后顺利流转出 110 亩土地。

与此同时，齐长青带着村民到沂源县燕崖镇考察学习，借鉴成功经验，并请来烟台农科院大樱桃研究所专家教授技术，保证项目精准可行。

2019 年 11 月，投资 1 100 万元，占地 60 亩的樱桃温室大棚园区落成。王启东聘请专业技术团队高标准地规划设计了大棚控温控湿系统，保证樱桃从授粉到生长温度全部实现计算机控制，有效减少畸形果率，提高优质果产量。2020 年年初栽种大樱桃树苗 2 000 棵，4 月实现果实上市，比传统种植成熟期早 2 个月。大棚樱桃按质量每公斤售价 40 ～ 50 元不等，每公斤高于邻近市场 15 元。按建设资金 6% 的分配比例，让村集体经济收益 10 万元左右。“第一年前期投入大，出果量少，明年我们的产量就会翻番。”王启东充满自信地说。

花开蝶自来：企业家回乡当“牛仔”

“村里的投资环境越来越好，大家的精气神儿提上来了，看到王启东干得很成功，我坚定了回来的信心。”近日，正在养牛场筹划环保处理设施建设的张德军说。

2020 年年初，新冠肺炎疫情让张德军在县城的生意受到了影响，得知肉牛市场价格一直看涨，他冒出了回村养牛的想法。但是回村养牛面临选址、环保等困难，因此张德军一直下不了决心。

“养殖业在农村发展前景不错，目前做得少，市场竞争风险小。”王启东以自己的创业经历给张德军加油鼓劲。齐长青知道这一情况后，帮助流转土地 43 亩租赁给张德军。6 月，总投资 2 000 万元的综合养殖生态园建成，正按照一期养牛 500 头的标准加紧建设。

第一书记“筑巢”搭建投资创业平台，引“归凤”回乡安家，花开蝶自来。王启东、张德军等 3 名企业家被崮前崖村授予“荣誉村民”称号，4 名贫困村民被评为脱贫标兵，6 名村民被评为致富能手。手捧着金灿灿的荣誉奖章，王启东说：“齐书记动员我回乡的路子走对了，相信会有更多的人回乡创业，把崮前崖村建设得更加美好。”

（撰稿人：赵圣君）

这个第一书记有点“甜”

——记河南省洛阳市孟津县横水镇西沟村第一书记张战军

张战军是国华孟津电厂的一名普通职工，2016 年 5 月被选派到河南省洛阳市孟津县横水镇西沟村担任第一书记。西沟村是深度贫困村，总面积 1.9 平方公里，建档立卡贫困户 105 户 243 人。4 年来，张战军和村干部一起把西沟村变了一个样。“新建了文化广场，实施了电网改造，铺设了进村入户道路，全村安装了路灯，又实施了多个产业扶贫项目。”张战军介绍道：“西沟村的变化，可以用一个词形容，那就是日新月异。2019 年年底，我们村实现整村脱贫。”

嘴甜访民情

“我刚来村的时候，村里的办公室是几间小平房，屋顶漏雨，被褥都发霉了。”张战军看着眼前新建的二层办公楼 11 间办公室，对第一次进村的情景，记忆犹新。西沟村土地贫瘠、缺水，村民靠天吃饭，红薯是当地的主要农作物。“西沟村多年来一直是重点扶贫对象，部分村民存在‘等、靠、要’思想，也有部分村民对扶贫漠然以对，觉得与自己无关。”张战军最初走村入户的时候，听到不少村民称他为“假把式”。从小在农村长大的张战军没有被眼前的困难吓倒，他用两个月的时间走遍了村里的角角落落。“老人家，您好！我是新来的驻村第一书记。”一个穿着破旧的老人听到有人来，从超过 50 年房龄的石头房子里走出来，神情漠然。这是张战军第一次去孤寡老人周转英家的情景。当张战军说可以帮着老人卖红薯时，老人才转过脸来。

“我一个孤寡婆子，隔壁邻居都搬走了，好多年没有干部上门喝过一口水！”72 岁的周用说。第一次到周用家里走访，张战军一讲就是 2 小时。从每年的收成到产业发展，从交通到看病，从基本情况到政策宣传。“不管你能不能帮我解决什么问题，你今天能到我家来，陪我这孤寡婆子说这么多话，我就很高兴啦。”天黑离开的时候，老人拉着张战军，依依不舍。

卖红薯的甜头

通过走村入户，张战军结合西沟村的资源，确定了在该村种植五彩红薯并对其进行深加工，以及分散养殖等产业扶贫项目。在驻村工作队的大力宣传和鼓励下，该村五彩红薯种植面积达 230 余亩，105 户贫困户都发展了分散养殖项目。为了让红薯带来最大的经济效益，张战军和村“两委”干部成立专业合作社，投资 15.92 万元开发了红薯深加工项目。“俺村红薯我代言。通过微信朋友圈转发推广，吸引网上买家。”到了红薯丰收的季节，张战军带领驻村工作队与村“两委”干部将红薯采收、分类、清洗、磨制、制粉、做粉条的全过程拍成视频和图片，通过微信朋友圈、县扶贫微信公众号宣传推广。同时，帮扶单位国华孟津电厂也签下了为在职职工 294 人购买红薯及粉条的协议书。

“连当年高考也没有这么拼过。”在销售红薯的过程中，张战军曾连续几天每天工作 12 小时以上，他的手几乎离不开手机，随时接听来自各方的电话，收发各地订单，然后再用三轮车运到镇快递点寄出去。尝到甜头的张战军还将西沟村的蜂蜜、菜籽油、土鸡蛋等农产品也制作成视频放在微信朋友圈。2019 年 11 月，张战军在微信朋友圈卖了 4 000 多公斤五彩红薯、1 500 多公斤红薯粉条、2 500 多公斤蜂蜜、500 多公斤菜籽油、750 多公斤土鸡蛋、300 多公斤核桃，帮助贫困户及村集体增加收入 10 万余元。在最短的时间，张战军赢得了村民最广泛的认可，周边村镇很多群众都知道，西沟村有个“卖红薯的第一书记”。

心里比蜜甜

“我不需要办公室，我的办公室就在田间地头。”这句话张战军一直挂在嘴边。其实，张战军不是不需要办公室，他的心里一直牵挂着贫困户，只有站在田间地头，只有看着蜜蜂在花丛间飞舞，他的心里才踏实。

“张书记是俺家的大恩人，要不是他，还不知道俺家现在的日子是什么样。”如今开着私家车的原贫困户范赖的妻子说。2014年，范赖家承包的50多亩烟叶因遭受天灾，损失近10万元，一度成为贫困户。2018年，在张战军的引导下，他家种上了五彩红薯，还养了蜜蜂，年底他家收益近6万元。如今，范赖成了村里的致富带头人，2019年7月还当上了村支部委员。“张书记为俺们操碎了心，他生病了还照常来村里开展工作，俺们心里可真过意不去。”身患残疾的杜春香听说张战军在喝中药，拄着拐杖来村委会看他。有人问他：“你在村里一干就是4年多，烦不烦？苦不苦？”“脱贫攻坚，唯有苦干，不可苦熬。看着群众脸上的笑容，心里比蜜还要甜！”这是张战军写在驻村日记扉页上的话。

（撰稿人：李艳民）

踏破铁鞋有觅处，花开渠首霞满天

——河南省南阳市淅川县九重镇武店村第一书记刘峰自述

2017 年 11 月，背起行囊，暂别派出单位河南省委组织部，我从省会郑州来到国家级深度贫困县——淅川县，开启了全新的“驻村模式”。

淅川县九重镇武店村并不出名，但是与其紧邻的南水北调中线工程“渠首”却闻名于世。这个村 2016 年已经整村脱贫，作为第一书记，我驻村的主要任务是巩固扩大脱贫成果，为乡村振兴打牢基础。

驻村之前，我妻子专门给我买了一双品牌休闲鞋。我说你买这么好的鞋干啥，多么不接地气啊。她说咱不是图名牌，关键是结实又耐穿啊。

到村里以后，少不了走村入户，深入田间地头，泥里来、雨里去，甚至是顶风冒雪行走在扶贫路上。也就是一年不到的时光，鞋子左脚拇指处就开线了，于是我就自己拿针线补了补。没过多长时间，右脚拇指处也开线了。不久，左脚的鞋帮和鞋底之间裂开了一道三四厘米长的大口子，算是彻底报废了。随后，我妻子又给我买了一双休闲鞋，结果不到半年时间，鞋帮又被跑得裂开了。驻村还真是废鞋啊！

儿子跟我开玩笑说："老爸，您可真行啊，这么结实的鞋你都能穿烂，我看就是买一双铁鞋也不行啊！踏破铁鞋无觅处，你这是有没有觅处啊？"这一问我觉得还真有点意思，我的回答是在脱贫攻坚的第一线、最前沿，觅得了"党建""产业""真情"和"初心"。

党建引领：组织的力量最强大

要办好村里的事，就得先让支部成为群众的"主心骨"。我们先后组织党员干部和群众代表到兰考学习焦裕禄精神，到梁家河追寻初心和使命，组织省直机关党支部入村开展"赠党章、戴党徽、重温入党誓词"主题党日活动，激发了大家的自豪感、荣誉感。

在开展"近学张河村、远学西辛庄"主题活动中，我们既学身边典型——邻村支部书记、全国人大代表张家祥，又学知名的优秀村干部李连成。

大家到现场观摩学习后，纷纷表示：人家能做到的，咱武店人只要下决心，也一定能做到。村支部一班人的信条是："十人九条心，拧断脊梁筋；十人一条心，土地变成金。"

发展软籽石榴种植产业需要流转土地 1 800 亩，不出 3 天就全部完成，充分彰显了组织的力量。

生动的实践再次证明，只有让党建生根，才能最终拔掉"穷根"。

产业兴旺：致富的路子更宽广

武店村处在南水北调核心水源区，"有山不能牧，有水不能渔。"面对这种情况，我和村"两委"反复商议，理出了"短、中、长"线产业相结合的发展思路。

短期发展小龙虾、黄粉虫和香菇、蔬菜，周期短、见效快。目前，小龙虾市场行情看好，黄粉虫车间正常生产经营，建成香菇大棚 2 座、占地 13 亩，流转蔬菜用地 140 亩。

中期发展软籽石榴种植和糕点加工业，1 800 亩软籽石榴去年已经开花结果，生产凤凰卷糕点的扶贫车间已经正常运营。

长期发展乡村文化旅游产业，依托渠首北京小镇及文化民俗街、汤山国家湿地公园等，重点打造南水北调精神情景体验教学基地（武店农庄）。

村民们就等着这些项目快点建好，带动全村发展农家乐呢！

真情无价：有你的日子我不怕

驻村经历让我切身感受到了与群众的鱼水深情。我联系分包的贫困户吴某，患有重症精神疾病。我入村后，他和妻子都在外地打工，一双儿女由奶奶带着。我经常去家里看望照料一下，还到村幼儿园帮助接孩子。

2018 年年初，吴某发病较重，开始被强制住院治疗半年，出院后病情还不稳定。有一天，我正在县城对接扶贫项目，接村里电话说他又犯病了，只得再次住院治疗半年。这次出院后，他与同乡一起到深圳打工去了。由于要办务工奖补、小额贷款等事情，我们经常联系。我叮嘱他要记着按时吃药，遇见啥事不要担心害怕。他恳切地说：“哥，有你在，我就不怕！”

渐渐地，我与其他贫困户和干部群众也结下了深厚感情。每当走在大街上，听到他们亲切地一声声打招呼，就会让我平添一份默默的感动。

初心永恒：武店的今天变了样

让老百姓过上好日子，始终是我们不懈的追求。驻村使我有了一个近距离服务群众的机会。我积极协调，使村里装上了太阳能路灯，新修了村内水泥路，铺设了下水管道，绿化了主街道，扩建了文化广场，打造了村部游乐园，村小学的书法教室、青少年宫、幼儿园项目正在积极推进……

这些发生在身边的变化，常常被村民津津乐道。我组织邀请省曲剧团送戏下乡，村民说，以往只能在电视上看《梨园春》节目，没想到今天见到擂主“活人”了。

站在新建的汤山湿地公园上俯瞰两侧，一边是烟波浩渺的丹江口水库，另一边是风光旖旎的梯田花海和蒸蒸日上的新武店……为民办事的那颗初心，正在群众心里播撒下希望的种子。

回顾两年多的驻村时光，历历在目。扶贫路上有诗和远方，更有艰辛付出：父亲刚做完手术，我就赶往村里去了；儿子参加中招考试，也无暇顾及照料；夜间拼车急着去县里参加扶贫会，差一点就撞上了大货车；清明节、端午节、中秋节都是在村里度过，快过年了还与村干部一起忙着研究扶贫工作……脚踏实地的日子汇成一句话：带走的是一捧热土，留下的是一片深情！

（撰稿人：刘峰）

一头扎进白术地里

——记河南省商丘市虞城县沙集乡沙集村第一书记徐伟

2017 年 2 月，徐伟被河南省商丘市卫生健康委选派到虞城县沙集乡沙集村担任驻村第一书记。他始终坚持服务基层、服务群众的理念，和村干部一起，建强村党组织，建设优化村基础设施，发展村集体产业等，改变了沙集村的面貌，赢得了村民的广泛赞誉。

抓好党建，建强基层支部

徐伟到达沙集村后，连续一个多月没回家，与村“两委”班子成员交流座谈，到老党员、老教师、群众代表、致富能手家中走访，摸清了沙集村发展中存

在的问题。

沙集村因“两委”班子成员年龄偏大、后继乏力，导致各项制度均不完善，更别说具体落实了。“帮钱帮物，不如建个好支部。”徐伟觉得，只有把村党组织建设得强起来，它才能承担起脱贫致富持续奋斗的艰巨任务，才能带领村民们走上小康富裕路。

在他的建议下，沙集村规范了“四议两公开”、“三会一课”、主题党日活动等各项制度。“现在村里有什么大事，都会召开党员、群众代表会评议，做到了公开、公平、公正，我们有当家做主的感觉了！”村民高兴地说。2017 年，沙集村发展党员 1 名，培养入党积极分子 3 名，培养后备干部 2 名，2018 年又新增了班子成员 2 名。

各项制度的落实，大大提升了党员群众参与村级事务的积极性和参与性，确保了决策的民主性，政策的执行度和村民满意度也得到很大提高。

找准特色，产业发展助民富

“要想脱贫，必须有产业。”为拓宽产业扶贫之路，徐伟与村“两委”商讨决定成立村合作社，种植中药白术。为此，徐伟带头捐资 1 万元，并逐一说服全村 135 户贫困户参加，成立了沙集村精准扶贫专业合作社。他又向上级部门申请了 60 多万元专项产业扶贫资金，支持合作社的白术种植。

2017 年夏，沙集村大旱，光靠雨水已经不能满足白术的生长需要，需要用井水灌溉。但是，白天地表温度高，井水较凉，这么大的温差，容易导致白术死苗，而夜晚地表温度低，正适合浇地。

徐伟带领驻村工作队队员连续熬夜浇水 20 个夜晚，渴了喝口水，饿了吃口馍，困了就睡地头。有一次，他干到半夜 12 点多，突然感觉心口发闷、头晕不止，当地派出所用警车把他送到了商丘市中心医院。徐伟被诊断为心脏病，进入重症监护室治疗。7 天后，病情稍有缓解，他就不顾医生劝阻，坚决要求出院，回到了脱贫攻坚的第一线。

时间到了 11 月，正是白术收获的季节，此时的天气已相当寒冷。徐伟带领驻村工作队队员，白天采收白术，夜晚在地里看守，露水浸透了棉被，冻得他们瑟瑟发抖。

“我们就没见过这么能干的城里人。徐书记带领我们建大棚、种白术，拔草、施肥、打药、收获，比我们农村人还能吃苦，有时我们看着都心疼他。”脱贫村民王秀荣满脸的钦佩。

沙集村合作社白术种植项目当年取得了不错的经济效益，为贫困户发放工资16万余元，贫困户每户获得分红1 200元；村里的集体经济收入由以前的几乎为零，跃升至现在的每年10万余元。

2018年5月11日晚上，徐伟带领贫困户在白术地里拔草后，返回村办公室的路上，不慎从三轮车上摔下，造成右腿大面积淤血，脚踝部位大量积液。医生要求他住院治疗，但他仅仅在市中心医院治疗3天，就又回到了沙集村，坚持边治疗边工作。他说，看到群众的一张张笑脸，再苦再难自己也要坚守在脱贫攻坚第一线！

目前，沙集村标准化卫生室、扶贫车间、文化活动广场都已经建成使用，筹建的光伏发电项目，每年可创收7万余元。

主动请缨，疫情面前显担当

新冠肺炎疫情袭来，徐伟大年初二主动请缨，迅速加入沙集村疫情防控战斗中。

他充分发挥自己的专业特长，积极入户排查，宣传预防知识、消毒方法，每天穿行于村里的每一条道路、每一个胡同，告诫大家不要串门、不要聚会，出门一定要戴好口罩，做好自我防护；每天与村干部一起在村中防控卡点值班，一起加班加点统计汇总各项排查数据到深夜。

徐伟先后两次捐赠价值 6 000 元的疫情防控物资。他认为自己不仅是一名卫生健康战线上的老战士，还是一名驻村第一书记，更是一名共产党员，自己有义务、有责任第一时间全身心投入这场“战役”。

倾心为民，真情服务赢民心

徐伟为村里干了很多大事，贫困户的很多小事，他也件件放在心上。

“我们一辈子都不会忘记徐书记，他比我的孩子对我还好。”村民张秀荣逢人就夸赞徐伟。张秀荣重病在身，由于并发症的影响，双目失明已经一年多了。徐伟了解到这一情况后，便自己开车把她送到了虞城县人民医院，但本地医院的医疗条件有限，无法为她治疗，徐伟又到郑州大学一附院协调眼科教授为她进行手术治疗。张秀荣的眼睛恢复得不错，逢年过节都会给徐伟打电话问候。

徐伟先后资助了贫困家庭大学生 12 人，帮助他们上学期间每人每年享受到教育扶贫资金 7 000 元；带“五保”户王振海到商丘市东风眼科医院诊断眼疾，并为其垫付医疗费；帮助村里一名智障农民申报二级伤残鉴定……

大事难事看担当。在沙集村的付出，让徐伟收获了村民们沉甸甸的信任。这份责任时刻都在警示着他、催促着他，让他兢兢业业、殚精竭虑，不敢有丝毫懈怠。徐伟将继续带领沙集村群众稳稳走在脱贫致富路上。

（撰稿人：许前进）

柳峪沟来了个刘书记

——记河南省济源市坡头镇柳峪沟村第一书记刘国宣

村民从排队挑水到足不出户吃上自来水；

村内留守人员从双手抄进袖子里闲逛到铆足干劲挣钱；

昔日的台院地和荒坡上，如今核桃树成片、油葵满坡，林地下面畜禽争鸣；

过去人们日出而作日落而息，如今大家在路灯下跳上了和城里人同样节奏的舞步；

……

随着他的到来，这个小山村在悄悄地发生着改变。

2017 年 9 月，46 岁的刘国宣告别了熟悉的校园，主动请缨到河南省济源市坡头镇柳峪沟村任第一书记。柳峪沟村是省级贫困村，总面积 9.7 平方公里，辖 8 个自然村，255 户 905 人，其中，建档立卡贫困户 19 户 63 人。村子地处丘陵地带，长年干旱缺水，吃水困难，农作物低产。面对贫穷的村貌和乡亲们疑惑的目光，刘国宣暗下决心，一定要带领群众致富，让小山村变得更加美丽。

心系群众，以诚相待赢真情

柳峪沟村支部书记薛高领说：“刘书记人温和斯文，但有股子冲劲儿，干了不少我们想干却没干成的事儿。”“挑水排队，舀水下跪，遇到天旱，日夜不睡。”这是对坡头镇柳峪沟村过去吃水难的真实写照。为改变村民生产生活用水严重缺乏的现状，刘国宣和驻村工作队经多方协调，争取到安全饮水工程、水坝提灌工程、土地灌溉工程3个大型项目，总金额达400万元。2018年12月，柳峪沟村4口深水井全部打通，900多位村民全部吃上了自来水。村民郝素娥激动地说：“村里有水了，孩子们也愿意回老家好好过个年了。”在解决吃水难问题的同时，水坝也在修建，农业产业结构不断随之优化。如今，柳峪沟村又流传出了新的顺口溜：“公路盘山转，河里水上山。”

刘国宣指导村“两委”规范运用“四议两公开”工作法，建立村务监督委员会，严格落实好党务、村务公开制度，接受群众监督。他制定抓党建促脱贫责任体系，坚持“四抓、四改、四促”工作原则，即抓党建改观念促活力、抓项目改基础促村容、抓帮扶改生活促脱贫、抓机制改作风促效果。

“刘书记天天都在村子里，想的都是村子里的事，真是我们的亲人呐！”村民翟梅将刘国宣的辛勤付出都看在眼里、记在心上。实施精准扶贫，需要因地制宜、因户施策。工作之初为了摸清实情，刘国宣连续3个周末没有回家，用两个月的时间访遍了柳峪沟255户人家，把每一户贫困家庭的详细情况都登记在册。

2020年新冠肺炎疫情暴发之后，刘国宣于大年初三返回柳峪沟村，带领全村党员组成防疫突击队，对全村实行严密防控。疫情期间，他切实帮助困难群众解决生活难题。2月6日，济源山区暴雪，村民薛同芳常吃的降压药告急，他二话没说，开着车就出去购买。山高路滑，车轮几次冲到崖边，他就把车扔在半路，步行把药送到薛同芳手里。困难群众因隔离缺少生活用品，他主动组织集中采购。村里的疫情检测点口罩告急，他毫不犹豫地把女儿在网上购买的口罩贡献出来，并带头捐款。在他的带领下，79岁的老党员王帮荣主动捐款，说自己虽然年龄大了，但一定要起到带头示范作用；行动不便的贫困户薛同芳让儿子送来

3 200 元钱，并说：“感谢帮扶活动让我光荣脱贫，现在国家有难，我应该尽自己的一分力量。”

智志双扶，增强脱贫战斗力

扶贫先扶志，才能除穷根。51 岁的赵国琴，家有 4 口人，婆婆赵桂荣长期有病，生活不能自理，赵国琴和女儿均有智力残疾，丈夫体弱多病。不幸的遭遇让她邋遢、懒散，从来没有想过要改变命运，更不知道怎样才能改变“苦命”。刘国宣和驻村工作队队员一次次上门做她的思想工作，宣传国家扶贫惠民政策，并通过慰问、免费送母羊、募集养殖资金、改造危房和新建住房等行动，让她的心热了起来。对生活有信心了，自然就有干劲，2019 年，赵国琴家顺利脱贫。“今年村里专门给她申请了公益性岗位，既解了她家的燃眉之急，也为巩固脱贫成果打下了长远基础。”村支书薛高领说。现在的赵国琴自食其力，在人前的腰板也直了，开口就笑嘻嘻地说扶贫政策好。

有志更有智，才能真脱贫。村民赵宗富家只有他和儿子两人，儿子赵小东因病双目失明，父子俩仅靠家里几亩薄田为生。“脱贫不能‘等、靠、要’，只要精神不倒，再难的日子都能熬出头。”得知赵小东希望靠自己的双手实现人生价值，刘国宣和帮扶责任人到处联系，帮助他学习按摩技术，随后在市区创业，开了一家盲人按摩店。2017 年年底，赵宗富家光荣脱贫。如今的赵宗富，一年打零工

算下来有 2 万余元的收入，赵小东的按摩店一年可收入 3 万多元，父子俩成了“脱贫示范户”。54 岁的村民赵小闷肢体二级残疾，丈夫患过胃癌，刚成年的儿子因照顾父母只能在周边打零工，全家生活窘迫。刘国宣帮他们联系市畜牧站技术人员，教他们学习养殖技术，并通过扶贫网找资金、找援助，忙前忙后帮助赵小闷家建起了养羊场。村民们都说：赵小闷家过上了“羊羊”得意的日子。

2019 年年底，柳峪沟村建档立卡贫困户 19 户 63 人全部脱贫，村人均可支配收入从 2016 年的 9 150 元达到 2019 年的 11 556 元，集体经济收入从 0 元增至 10 万元以上。现在，刘国宣想得更多的是，扶贫成果来之不易，要让帮扶不断线，乡亲们的好日子更稳当。

产业引导，追梦美丽山村

“目前，柳峪沟村的产业结构不断优化，村经济合作社运营顺利，村集体经济收入年年攀升。我们充分利用柳峪沟村的自然优势，整合林地资源，发展牛、羊等草食性牲畜和散养鸡，搞好柴鸡、肉鸡及生猪养殖。通过项目扶持等形式，鼓励农户利用台院地和荒坡，发展核桃干果和油葵种植，促进村民增收致富。”对柳峪沟村的发展，刘国宣笃定自信地说。

特色产业搞起来。目前，该村种植的优质薄皮核桃已发展到 100 亩、蔬菜 70 多亩、油葵 200 亩，小型油葵加工厂正在筹备建设中；生猪存栏 1 500 余头，羊存栏 300 余只，饲养鸡 15 000 多只，户户有产业，人人有收入，是刘国宣最大的心愿。

电商平台搭起来。2019 年，全村核桃、红薯、花生等农作物大丰收，但是群众却找不到销路。刘国宣积极联系，搭建电商平台，为群众销售核桃 5 000 多公斤、花生 1 750 公斤、红薯粉面约 1 700 公斤，土鸡、土鸡蛋总收入 1 万多元。

脱贫山村美起来。3 年来，他共协调资金 800 余万元，强化基础设施建设，实施村内道路硬化、安全饮水、路灯安装等惠民工程，落实完成提灌、土地提升工程，建设村民服务中心、群众大舞台、村卫生室、游园等，极大提升了柳峪沟村的村容村貌，让村民切实感受到脱贫攻坚带来的获得感和幸福感。作为一名高校驻村干部，刘国宣注重文化扶贫、精神扶贫“双手推”。他组织济源职业技术学院党员志愿者定期在柳峪沟村开展创新理论宣讲、文艺表演、道德讲堂等系列活动，歌唱新时代，弘扬新民风，助力文明乡村新气象，让群众共享精神文明创建成果。

有付出就有收获，刘国宣获得 2018 年济源市“十佳第一书记”等荣誉称号，柳峪沟村获得济源市 2018 年集体经济工作先进村称号，并获得 4 万元现金奖励。刘国宣的派出单位获得 2019 年济源市“十佳帮扶单位”称号，驻村工作队被评为 2019 年优秀等次。

（撰稿人：刘雪琴）

我们村的三块地

——河南省济源市大峪镇王庄村第一书记任云飞自述

我叫任云飞，是一名驻村第一书记。2017 年 11 月受单位党委委派，告别年迈的父母和两个年幼的孩子，来到太行山上偏远的小山村——河南省济源市大峪镇王庄村，和王庄村的土地结下不解之缘。下面就请大家和我一起，来看看我们村里的三块地。

第 一 块 地

2020 年 4 月的一天，我去村里最偏远的几户人家串门，发现有一户正在翻修多年没住的老房子，进去一问，说是给老太太住的。老太太名叫靳秀芬，我叫她靳大娘，82 岁了。我就问靳大娘："您为啥要从城里搬回山上住啊？"靳大娘说："这是家呀，是根，我早就想回来啦，咱村幸福院可好了，老姊妹多，天天有人说话，舒坦！"我听了心里非常震动，没想到幸福院会有这么大的吸引力。

靳大娘说的幸福院，是 2018 年我们为村里留守老人建的聚会、活动场所。因为有了幸福院，已经有 4 位老人从城里搬回了老家，圆了回乡梦。老人们在幸福院开心了，在外打拼的子女们放心了，这些在外的能人对王庄的发展就上心了。这几年，回村创业的乡亲越来越多。在城里上班的周振，因为父母坚持回村去幸福院，他就回乡投资 150 多万元，在村里建了一家高标准养鸡场。

大家也许想不到，这样一个幸福院，3 年前还是一片荒坡地。而如今，已经成了我们村独具特色的乡愁符号。这几年，我们还打造了花溪冰挂、共享书屋等，这些乡愁符号，增强了村民的幸福感、获得感，已经成为加快王庄村发展的生产力。

第 二 块 地

这块空地虽然很小，但紧挨着村部，绝对的“黄金地段”。该怎样利用好这块宝地呢？这个问题困扰了我很长时间。

2019 年，我们抓住机遇，在这片巴掌大的地上建起了农产品加工厂。随着我们村被济源市确定为脱贫攻坚教学点，加工厂成了大批学员和游客必到的地方。人流就是财富，“黄金地段”真就刨出了黄金。短短 10 个月，加工厂的营业额就突破了 300 万元，村集体经济实现创收十多万元，带动村民就业 10 余人。

已脱贫村民王小青就是加工厂的工人，2019 年年底的一天，她找到我悄悄地问：“任书记，我想买辆小汽车中不中？”我心想，都脱贫了咋不能买，不会想要政策补助吧？就笑着对她说：“买车当然中，但政策补助可别想啊。”她一听赶忙解释说："任书记您误会了，俺两口子现在一个月收入八九千元，不差钱。就想问您违不违反扶贫政策，别给您添麻烦。"我一听就笑了，说："你买个火车都中，只要能开进来。"说完她也笑了。

这几年，像加工厂这样的扶贫企业，村里已经发展到了第 11 家，创造就业岗位 100 多个。兴旺的产业发展，圆了王庄村村民的就业梦、小康梦，为防止返贫筑起了屏障，为增加收入提供了保障，更为村集体经济的发展打下了厚实的家底。

第 三 块 地

荒坡地可以刨出幸福，小空地可以刨出财富。我们全村有 12 平方公里土地，该怎么为乡亲们圆更多的梦呢?

让人欣慰的是，有了党的扶贫政策全力推动，在王庄村这片曾经贫穷落后的土地上，自从我 2017 年 9 月开始驻村帮扶以来，几乎每个月都在发生着变化：路更宽了、山更绿了、水更美了，乡亲们脚步快了、腰包鼓了、笑容多了，环境美了、吃住行方便了、游客多了。现在，我们村已经创建成国家 3A 级景区、全国生态文化村、中国美丽休闲乡村。

习近平总书记说：时代是出卷人，我们是答卷人，人民是阅卷人。这个金句突出彰显了以习近平同志为核心的党中央治国理政思想的核心理念，那就是以人民为中心，把人民群众对美好生活的向往作为我们党的奋斗目标。这一金句，时时激励着我、鞭策着我。作为驻村第一书记，我们都是党派到脱贫攻坚最前线的扶贫尖兵，在派驻的村庄，我们就是党派来的答卷人。把村民的小事当作自己的大事，一心一意为村民谋幸福，就是我们的初心和使命，就是我们奋斗在脱贫攻坚一线交出的答卷。

（撰稿人：任云飞）

三任书记接力赛脱贫

——记湖北省恩施土家族苗族自治州恩施市沙地乡秋木村第一书记甘声鸣、李贵俊、杨腾钦

2016 年，湖北省恩施市委组织部作为精准扶贫联系牵头单位开始选派干部进驻沙地乡秋木村，首任驻村第一书记为甘声鸣，到 2020 年，接力棒已由第二任书记李贵俊交到第三任第一书记杨腾钦手里。三任书记坚持一张蓝图干到底，历经 5 年的接续拼搏奋斗，秋木村实现了党建强、农民富、村庄美的嬗变。

甘声鸣：我带支部强起来

“像打了鸡血一样，脚踩风火轮，工作连轴转。”再次来到秋木村村委会，甘声鸣为村干部高效的节奏连连点赞。回想起 2016 年第一次到秋木村报到的场

景，甘声鸣仍不免唏嘘。村委会破旧不堪，没有一个像样的党群服务中心；村干部年纪普遍偏大，缺少发展后劲。

“村子强不强，关键看头羊；村民富不富，关键看支部。”甘声鸣下定决心，组织部驻点的村，一定要建强支部，激活发展引擎。随即，甘声鸣启动了“五步走”整改计划：第一步，招录培养本村的年轻后备干部跟班锻炼；第二步，组织“夜学夜会”，把村干部的能力和素质提上来；第三步，对原服务功能不健全的党群服务中心进行改造升级；第四步，将原来的大支部改设为总支下设 3 个支部，分片开展联系群众工作；第五步，对农村无职党员设岗定责，激励他们在脱贫攻坚中发挥模范带头作用。当地发展能人何文忠当选为村党总支书记，村干部的平均年龄由原来的 50 岁调整为 35 岁，具有高中以上学历的干部有 4 人，新招录 3 名村级后备干部。2016 年 8 月，新建成的村级党员群众服务中心开始投入使用。人员结构的变化和能力素质的提升，使村级党组织的整体合力显著增强。村干部主动沉下去，分组分片召开小组会、屋场会 300 余场次，村民终于找到了可以信赖的“当家人”。

2017 年下半年，因工作需要，甘声鸣被调整到市委组织部的另一个帮扶村驻点扶贫，将接力棒交到第二任第一书记李贵俊手中。

李贵俊：我帮村民富起来

在秋木村，有块著名的茶园，被当地村民戏称为“三栽三挖”茶园，因为对发展茶叶缺少信心，村民一度“栽了挖，挖了栽”。产业不发展，其他是空谈。为打破这一僵局，第一书记李贵俊联合其他单位想办法出点子，首先决定把村民丧失的热情和信心找回来。

2018 年 5 月，秋木村第一届采茶比赛在驻村“尖刀班”（工作队队名）和帮扶单位的筹划下开启了，200 余名村民参赛，经过激烈角逐评选出一、二、三等奖。市委组织部主动买单，为选手购买了除草机、茶叶肥料等奖品。2019 年，秋木村第二届采茶比赛又如火如荼地展开，去年还在观望的村民如今已变成茶农，并自发地在茶叶基地上挂起“争当贫困户，不如种茶树”的横幅。思想观念转变了，还要有市场主体做支撑。李贵俊带领驻村“尖刀班”跑断了鞋底子、磨破了嘴皮子，最后成功引入两家茶企，成立楚蕊茶叶专业合作社和维农生态农业专业合作社。看到驻村“尖刀班”动了真格，村民们的态度也有所转变。在群众会结束后，村民争相与合作社签订入社协议。如今，维农生态农业专业合作社的茶园已经成为星巴克的抹茶基地，2020 年已生产三四千公斤抹茶销售到上海，还生产了 1.5 万公斤绿茶和红茶销售到武汉、杭州、北京等地。两家合作社带动全村 300 多户贫困户脱贫致富，每年平均可为每户贫困户增收 4 000 元。

长年穿梭于田间和车间，李贵俊的脸被晒得黝黑，秋木村群众亲切地称他为“脸黑心红”的书记。2019 年 4 月，由于在秋木村扶贫工作中的突出表现，李贵俊被提拔到另一个单位，将接力棒交到第三任第一书记杨腾钦手中。

杨腾钦：我促村庄美起来

“我爱我家怎么搞，其实很简单，捡干净，摆整齐。”杨腾钦为了让村民搞好卫生，开始自编顺口溜在村里传唱。支部强起来了，村民富起来了，还要让村庄美起来。通过长时间入户走访，杨腾钦了解到，村民迫切需要一个和谐美丽的新家园。小环境的改善源于大环境的改变。随着精准扶贫工作的深入开展，秋木村水、电、路等基础设施实现大升级，人居环境整治、乡风文明建设持续推进，一幅美丽恬静的山村画卷慢慢铺展开来。村里陆续新建 9 个小引水工程，新建小水窖 24 处，基本实现了“一管清水到农家”的目标。

泥巴路变成了水泥路和柏油路，“雨天一身泥，晴天一身灰”的现象在秋木村已成为历史；网络实现通信无死角，电信、移动、联通三家运营商实现全村 4G 无线网络全覆盖，光纤有线网络主线接入全覆盖。一串串数据真实记录了秋木村环境的变化，而村民的变化则洋溢在他们的笑脸上，镌刻在他们的内心里。

“没想到在这么短的时间，他们能带领我们村发生这么大的变化，真是没想到。”汪兴是秋木村的村民，原本持怀疑态度的他慢慢相信了扶贫干部，开始感激党的好政策。后来，他主动协助“尖刀班”开展扶贫工作，有一天入户调查到深夜后，他返回家里开始写入党申请书，直到凌晨。

（撰稿人：李慧玲）

组织指哪我“战”哪

——湖南省郴州市桂东县沤江镇青竹村第一书记黄友兰自述

我叫黄友兰，今年 54 岁，退役军人，现为湖南省郴州市派驻桂东县沤江镇青竹村第一书记、工作队队长。2013 年以来，我已在扶贫一线战斗了近 8 年，大家都叫我“扶贫专业户”。这 8 年来，我先后担任过 3 个贫困村的第一书记、工作队队长，2019 年被评为湖南省“百名最美扶贫人物”。

三合村：探索“村企合一”模式，造就全国美丽乡村

2013 年 3 月，我主动请缨，到郴州市北湖区三合村参加城乡统筹发展工作。在这里，我以党建为引领，确定了三合村发展的主题，即“唯美三合 · 森林湿

地生态村”“爱尚三合 · 婚纱摄影艺术村”“人文三合 · 乡土乡情体验村”，实施“村企合一”模式，被上级部门列为经典案例，获二等奖。

村级企业三合乔龙公司在 2013 年、2014 年两年销售额达 5 000 万元，为村里增加就业岗位 319 个，被授予郴州市农业产业化龙头企业和湖南省 5A 休闲农庄称号。三合村先后荣获全国生态文化村、全国美丽乡村、湖南省城乡统筹建设示范村等荣誉称号。

“村企合一”模式下的爱尚三合生态庄园

青竹村：从贫困村到湖南精准扶贫示范村

当我带着丰收的喜悦，准备回单位之际，局领导找我谈话，要求我去桂东县青竹村帮带 3 个月。这一带，又干了 5 年。

青竹村是全市出了名的贫困村，有贫困户 106 户 338 人。“黄泥抖成的墙，茅草盖成的房，寒冬腊月卖木炭，光棍排成行。”这句民谣，是对青竹村贫穷的真实写照。

除了有一个炎陵县的经营者在这里租地种黄桃外，村里没有任何其他产业。只有产业发展了，贫困户的口袋才能鼓起来。通过走访调研，多方考察，我发现黄桃市场价格很高，能卖到6元一公斤，村里土壤、气候都适合种植，加之其他地方种植少，可以大力发展。另外，城市对农产品的品质要求高，可以鼓励农户养土鸡。我与村里党员干部商量后，决定带领村民种黄桃、养土鸡。我和党员到乡亲们家里，苦口婆心做工作，掰着手指头算经济账；组织村民到市里学习养殖技术、考察销售市场；还免费为愿意养鸡的贫困户提供鸡苗，大大激发了村民的积极性。

村里有个贫困户罗桂前，当时领养了300只鸡苗，但是由于没掌握科学养殖技术，鸡接二连三死亡，他对养鸡失去了信心。为了重振罗桂前的信心，我请来专家指导，手把手地教他搭建鸡棚、调配饲料和疾病防治等技术。如今，他成了全村有名的养鸡大户，还搞起了农家乐，走上了致富路。

种植黄桃是个技术活儿，挖坑、施底肥、放苗、培土、修枝剪叶等，每一个环节都有一定的规矩。我邀请炎陵县种植黄桃的师傅现场讲授、手把手指导，让贫困户全面掌握了黄桃的种植技术和管理方法。现在，全村黄桃种植面积达1 800亩，仅此一项，每年可为贫困户每户增收6 000～8 000元。

我们趁热打铁，先后引进了梅花鹿、藏香猪、肉牛、高山禾花鱼等养殖项目，让村民实现了家门口就业。2017年，全村人均年收入达到了9 839元，被评为湖南省精准扶贫示范村、湖南省美丽乡村。

沤菜村：下好全村脱贫“三步棋”

2017年5月，组织上又安排我转移扶贫战场，到桂东县沤江镇沤菜村担任第一书记、工作队队长。沤菜村共有2 113人，2017年有贫困村民352人。沤菜村地处城乡接合部，外来务工人员多，不好管理；合村不合心，村委领导班子软弱涣散。怎么办？我左思右想，彻夜难眠。最后，我决定下好“三步棋”。

第一步棋，班子引领，凝神聚力。我积极向镇党委汇报，利用支部换届的契机，选举了2名致富带头人担任村党支部书记、村委会主任，调优配强村“两委”成员，5名村干部平均年龄40岁。同时，我们通过抓“三会一课”、主题党日、谈心谈话，把党员干部的思想统一起来、力量凝聚起来。人心齐泰山移，一些村民反映强烈的问题迎刃而解。

第二步棋，盘活资产，筑巢引凤。老村部有500平方米建筑面积，闲置多年，我们觉得太浪费，便筹资 20 万元对其进行改造。之后，我努力协调引进金钻手袋厂在新改造的村部创办扶贫车间，解决了 30 多名留守劳动力的就业难题，每人每月工资 2 000 多元。

第三步棋，流转土地，发展产业。把不在规划区内的边角地带、抛荒地等近千亩零碎地打包流转给村里，再由村里溢价出租给投资商种植药用牡丹，建立了近千亩牡丹园，既让大量闲置土地得到了充分利用，又美化了生态环境，吸引了不少生态旅游爱好者来村里休闲度假。

当时，在泒菜村的短短 7 个月时间里，我们自加压力，堡垒一个接着一个攻，硬骨头一块接着一块啃。我们先后扶持产业大户发展电商平台，销售黄桃、水晶梨、土鸡等农副产品；引进企业委托帮扶贫困户 116 户；成立合作社种植黄桃、水晶梨等，村集体经济年收入达到 7 万元，全村共有 213 人在 2017 年实现脱贫。

又战青竹村

2019 年年初，组织上又安排我到青竹村担任第一书记、工作队队长。经过几年的艰苦努力，青竹村已旧貌换新颜，这里山美水美、气候宜人、基础设施完善，仅农家乐就发展了29家。青竹村成为农家休闲和避暑度假的新胜地，2019年全村实现旅游收入400余万元，成为村民创收新的增长点。

为了让青竹村的子子孙孙铭记党恩，我们组织编写了《青竹村志》，把青竹村的脱贫历程、先进人物、山乡巨变、产业项目发展等载入史册。

扶贫工作中，我有好几次与“死神”擦肩而过。2019年5月的一天，我和村支部书记驾车去县城参加会议。车子行驶到三千湖沿湖路段，突然听到“轰隆”一声巨响，我预感到是山体滑坡，赶紧叫村支部书记加大油门往前冲，只见一块巨石从山上滚落下来，砸中了车子的后轮眉。如果我们反应慢一点，后果不堪设想！

有人说我傻，这么多年到村里受苦受累，究竟图什么。我图什么，我就图一点，那就是：作为一名共产党员，作为一名退役军人，只要组织需要，我决不辜负组织的重托！

（撰稿人：黄友兰）

我和天堂村的故事

——广东省乐昌市坪石镇天堂村第一书记黄召武自述

2019年5月，广东省要选派一批政府机关、事业单位的干部到贫困地区任驻村第一书记。当时，我在东莞市清溪医院任办公室主任。由于从小在农村长大，为了回报农村，我自愿申请到乐昌市坪石镇担任驻村第一书记兼扶贫工作队队长。

到了坪石镇，我被分到该镇面积最大、最偏远的天堂村。这是一个面积有73.18平方公里的山村，海拔在600米以上，村民以种植黄姜、水稻以及高山水果为主要经济收入来源。驻村之后，我开始琢磨如何开展工作。作为一名医务工作者，我之前从未接触过农村基层工作，也没有相关的工作经验。刚来到天堂村，我心里没底。在经历近一个月的走访后，我终于进入驻村扶贫工作的状态。

健康扶贫，引导村民走向健康生活

在走访过程中，我发现天堂村不少村民患有风湿疾病，这与这里的高山气候有很大关系。一年当中，当地至少有4个月是严重的浓雾天气，潮湿程度可想而知。由于天气严寒和潮湿，不少村民有酗酒的习惯。作为一名医务工作者，我下定决心，利用入户走访的机会，向村民宣传健康生活知识。我打印了健康知识宣传册发到每家每户，对那些患有基础性疾病和慢性病的村民，建议他们定期到镇卫生院检查，定期吃药。同时，我还邀请自己的派出单位——东莞市清溪医院组织医疗专家团队，到天堂村开展义诊活动，为贫困户送医送药；对口帮扶的工作组清溪镇卫生健康局每年也都会组织1～2次大规模的义诊活动。慢慢地，村民的健康意识有了大幅度提升。

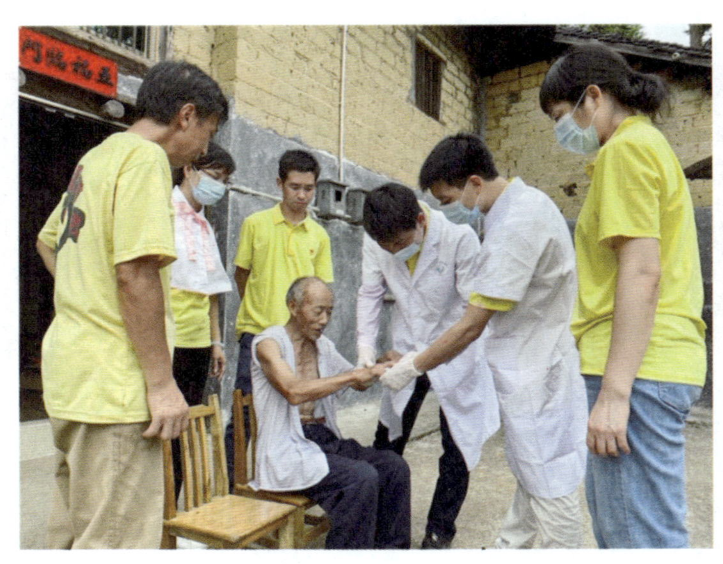

修渠造路，解决饮水、出行等民生问题

天堂村地处粤北石灰岩地区，地表储水能力差，每到下半年，干旱愈发严重，寻找水源也成了村里的头等大事。我和村干部一起，进入深山寻找到水源，并克服重重困难，硬化了一条700多米长的高山水渠，解决了天堂村吕家组周边300多亩水田的灌溉以及周边3个村民小组近600人的饮水问题。

在解决灌溉、饮水问题的同时，我和村干部一道，着手硬化村里一条1.8公里长的村道。该村道连接天堂、新田等4个村民小组，原来是一条不足2米宽的泥土路，平时仅能够通行摩托车、拖拉机，其余的机动车辆无法通行，一到下雨天，更是所有车辆都无法通行。

为了硬化这最后的1.8公里，我和村支部书记一起找到当地的公路部门，多次向乐昌市和坪石镇的领导反映，最后争取到了硬化指标，由当地财政和东莞扶贫资金各出资36万元，顺利完成了这条村道的硬化，结束了从村委会到新田等4个村民小组需绕道邻近镇的历史，来回一趟所需时间最多可缩短近2个小时。

精准帮扶，助贫困户找到人生价值

天堂村贫困户中有相当一部分是残疾人，劳动能力差，脱贫难度很大。

刚驻村时，我重点为残疾贫困户制定了帮扶措施。其中聋哑人邓细根的妻子也是无劳动能力的残疾人，一家5口人蜗居在破旧的泥砖房里，全靠邓细根一人的种养收入维持生计。

有一次入户走访时，我通过文字和邓细根沟通，发现他之前上过聋哑学校，学会了理发的手艺。当时，他家正在实行危房改造，我建议他把厨房从中间隔开，外面做理发室，里面做厨房。邓细根采纳了我的建议。2020 年 2 月，邓细根家的理发室正式开业，平均每天有 10 多位村民前去理发，一个月下来就有几百元的收入。自从开起理发室后，邓细根的眼中充满了希望，仿佛找到了自己的人生价值。

消费扶贫，强化农产品品牌意识

天堂村盛产西瓜、鹰嘴桃、黄金奈李等优质高山水果，在周边地区具有一定的名气。2020 年上半年，由于受新冠肺炎疫情的影响，往年不愁销路的水果面临滞销。我通过对口帮扶的清溪镇扶贫办、卫生健康局、清溪医院等单位，加大对天堂村出产的水果的宣传力度。在清溪镇官微“最美清溪”发出商品销售信息，发动清溪镇对口帮扶的单位职工积极购买。

当时，很多村“以购代捐”，以高于市场价的价格购买贫困地区的农特产品。在拟订价格时，不少村民建议也采取这种模式。但是，我考虑到天堂村每年生产的优质高山水果近 50 万公斤，可以借助消费扶贫的机会，按照市场的价格，将水果销往珠三角等发达地区，打响“天堂水果”的品牌，形成长效机制。最终，村民们采纳了我的建议。天堂村的高山水果在销售过程中大获全胜，把新冠肺炎疫情的影响降到了最低，确保了农民的收入。

截至 2019 年年底，天堂村 30 户贫困户的年人均可支配收入超过 12 000 元，是 2016 年建档立卡时的 3 倍多；村集体经济收入也超过了 12 万元，是 2016 年的 4 倍多，并在 2019 年年底实现了贫困户脱贫、贫困村摘帽。

（撰稿人：黄召武）

“三生红艳”暖贫困冰寒

——记广东省河源市东源县蓝口镇老埔场村第一书记铁末

“我许了一荒地，点了一盏灯，种下了自己，积半世甘甜，储三生红艳，只要你带着故事来，不说万水千山，不说相见恨晚。”这是广东省河源市东源县蓝口镇老埔场村第一书记铁末写下的一首诗歌。

老埔场村位于东江流域西岸，全村常住人口700余人，贫困户43户160人，村“两委”班子软弱涣散、集体经济薄弱、基础设施脆弱，长年处于贫困状况的老埔场村村民迫切期望能够改变这一现状，与全国人民一同步入小康社会。

脚踏泥泞土地，躬身阡陌田垄，给村里争政策，为群众送温暖……作为深圳特区派驻的第一书记，铁末用坚定的信念和不变的初心，为贫困群众点亮希望之灯。

“红色引擎”焕发组织活力

“村级党组织疲弱乏力，班子凝聚力不强，组织生活不规范，群众意见较大……”铁末深知“给钱给物，不如建个好支部”的重要性。他通过走访党员、村民代表，摸清村“两委”班子存在的问题，认真与他们开展谈心谈话，规范落实“三会一课”、组织生活会和民主评议党员等制度，迅速把村“两委”干部的思想凝聚在一起。

为了强化基层党组织的领导核心作用，铁末以落实“基层党建三年行动计划”为契机，大力实施“红色引擎”工程，通过优化党组织设置，建立党组织对“三重一大”的议事规则，推动实施“两个联席会议”和“四议两公开”工作法，扩大了群众参与村级事务的参与权和监督权，受到了群众的广泛好评。

为了把基层党组织的优势释放出来，让基层党组织成为组织群众、宣传群众、凝聚群众和服务群众的坚强堡垒，铁末创新推行了“党总支包片、党支部包组、党员包户”的三级联动机制，压实“定格、定人、定责”包干责任制。这一制度在突发事件和重大工作中的作用发挥得淋漓尽致。他组织全村 58 名党员，成立了党员先锋队，据点作战、冲锋在前，在 2019 年 6 月特大洪水灾害面前，及时转移安置了 29 户 145 名受灾群众；在 2020 年的新冠肺炎疫情防控工作中，筑牢了卡口检疫检测、入户排查登记、重点人员管控等各道防线，众志成城，守护着群众的生命健康。

“红色产业”打通致富之路

老埔场村是经济薄弱村，是个典型的“三无”（无资源、无产业、无收入）村。“过去，受集体经济收入的制约，平时村‘两委’工作的运转都是靠上级拨款，做点实事和好事都很困难……”在谈到村级发展时，党总支书记张建波很无奈地说道。

“打赢脱贫攻坚战，首先要在产业扶贫上下功夫，我们村要制定发展规划，找到一条适合我们的产业路子。”这是铁末第一次参加村“两委”会议时说的话，也是他实干的方向。他带着村干部经过3个月的实地考察、多次论证，结合村里的土壤、水源、温度、光照等条件，提出了大力种植千禧果的建议。

产业的路子敲定了，但没钱、没人、没技术又让大家陷入了困境。铁末向大家许下承诺：“没钱，我去找；没技术，我去引。”于是，他利用在深圳市工商联工作时的资源优势，千方百计争取深圳市、东源县等地方支持，通过组织商人协会、民营企业等社会力量，引资、引智、引人才，筹集扶贫资金近400万元，引进了广东圣伽公司的一名技术人才负责产业化种植和技术指导，带领父老乡亲在荆棘和贫困中拓荒。

经过半年的努力，以“村集体+企业+高校+农户”为合作模式的千禧果种植和加工基地最终建成，这一模式引领带动了“加工链”“物流链”“电商链”，推动了38户114名贫困人口顺利达标出列，村集体经济收入从5万元增长到80万元左右。

“红色誓言”定下三生情缘

“走一次扶贫路，洒一身扶贫汗，捧一把扶贫土，定下的是三生不变的情缘。”在驻村的日子中，铁末始终牢记党的宗旨，践行对党的誓言，全心全意为群众排忧解难，干出了一番平凡却又伟大的事业。

政策兜底户村民张新强年过半百，仍然未婚，在新冠肺炎疫情期间罹患重病。铁末知道后第一时间赶往乡镇卫生院了解病情，得知张新强可能出现脑出血情况后，立即将他送往县里的专科医院进行治疗，并主动发起网上募捐，筹集到 4 万余元资金，及时缓解了他无钱治病的燃眉之急。

聋哑人张芹友出身贫困，对外界有抗拒情绪。铁末坚持每周必到、嘘寒问暖，与他手语交流，引导他到产业基地工作，解决其个人生活问题。如今，张芹友每次遇到铁末，总喜欢跑上前不停地比画，然后搂着铁末的肩开怀大笑。

昔日贫瘠的乡野现在硕果累累，昔日穷困的深山现在道路越来越宽阔，昔日破旧的民房现在变成了美丽庭院，群众在寒冷冬日里温暖如春……这正是铁末人生中难忘的扎根基层、挥洒汗水的青春回忆。

（撰稿人：黄仲明）

苏光村快要“赢”回来了

——广东省河源市和平县长塘镇苏光村第一书记杨昊自述

我叫杨昊，2019 年 3 月 25 日，作为深圳市福田区新一轮对口帮扶河源市和平县的驻村干部，来到长塘镇苏光村开展帮扶工作，担任驻村第一书记兼精准扶贫工作队队长。在这一年里，我与苏光村村民一起，拾回了“赢”的希望与“赢”的勇气。

让土地“生钱”

苏光村位于和平县东北部山区，耕地较少，机械化生产开展不便，插秧耙田全靠人力。村委会主任对我说：“种地不赚钱，一亩地一年下来能赚三五百块就不错了！”怎么才能让土地“生钱”呢？

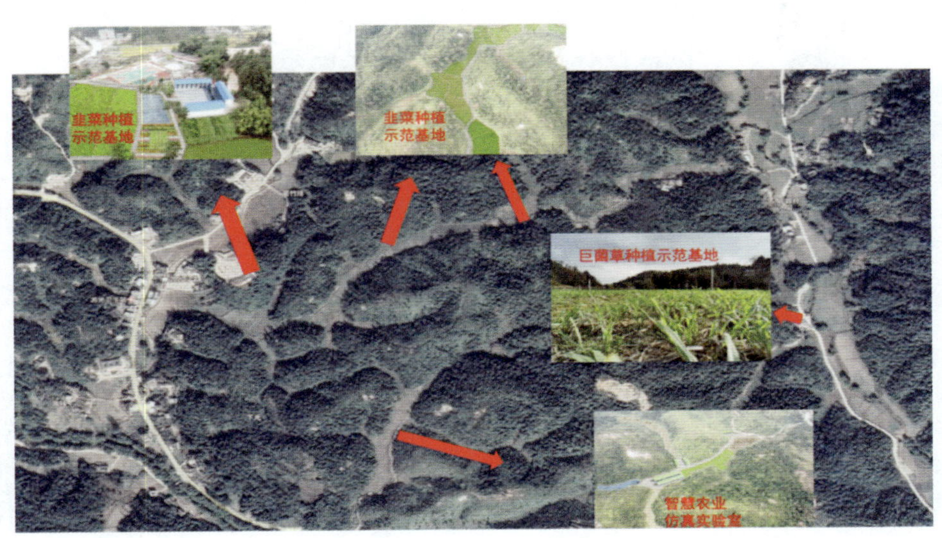

2019 年 5 月下旬，我找到北京福源华夏沙漠治理研究院，他们在水肥一体化综合种养方面有独到的技术优势。在他们的指导下，我把村里原有的村民合作社注册成为实体公司，引进企业与公司对接，提供资金和技术支持，并进行人员培训。我们驻村工作队与村委会商量，抓紧时间谋划在苏光村落地综合种养项目，把村里最优质的土地集中起来，开展生产建设。但是，一个重要的问题摆在眼前：如何说服村民把土地使用权转让出来？我喊上村干部、合作社骨干，挨家挨户到村民家做思想工作，不厌其烦地与村民谈农业发展项目。

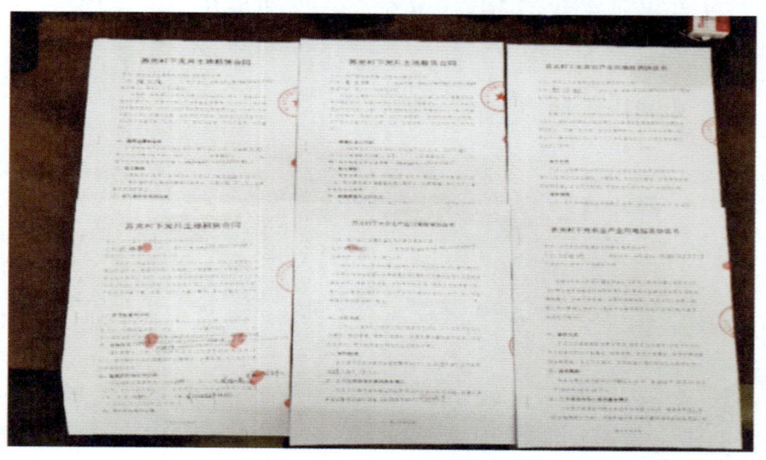

经过做思想工作，大部分村民马上就同意了。但也有村民还是有些担心："你们把耕地用来种蔬菜了，到时候怎么恢复土地用途？""在地里搭建设施，等租地到期了归谁？""怎么保证每年能分到钱？项目失败了怎么办？"为了打消村民的疑虑，我跑遍了县农业农村局、生态环境局、自然资源局、林业局等各个部门，向工作人员请教，了解关于土地流转的实施细则，与合作社、公司仔细商议入股、租地的合同条款，反复为农户讲解可获得的保障和权利。2019 年 11 月下旬，涉及产业用地的村民小组和 39 户村民全部与公司签订了土地流转协议，涉及田地面积 150 余亩，占全村可耕种田地面积的十分之一。

目前，苏光村生态农业仿真实验室基地的基础建设已完成大半。

为民卖红薯

苏光村有 22 户贫困户，大部分是低保户和“五保”户。低保户里有一些家庭，成员有劳动能力，但由于体弱多病无法外出务工，只能在家里经营小规模散种散养，因为缺乏销售渠道，种养的农产品很难卖出去。贫困户周美香家就是这种情况。她家里有一个智力障碍的小儿子，11 岁了还在读小学二年级。周美香在自家地里种了一些红薯。2019 年下半年，她种的红薯获得丰收，家里吃不完，又没有渠道卖出去，十分犯难。

我走访周美香家时，看到她家院子里堆满了红薯。她拿出刚蒸好的红薯请我尝尝。一口咬上去，软糯香甜，我称赞说：“这红薯真好吃！”周美香说：“如果能卖掉换钱就好了，换了钱还能给家里补贴点医药费。”我又走了几家贫困户，发现家家都有卖不掉的红薯。于是，我向清华大学深圳国际研究生院领导汇报了这件事，提出可否让学校工会发动全院教职员工按每公斤 1.5 元的价格采购苏光村红薯。主管扶贫和工会工作的杨瑞东副书记立刻同意了我这个想法，并嘱咐说：“包装上尽量简易，多争取利润给贫困户。”全村贫困户得到消息后，欢欣鼓舞，踊跃地把自产红薯运往村委会。村干部们认真验货、挑选、包装，将 3 500 公斤红薯装车运往学院指定地点。教职员工们纷纷伸出援手，积极认购，仅一天时间，贫困户的红薯就销售一空。

周美香通过这次售卖获得了 1 000 余元的收益。我再到她家的时候，她笑得合不拢嘴，从门后拿出一个小袋子说：“杨书记，上次听你说红薯好吃，这些红薯是我挑出来的，专门给你留的，你收下吧！”我打开袋子一看，红薯个个饱满鲜亮，但我婉言谢绝了。出门的时候，她的小儿子从背后一把抱住我说：“杨书记，好！”我心里涌起了阵阵感动，不仅是为这个孩子，更是为我们清华大学深圳国际研究生院所有可爱的教职员工们。仅 2019 年，学院工会在每个节假日到来之前，都组织教职员工定点采购苏光村的农产品，全年共集中采购了 4 次，累计消费扶贫近 30 万元，激励了村民劳动致富的信心。

微信卖货，把“输光”的“赢”回来

徐玉伟家是苏光村的贫困户，家里有 4 口人。他的妻子早些年患重病住院治疗，欠下一笔债务，还需要长期服药，女儿和儿子都在上学，他本人也因为外出务工腿脚受伤，行动不便。妻子的药费、欠下的债务、儿女的学费，都靠徐玉伟平时打零工和家庭散种散养来支撑。

我刚到他家的时候，他问我："杨书记，你知道我们这里为什么穷吗？""因为我们是'输光'村（当地谐音同苏光村）啊！"徐玉伟苦笑道："苏光苏光，输得精光。"我听出徐玉伟的口吻半是调侃、半是无奈。我跟他说，你现在做简单的工作是没有问题的，只要勤快、肯吃苦，家庭和睦团结，一定能把苦日子度过去。接下来，我通过村委会帮徐玉伟申请了村里的公益性岗位，做村保洁员，每月 800 元。

每次碰到他，我都问问他最近有什么想法，想搞点什么营生。"我看到有人用微信'带货'，"他说，"我也想弄点自己种养的东西放在网上卖。"我非常赞同他的想法，于是在网上找了一些别人拍的土特产照片给他看，教他摄影技巧。"拍土鸡光线要明亮，显得鸡精神。""拍水果带露珠时感觉更新鲜。""一组产品图里插几张原产地图片，让人觉得有呼应感……"

徐玉伟从此开启了"带货之旅"，他隔三岔五就在微信朋友圈里发他的"作品"，后来还学会了拍视频。视频里，他用客家土语进行介绍，语言也越来越风趣，听起来能感受到他的心情不错。

到了年底，我让他把微信里的销售记录截图给我，留作收入佐证。他故意卖关子，慢腾腾地发了几笔账过来。我立刻打电话给他，开玩笑地说："别藏富啦，你发朋友圈的照片我都截图了。"电话那头传来他爽朗的笑声："杨书记，我要是想瞒你就把你屏蔽了，你放心，佐证全部找齐给你。"

放下电话，我感到很欣慰。听到徐玉伟的笑声那一刻，我知道苏光村不再是"输光"村了，我们快要"赢"回来了。

（撰稿人：杨昊）

这个老孙有点像“唐僧”

——记广东省肇庆市封开县平凤镇蟠龙村第一书记孙健生

2019年5月，广东省中山市神湾镇组织人事办公室副主任孙健生响应组织号召，到省定贫困村肇庆市封开县平凤镇蟠龙村担任驻村第一书记，在不惑之年开启了他的“粤西北扶贫记”，渐渐从老孙变成了“唐僧”。

像唐僧一样“唠叨”

“阿伯，这堆垃圾要赶紧处理，这些纸皮不能堆放在床边，这些水迹容易引来蚊虫……”每隔三五天，孙健生就会到贫困户家中检查居家卫生情况，唠唠叨叨地叮嘱他们做好日常卫生保洁工作。

“脏”是孙健生驻村后第一件让他皱眉头的问题。他对清洁卫生这块有着“强迫症”般的执念，认为保持整洁的生活环境既能让村民勤快起来，又能让他们更有追求。通过前期摸排，孙健生一口气统筹修缮了贫困户的厨房、门窗、电线等生活基础设施，全力消除“不整洁”现象，还结合县、镇“厕所革命”工程，全面推进贫困户卫生厕所建设项目。

此外，孙健生组织开展了“村子洁净·我家干净”主题活动，深入推广爱干净、爱卫生主题教育，以改变部分贫困户的不良生活习惯，杜绝“脏、乱、差”现象。村中4名贫困人员被安排到公益性岗位上，负责村里公共环境的保洁等工作，不仅保持了村里的卫生环境，还解决了贫困户的经济收入问题。

“一开始有的贫困户真的比较有惰性，但我常常上门动手给他们收拾打扫，次数多了他们就觉得不好意思了，就开始自己动手保洁了。”“扶贫先扶志。除了不能脏，还不能懒。”孙健生介绍道，以往扶贫工作组给贫困户送鸡苗、送牛崽，有的贫困户还懒得喂养。“现在我们换了工作方法，让贫困户自己掏钱买想养殖的家禽或家畜，我们负责提供饲料。这样反而提高了他们的积极性。”截至2020年3月，建档立卡的34户91名贫困人员已经100%达到脱贫标准，蟠龙村成功退出贫困村行列。

像唐僧一样“博爱”

“老吾老，以及人之老；幼吾幼，以及人之幼。”这种博爱的精神正是对孙健生的真实写照。新冠肺炎疫情防控期间，为了保障蟠龙村238户1 223名村民的安全，他不顾家人劝阻，自驾车“逆行”回到离家300多公里外的蟠龙村。得知蟠龙村防疫物资短缺，经过多方沟通联系，孙健生自费购买了一次性医用口罩、消毒液、测温枪、一次性手套等一批防疫物品捐给村委会。他白天入户排查并宣传疫情防控知识，帮助贫困户采购生活物资，开展村内垃圾清运和街巷排水沟的消毒工作，夜里又参加村内交通要道执勤点值班，还参加了无偿献血活动……每天忙得像陀螺一样，他也没有一句怨言。

“扶贫还要先扶智。”这是孙健生的又一个执念。孙健生着手推进教育精准扶贫工作，制定帮扶户学生生活补助方案，对建档立卡贫困户学生进行生活补助，确保学生们生活有保障，使得他们可以安心学习。自筹资金有限，孙健生就利用以往自己参加公益活动积累的人脉，发动组织社会团体开展献爱心捐助帮扶活动，从关怀村里的儿童成长健康到学业辅导，进行全方位帮扶。小小的蟠龙村，汇聚了广东仁爱慈善基金会、广东工业大学MBA毓秀计划、中山市神湾镇青年企业家协会等诸多爱心组织，对村里进行捐资助学、心理辅导等关爱工作，让蟠龙村群众体会到了社会的关心与关怀，提升了他们的幸福感、获得感。

像唐僧一样“坚定”

“我要把蟠龙村党支部‘软弱涣散’的帽子摘掉！”孙健生十分重视抓党建这一关键。通过召开村“两委”会议、党员全体会议、群众代表会议等形式，“组工干部”孙健生引导村支部研究分析加强组织建设的方式和方法，帮助制订组织建设计划，明确了目标、任务和职责。同时，他协助村“两委”加强对党员的教育，组织全村 27 名党员建立党员志愿者服务队，包片结对帮扶贫困户，有效解决了党员干部队伍在思想、作风、工作等方面存在的问题，平稳实现村支书和村委会主任“一肩挑”，为蟠龙村如期实现摘帽打下坚实的基础。

在产业扶贫工作中，驻村工作组把中山市神湾镇特有的神湾菠萝引种到蟠龙村。2019 年 7 月，种植基地里的 2 万多株神湾菠萝成熟上市，每公斤能卖到 4 元以上。有一天，孙健生和同事们带着村民到基地里收割菠萝，谁知遇到一个黄蜂窝，一名同事被蜇，于是他们赶紧撤退。途中不知道谁喊了一声：“孙书记，刚才摘的那一袋菠萝还在原地！”孙健生下意识地赶紧回头找，结果又被黄蜂蜇了好几下。明明是颇为惊险的事情，孙健生却在驻村日记里幽默风趣地记录为“与黄蜂抢菠萝”。

驻村 12 个月了，尽管时间不长，但孙健生已为蟠龙村做了很多工作，通自来水、安装路灯、危房改造、自己开车带着贫困人员去办残疾证明、帮贫困户找工作等经历已刻印在他的驻村记忆里。然而，他仍想做得更多。“蟠龙村的集体经济还要继续发展壮大，按照宜农则农、宜商则商、宜工则工的原则，我已经做出了初步方案，相信蟠龙村会越来越好！”

（撰稿人：李楚仪）

28 人联名捺手印挽留他

——记广西壮族自治区钦州市灵山县陆屋镇申安村第一书记罗旺彬

“扶贫 4 年多来，罗旺彬同志通过抓党建促脱贫攻坚、乡村振兴工作，着重抓好发展壮大村集体经济工作，申安村集体经济实现了从无到有的进步……我们申请罗旺彬同志继续留任申安村第一书记职务，并通过陆屋镇党委向灵山县委组织部递交申请书。”

2020 年 2 月 26 日，广西壮族自治区钦州市灵山县陆屋镇申安村“两委”干部、贫困户和村民代表共 28 人联名捺上红手印向陆屋镇党委申请把罗旺彬继续留在村里担任第一书记。

这沉甸甸的申请书，足以看到村民们对罗旺彬的信任和期盼。罗旺彬的精准扶贫改善了申安村群众的生产生活面貌，村民看在眼里、记在心上，更舍不得罗书记离开申安村。

罗旺彬是一名退伍老兵，20 世纪 90 年代曾在武警四川总队下属支队服役。2016 年到申安村参加扶贫工作以来，为了实现贫困村脱贫摘帽、带领贫困户脱贫致富，罗旺彬时刻铭记人民子弟兵那句“为人民服务”的口号，带领村“两委”干部制定了申安村脱贫攻坚工作规划，有条不紊地打响脱贫攻坚战。

从贫困发生率 14.7% 到“两不愁三保障”

申安村是“十三五”时期的贫困村，建档立卡贫困户有 149 户 684 人，贫困发生率 14.7%，基础设施比较落后。为完成脱贫指标，摘掉贫困村的帽子，罗旺彬把建设基础设施作为最大的民生工程。

2018 年，罗旺彬和村“两委”干部研究决定将村级公共服务中心选址确定在村委旧办公楼外的一大片空地上，但该土地尚有纠纷，产权未明。

怎么办？为了啃下这块“硬骨头”，罗旺彬上门与村民沟通，做他们的思想工作，阐明利弊。经过罗旺彬的耐心工作，村民们的纠纷解决了，建设公共服务中心的场地落实了。

罗旺彬又协调联系国家税务总局灵山县税务局和灵山县工信局两个帮扶单位，筹集了 23 万元的建设启动资金，于 2018 年 5 月加建和装修好一栋约

500 平方米、共两层的公共服务中心办公楼，终于把摘帽的硬性指标解决了。

“罗书记真是我们村的好书记，办事雷厉风行，短短的一年多时间，为我们实施了修路修桥、建设住房、亮化绿化等基础设施工程，这可是群众看得见、最认可的扶贫。”申安村党支部书记施显光称赞说。

近年来，罗旺彬共整合投资 1 000 多万元修建了 3.5 米宽路面的水泥硬化道路共 9.5 公里，500 平方米的公共服务中心新办公楼，配套修建甘蔗产业园的水泥路和排水渠，通过危房改造项目帮助群众住上稳固的房子……

道路桥梁建成了，房子稳固安全了，群众的收入提高了，脱贫攻坚的幸福感逐渐增强。经过上级审定，2018 年申安村整村正式脱贫摘帽，村民的“两不愁三保障”很好地得到了落实。

探索一条龙的产业扶贫模式

发展产业是实现脱贫的根本之策。为带领贫困群众脱贫致富，罗旺彬把产业扶贫工作作为重中之重，组织贫困村创业致富带头人协作产业发展，动员贫困户参与产业发展。

2020 年 1 月 3 日，正值甘蔗收割季，罗旺彬组织人员到建档立卡贫困人员卢业雄的甘蔗种植基地帮助砍伐、装运、销售。“我这近 15 亩的甘蔗，不但得

到扶贫产业奖补资金，而且第一书记帮助联系销售，2020 年收入能有 4 万多元，真是太好了。”卢业雄一边搬运砍伐好的甘蔗，一边高兴地说。

经过努力，申安村于 2019 年年底形成以糖料蔗种植合作社为龙头，农民分散承包种植，企业定期收购的发展模式，成功实现了“致富能人带动、甘蔗种子护理、化肥物资配套、技术专家指导、砍伐运输销售”一条龙的产业扶贫模式，探索出了一条因地制宜、符合申安村实际的产业发展大道。

目前，全村 1 100 多户农户大部分都种植甘蔗并与企业签订了收购协议，种植总规模达 3 000 亩，是全县种植甘蔗最多的贫困村，每亩收入达到 3 000 元左右，全村甘蔗种植年销售收入约为 900 万元。其中，全村有 69 户贫困户年收入过万元。2019 年，全村贫困户共获得甘蔗产业奖补资金 25.7 万元。

“我们村最好的特色产业就是这 3 000 亩甘蔗产业园，群众的收入稳定了，罗书记功不可没。”申安村文书、创业致富带头人、甘蔗销售负责人施显国称赞道。罗旺彬备受赞誉不是没有道理的。他多措并举筹集 85 万元财政帮扶资金投入合作项目，为村集体经济每年收益 8.36 万元；为 100 多户贫困户争取到扶贫产业奖补资金 80 余万元。他为贫困群众申请举办了 10 余次技能培训班，为贫困群众办理残疾证以申请补助和民政救助物资……

截至 2020 年 6 月底，申安村已有 146 户贫困户脱贫摘帽，贫困发生率降至

0.04%，村集体经济收入达到16万元以上，每户贫困户均发展有一项产业，群众正迈步奔向脱贫致富的康庄大道。

按照惯例，扶贫工作队队员的选派任期一般为两年。自2016年3月为第一书记，罗旺彬连续4年多的两届扶贫工作任期将满。

“在脱贫攻坚战没有完全取胜时，作为第一书记，人民需要我，我就继续战斗，时刻为打赢脱贫攻坚战和全面建成小康社会贡献自己的微薄之力。”罗旺彬坚定地说。

（撰稿人：施国钊、苏坚发）

农业技术助推脱贫

——记广西壮族自治区玉林市兴业县卖酒镇卖酒村第一书记黄学华

“我们这个优质稻和特色红薯水旱轮作的模式能够减少病虫害传播和农药化肥的使用量，有效实现减肥增收。”日前，广西壮族自治区玉林市兴业县卖酒镇卖酒村第一书记黄学华耐心地向村民传授早稻管理和红薯育苗管理的方法，为一年的农业生产打下基础。

2016年11月，黄学华从广西农业科学院被派驻到卖酒村担任第一书记。作为一名农业科技工作者，在驻村的4年时间里，他把农业技术带下乡，让农业技术真正成为贫困群众脱贫致富的助推器，带领贫困群众积极投身脱贫攻坚战，把激发内生动力贯穿于脱贫攻坚的全过程、各环节。

2018年，卖酒村实现整村脱贫摘帽，2019年年底，卖酒村158户贫困户607人全部脱贫。

打破传统观念，引进优质农作物

卖酒村人多地少，黄学华在对村里的农业生产环境和自然耕作条件进行调研时发现，村里以种植香蕉、沙田橘为主，但是产量都不高。

黄学华拥有20多年的基层农业推广工作经验，深刻了解要发展好扶贫产业，必须先从土地开始。他对村中的土壤进行了采样，与派出单位广西农业科学院联系，将样本送到资源环境保护所，对土壤的酸碱度、成分等进行化验。

拿到化验结果后，黄学华对村民说："我们种红薯吧！"但村民们一口回绝，纷纷表示："这土呀，它就是长苗不结薯。"为了打破村民的固有观念，黄学华挨家挨户进行劝说和引导。经过努力，2017 年秋，村民们种下了"桂薯 131 号"和"桂经薯 8 号"。当年，红薯每亩产量达 1 750 公斤以上，村民们喜获丰收，亲切地称呼黄学华为“黄专家”。

驻村期间，黄学华大力抓好农业新品种引进、新技术推广和新模式培训，引进新品种、推广新技术16个（项）。先后引进了“桂薯131号”“桂经薯8号”“桂薯10号”“东皇薯1号”等特色红薯品种，以及“桂玉9号”“桂野丰”优质水稻品种，建立了优质水稻绿色节本高效栽培示范基地12个，“生态优质稻+特色红薯钱粮双增”高产高效种植示范基地8个，食用菌种植、油茶育苗标准化示范基地2个，面积共达3 860多亩，使驻点村优质水稻单产由2017年以前的380公斤/亩提高到目前的440公斤/亩左右，平均增产15.8%，每亩增收156元。

黄学华打造了“生态优质稻+特色红薯钱粮双增”高产高效种植模式，每年种植面积达110亩以上，红薯平均每亩产量达1 750公斤。合作社引进红灵芝、双孢蘑菇、毛木耳等食用菌，贫困户平均每户获纯利润8 850元以上。此外，还引进了“岑软2号”“岑软3号”等油茶优良品种进行育苗，已经育有45万株油茶苗，产值达180万元。

农技入田间，脱贫致富添动能

黄学华坚持扶贫与扶志（智）相结合，授之以“渔”，将所学农业技术和经验传授给贫困户，带动贫困户自主发展特色扶贫产业，协助他们生产出优质特色农产品，真正使贫困户的“粮袋子”和“钱袋子”鼓了，“穷帽子”摘去了。

近日，黄学华利用自己的专业优势，在田间地头开设“生态优质稻+特色红薯”栽培模式技术培训班，周围站满了来听讲的村民。黄学华表示，2020年的早稻和红薯育苗生长效果比以往差一点，为了促进农产品的稳产丰收，开设这样的培训班可以帮助农户找到解决办法。

目前，黄学华已通过举办实用技术培训19期，培训村民1 736人次，印发技术资料5 000份，催生了生态优质稻、特色红薯、油茶、食用菌等一批贫困地区精准脱贫的特色主导产业。“2020年基地发展的特色红薯扶贫产业带动了90多户农户进行种植，其中贫困户达到53户，最大限度地降低了新冠肺炎疫情对贫困群众造成的影响，让我们的农户在家门口就能实现增收！”黄学华说。

电商拓销路，助力优质农产品“走出去”

产出优质农产品，还得卖得出去。为此黄学华通过“电商＋村民合作社＋农户”的扶贫模式推动产业升级，在村委办公室设立线上销售服务站，同时利用自己多年来积累的资源，加入了全国红薯产业微信群，拓宽红薯的销路。

在卖酒村，村民只需要负责前期种植、装车、运输等工作，合作社提供发货场地、货源、客户，收购农户种植的红薯，消除他们生产的红薯无处可销的担忧，还为贫困劳动力提供了就业机会。近年来，黄学华充分利用电商平台，累计带动卖酒村及周边村的 2 100 多户农户生产并销售特色农产品 600 多吨，产生直接或者间接经济效益近 1 000 万元，取得了良好的扶贫成效。

黄学华说，他计划引导培育年轻的村民学习电商销售，打响卖酒村特色农产品和酒文化的线上知名度，构建更广、更稳定的合作渠道，推动农产品向电商化、标准化、集约化转型升级，让村民足不出户即可将农产品远销各地。

（撰稿人：黎万婷）

罗城仫佬山乡的织梦者们

——记广西壮族自治区河池市罗城仫佬族自治县仫佬山乡的第一书记们

在全国唯一的仫佬族发源地广西壮族自治区河池市罗城仫佬族自治县有一群织梦者，他们就是仫佬山乡的驻村第一书记们。他们正在仫佬山乡践行着习近平总书记的重要工作部署："全面建成小康社会，一个少数民族也不能少。"第一书记们在驻村工作中，以实际行动用心用情帮助群众解决困难，为带领群众编织脱贫致富梦、小康梦而努力奋斗着。

吴建平：真情驻村，用心扶贫

2018 年 3 月 15 日，30 岁的吴建平从南宁航道管理局隆安分局来到佑洞村担任第一书记。一车一图一笔记，为了尽快熟悉村情，吴建平骑着一辆电动车在群山中穿梭。短短两个月，他跑遍了佑洞村 13 个自然屯，自制的卫星影像图上也标注满了所有贫困户的位置和家庭基本信息，工作笔记上更是写满了每天的工作情况和与贫困户交流的所有信息，以及脱贫的方法和建议等，构成一套完整的图、信息数据库。“卫星影像图 + 贫困户”让吴建平很快熟悉了村情及贫困群众的家庭住址，有效解决了联系不到群众的难题。

“组织选派我到农村基层一线开展扶贫工作是信任、激励和鞭策。”吴建平时常对自己说，“干了这个工作，就该担起这份责任，必须舍得‘小家’才能为‘大家’。”2018 年 4 月 30 日，吴建平在南宁举行婚宴。第二天上午，他没来得及和妻子道别就匆匆返回佑洞村。

第一书记是脱贫攻坚的“领头羊”，更是群众的贴心人。上户口、咨询扶贫政策、平息邻里纠纷、办理残疾证明等问题，只要群众找到吴建平，他都会认真倾听，记在心间，并用心处理，让群众放心。

50 多岁的银星木，独居在乌木旧屯深山老林里，族人兄弟动员他多次，他才肯搬到现在的乌木屯来，但一直不愿意去办理户口的他成了“黑户”。吴建平知道后，立即向派出所汇报，协调户籍民警上门为银星木办理落户手续。经过一个多星期的劝导，银星木终于同意办理了户口。“吴书记真是我们群众的贴心人，我们有什么困难，他都会第一时间帮我们解决。”村民银邦喜满怀感激地说。

两年时间，吴建平共争取到260万元用于发展佑洞村肉牛养殖产业，探索“一引二融三贷（带）”的发展模式，即以交通运输厅帮扶资金建设养殖基地基础设施和启动种牛养殖为引领，融合村集体经济资金扩大养殖规模，通过“贷牛还牛”“贷牛代养”等养殖模式，实现村民和村集体经济共同受益。

韦华举：踏遍高岭，瓜满千里

“韦书记，这是我儿子在外面带回来的特产核桃，您尝尝！”“韦书记，这是我女儿给我过生日买的特产柚子，您试试口感怎么样！”韦华举遍访群众的时候，时不时受到村民的热情招待。

有一天他的脑子里冒出了一个想法，怎么别人都有自己的特产水果，卖得那么好？我们上朝村也可以打造出自己的品牌农产品。他踏遍上朝村的高岭和深山，发现地里大都种着青储玉米、红薯等作物，没有特色，经济效益不高。他领着县农业农村局、水果站等部门技术人员实地考察上朝村的地势、气候条件，根据光照足、温差大的特点，确定了发展西瓜种植产业的规划。

他一边加班加点做规划，一边走村入户做群众思想工作。在他的带领下，经过两三年的努力，到2018年，发动群众种植西瓜达100多亩，村民增收明显。

为了打造“上朝西瓜”品牌，他又与村干部一起带着村民筹划着举办西瓜节活动，为“上朝西瓜”造势。

2019年，韦华举主动联系县水果站技术指导员，由村“两委”牵头，组织全村有种植“上朝西瓜”意愿的农户，免费为他们开展技术培训、发放种子，扩大西瓜种植面积，增强产业活力。如今，上朝村西瓜产业发展良好，陆续登上了罗城广播电视台、《河池日报》、河池广播电视台、今日头条等媒体，“上朝西瓜”品牌影响力逐渐增强。

2020年7月的第三届“上朝西瓜”节吸引了各地游客前来，村民们载歌载舞，游客们比赛吃西瓜、西瓜猜重、赶鸭子赢西瓜……参加活动的企业当天就与上朝村签订了西瓜订单。“韦书记领着咱们一起干，大家的生活像地里种的大西瓜一样又红又甜。”2020年卖瓜收入2万元的鸾洞屯村民吴承强感慨道。

卢菁菁：再续前缘，不负青春

“大浪屯韦万武的儿子患有疾病需长期服药看护，已享受低保政策。”“香境屯的韦能，埌秋屯的韦西刚、韦代二，大崇屯的陆显刚共计4户11人只要给予相应的政策帮扶一把，是有条件达到‘两不愁三保障’脱贫要求的……”这是卢菁菁的日记本里的扶贫工作记录。类似这样的大事小事，这 3 年多来，卢菁菁都记录在那 6 本厚厚的日记本里。日记见证了大境村的变化，记录了群众的幸福生活。

这位干练的女干部，已经在扶贫系统工作了 7 年，其中驻村工作有 3 年的时间。2017 年 8 月，“80 后”卢菁菁带着县扶贫办的殷切嘱托，到大境村担任驻村第一书记，投入脱贫攻坚战。她和同事们利用 3 个月时间，认真谋划，排出脱贫攻坚时间表、路线图、任务书，实施“一帮一联”工作机制，通过产业扶持、转移就业、移民搬迁安置、教育扶智、医疗救助解困、扶贫小额信贷扶持、发展产业等方式，全村贫困发生率降至 2.24%，2017 年如期实现脱贫摘帽，打响了东门镇脱贫第一枪。

2018 年年初，县里要更换一批驻村第一书记，卢菁菁有机会调离村子，但她内心割舍不下大境村，主动申请留下来。当年 3 月，她如期连任大境村驻村第一书记后，立即紧锣密鼓地为全村未来 3 年的发展规划编报项目库。卢菁菁联系县农业农村局、糖业局等部门入村进行考察。经调研发现，当地坡地适宜种植油茶，而且县里有油茶扶贫产业发展优惠政策，于是她在村里大力宣传种植油茶树。之后的两年时间里，她发动全村 16 户贫困户、34 户非贫困户，共计发展总面积 1 820 亩油茶种植扶贫产业，建成县级 1 200 亩油茶连片示范基地 1 个和村级 50 亩以上连片油茶示范基地 2 个，成功拓宽了大境村的产业结构图。

2018 年 6 月 13 日，卢菁菁的日记本里写着：“此 9 户 30 人，除韦能家 3 人还居住在土木房中，其余贫困户均住在砖混房或移民搬迁房中。”为了让韦能家早日实现危房改造，她隔三岔五到香境屯韦能家一边帮忙喂鸡喂鸭一边做危房改造政策宣讲，为他分析各项利弊，逐步打消了他的顾虑。最终，在 2018 年 10 月动工了。为期 5 个月的危房改造工作，卢箐箐经常通过电话、微信以及现场走访的形式了解改造进度和遇到的困难，韦能家的新房在 2019 年 3 月完成门窗水电安装。通过危房改造政策的精准宣传和落实到户，他家的“两不愁三保障”指标全部达标，并通过了 2019 年脱贫“双认定”，摘掉了贫困户“帽子”。

（撰稿人：覃永东）

他的那些“土味”头衔

——记重庆市黔江区杉岭乡林峰社区第一书记杜建

2017年3月，重庆市黔江区司法局党总支书记杜建来到杉岭乡林峰社区担任第一书记。已经50多岁的杜建“怀揣满腔热忱来，不带半点私心去”，在驻社区扶贫的3年多时间里，想民所想、解民所困，全身心投入扶贫工作中。他带领扶贫工作队一户一户地走，一家一家地帮，不知不觉间，群众口中的杜书记多出了好些个“土味”头衔。

“不走寻常路”的杜书记

为了不耽误群众劳作，最大限度搞好扶贫工作，杜建总是选择在雨天或傍晚走访贫困群众。他时常对扶贫工作队队员说："乡亲们日出而作日落而息，春耕、夏耘、秋收、冬藏，一年四季只要天气适宜都在为了创造幸福生活而劳作，我们扶贫干部搞工作不能耽搁他们创造价值。"群众见到的杜建常常是撑着一把雨伞，或披着一身月色在乡间小道上缓缓而行。不知是谁闲暇时说了一句："我从来没见过像杜书记这样吃得了苦又体贴老百姓的城里干部，一点都没有城里人的架子，他怕耽误我种粮食，每次来走访都恰是下雨我休息的时候，他搞扶贫不走寻常路哟！"久而久之，林峰社区的乡亲们都亲切地称呼杜建为"不走寻常路"的杜书记。

"送佛送到西"的杜书记

贫困群众林翠平每次提到杜建都竖起大拇指："杜书记和别的干部不一样，他是'帮人帮到底，送佛送到西'的好干部。"2009年，林翠平在外务工的丈夫因意外事故导致大腿粉碎性骨折而致残，林翠平也在2015年8月因先天性心脏病做了手术，家里困难重重、债台高筑。杜建走访到她家，了解情况后，积极奔走帮助。她家从山上搬到山下，享受国家建房补助，修建了新房。但家庭主要劳动力病残，一家人搬进新房后，后续的收入从哪里来？杜建反复琢磨，多次走访考察，最终建议她发挥地处杉岭集镇边的优势，开办农家乐。"林妹妹农家乐"

开起来了，杜建又帮忙介绍没有餐饮行业工作经验的林翠平到城里餐馆，通过短期学习提高厨艺。在杜建环环相扣的帮扶下，林翠平靠着自己的勤奋，在短短一年时间里，让“林妹妹农家乐”在周边乡镇有了名气，年营业收入 16 万余元。

在林峰社区，体验过“杜书记式”帮扶的困难群众还有很多，社区群众都知道杜书记搞扶贫工作从不“点到为止”，“送佛送到西”的杜书记的故事在群众中传开了。

“带着妻子来扶贫”的杜书记

杜建来到林峰社区后，心心念念的都是困难群众，却忽视了自己的健康，工作奔忙，饮食不规律，埋下了病根。2018 年 5 月，杜建在和乡干部一起走村入户时，感觉身体不适，乡干部劝他去医院检查，他却说扶贫工作正在冲刺阶段，等忙完了找时间再去。结果一拖就拖成了大病，他患了肠梗阻。因病情严重，杜建从黔江中心医院转到西南医院动手术。出院以后，大家都劝他多休息，但他一直念叨着哪家的生猪养殖技术还不行，哪家的辣椒马上该育苗了，出院没几天，他就回到林峰社区继续开展扶贫工作。出院时，医生一再嘱咐他，饮食起居要有规律、按时吃药、定期复查，但投身驻村扶贫工作的他，很难执行医生的这些要求。妻子拗不过他，只好陪着他来到林峰社区，专门照顾他的饮食起居。

再次回到扶贫岗位，杜建的身体大不如从前，走访群众时，走路要慢些，时间花费更多；记忆差了些，群众的事儿，得用本子记着。林峰社区的群众看在眼里，疼在心头，打心眼里佩服和尊敬这名扶贫书记，心疼地称呼他是“带着妻子来扶贫”的杜书记。他却认为，驻村扶贫有工作纪律，妻子陪同影响不好，等身体好些，就又坚持让妻子回去了。

在杜建的努力下，2017 年以来林峰社区建立了农业专业合作社，发展种植辣椒 100 亩、水果 200 亩，新栽蚕桑 50 亩、油茶 350 亩，建档立卡贫困户从 2017 年的 21 户减至 2 户。他以自身为笔在林峰社区这张答卷上奋笔疾书，而传遍林峰社区的那些“土味”头衔，则是群众给他打出的高分。

（撰稿人：李铁、向波）

誓让乡亲们种粮无忧

——记重庆市綦江区扶欢镇插旗村第一书记杨翼德

2018 年 8 月，杨翼德到重庆市綦江区扶欢镇插旗村担任第一书记。插旗村是贫困村，所在地区最低海拔 230 米，最高海拔 980 米，海拔落差达 700 多米，整个村子处于一个山坡上，地理条件恶劣，不利于农业产业规模化发展。插旗村户籍人口 508 户 1 271 人，在村常住人口仅有 144 户 326 人。村里的人想搬出去，外面的人不愿意来，农业产业没人干。

树“狮口馋”大米品牌

插旗村有种植水稻的传统。高海拔的气候、优良的生态环境，为插旗村的高山大米赋予了优良的口感。2018 年 8 月底，杨翼德在一次走访中看到贫困户运米出去卖，既费力又卖不出好价钱，心中便萌生了打造大米品牌的想法。“我们必须有自己的品牌，才能推动产品变商品，实现好东西卖好价钱。”杨翼德将自己的想法在村干部会议上提出来，大家都很有同感。申请商标的想法也得到镇党委、政府的大力支持，很快，村里以合作社的名义向国家知识产权局商标局提出了申请。获得批准后，插旗村的大米有了自己的品牌，叫“狮口馋”。

经过2018年的营销实践，杨翼德发现直接收购农户的米，品种不一，有的米碎，有的夹杂米糠和石子，品质参差不齐。于是，他在2019年启动“狮口馋”大米2.0版，即采取统一种子、统一种植标准、统一加工、统一包装、统一销售的“五统一”措施，以保证大米品质，也推动了当地大米零售价从过去每公斤1.25元上涨到目前的每公斤2.75元。2019年，插旗村销售大米2万多公斤，村集体经济赢利5万余元。进入2020年，已销售大米近5 000公斤，村集体经济赢利1.4万元，取得开门红。

“合作社 + 农户”扶贫模式

“人心齐，泰山移；人心散，搬米难。”在创建品牌之后，如何激发大家种粮的积极性，成为杨翼德思考的新课题。

杨翼德坦言，最开始，大家都对大米产业发展信心不足，担心卖大米没多大效益。杨翼德建议采用“合作社＋农户”的扶贫模式，即合作社以每公斤1.5元的价格收购农户种植的大米，并承担上门收货的物流费用。农户平时每公斤大米售卖的市场价是1.25元，这样一来，能保障村民卖米每公斤增加0.25元的收入。

2018年10月，杨翼德在媒体做广告，尝试营销大米，每公斤售价1.75元，卖了2 500余公斤。村民有钱赚，合作社也不吃亏。第一年的试营销，让大家看到了希望。

2019年春，合作社承诺以高于市场价10%的价格收购村民种植的稻谷。全村34户村民与合作社签订协议，其中包括7户贫困户。2019年，这种“合作社＋农户”的扶贫模式得到推广。

“我们不管种多少，都有合作社帮我们收，而且还比市场价高，划算。”贫困村民敖裕明算了一笔账，市场上每公斤谷子最高卖0.75元，合作社在家门口按每公斤0.825元的价格收购，既方便群众，又减少了他们的运输成本。2019年，敖裕明种植水稻5亩，稻谷产量2 500余公斤，收入8 000余元。尝到甜头后，越来越多的村民加入合作社种粮，村里不少撂荒地被重新利用起来，成为村民们的“致富田”。

2020年，与合作社签订协议的农户增加到60户，其中贫困户达15户，有劳动力在家能种田的贫困户全部参与了进来。

线上线下同步营销

杨翼德借助自己在媒体单位工作的优势，从2018年开始就在媒体上对“狮口馋”大米进行宣传，起到了良好的效果。

为了壮大对贫困村的帮扶力量，2019年4月，重庆市委组织部增派的插旗村第一书记刘晓东、綦江区委组织部增派的驻村工作队队员黄丰陆续到岗，他们的加入让插旗村的大米销售之路更为宽广。2019年，刘晓东联系重庆建筑工程职业学院，拿到了一笔4 500公斤的订单；黄丰回到工作单位，倡议同事消费扶贫，购买“狮口馋”大米；杨翼德通过綦江区融媒体中心红蚂蚁商城电商平台，让“狮口馋”大米通过网络出现在市民餐桌上。

2019年，在稻谷还没收割前，合作社就拿到了1万余公斤的订单，“狮口馋”

大米畅销区内外，真正走出了大山。大米卖得好，村集体经济不断壮大，村民们的获得感也不断增强。

2020 年，插旗村建设“共青团示范田项目”，预计种粮效益将会更乐观，届时贫困户可以享受多重红利，即每公斤谷种补助 15 元，种地资助 1 包价值近百元的复合肥，高于市场价 10% 卖粮，以及合作社整体赢利分红等。

（撰稿人：陈正策）

“直播带货”助农忙

——记重庆市忠县乌杨街道团结村第一书记陈孝芝

“感谢陈书记给我们做线上宣传，现在肉鸽销售基本上没问题了。”

“对头，多亏了驻村工作队，之前卖不出去的鸡蛋、鸭蛋一下子就被抢光了，根本不够卖。”

重庆市忠县团县委副书记、乌杨街道团结村第一书记陈孝芝和驻村工作队队员们利用电商平台“直播带货”的方式，帮助村民解决肉鸽、土鸡蛋等农产品滞销问题，受到村民的点赞。

团结村位于重庆市忠县乌杨街道南部，全村现有贫困户69户243人。2019年通过企业带动、致富能人引领、到户产业推动、小额信贷助推，贫困户新发展种植大蒜、蔬菜、高粱共125亩，养殖生猪300头等各类特色产业，每户实现1～2个主要增收来源。

2020年上半年，受新冠肺炎疫情影响，交通受阻，不少群众向驻村干部反映，辛苦喂养的鸡鸭缺少销售渠道，卖不出去。

看到村民们的农产品遇到了销售难题，不仅村民们着急，陈孝芝与驻村工作队队员们也急坏了。

“要是村民的农产品卖不出去，那损失

就大了。”思来想去，陈孝芝把目光放到了线上销售，尤其是近两年来火热的淘宝、抖音等直播平台。

随着线上销售模式的普及，驻村工作队从淘宝、抖音等直播平台中找到了突破口，利用网络“直播带货”的方式，帮助村民销售土鸡、土鸭、肉鸽等农产品。

在了解了村民们的农产品存量和销售需求后，陈孝芝等人将村民们需要销售的农产品制成销售清单，正式开启网络“直播带货”之路。

“大家好！我是团结村的第一书记陈孝芝，今天我们来到三组贫困户秦宗武的鸡舍，大家可以看到在我身后到处都是体格健壮的土鸡，它们住的是大宅，吃的是粗粮，肉质非常紧实。但就是这么好的鸡，受疫情影响却卖不出去，有需要的朋友可以在网上下单购买。”

陈孝芝与队员们通过视频加解说的形式，向网友多角度展示家庭农场和贫困户家里养殖的家禽品种、养殖环境、喂养方式、家禽生长状态以及购买方式等。

考虑到目前驻村工作队的抖音号粉丝人数还不是特别多，队员们都积极将视频转发至“我为扶贫出把力”等多个微信群及自己的微信朋友圈，以此来扩大宣传范围。

“怎么买，求电话？”

“给我来 3 只鸡、5 只鸽子。”

“明天买 2 只鸡。”

……

如今，团结村的农产品销售情况大为好转，线上销售让村民们松了一口气。

团结村四组的忠县风麟馨白鸽养殖家庭农场已通过网络销售出肉鸽 900 多只，销售额 1 万多元。

贫困户秦宗武家已卖出土鸡、土鸭 30 多只，土鸡蛋、土鸭蛋全部卖光，共计收益 3 000 多元。

“利用互联网宣传的优势，帮助贫

困户畅通农产品销售渠道，让农产品销售不因疫情而滞销。"陈孝芝表示，网络销售让村民们尝到了甜头，也增添了他们的信心。

接下来，驻村工作队还将继续加大网上宣传销售农产品的力度，系统统计全村各个农户的各种特色农产品，制作成销售清单。

他们将继续通过在各个直播平台、微信群进行视频宣传，积极对接有需求的消费者开展扶贫采购，拓宽销售渠道，解决贫困户农产品滞销难题，帮助广大农户实现增收。

（撰稿人：伍之燕、廖韩轻）

“犟拐拐”书记点石成金

——记四川省泸州市叙永县水潦彝族乡水潦村第一书记薛钟

四川省泸州市叙永县的水潦村位于云贵川交界的“鸡鸣三省”大峡谷，是典型的“老少边穷”地区，别人闻之色变绕道走的“老大难”村，“90后”薛钟却主动请缨到村任职第一书记。凭着比“犟拐拐”还“犟”的热情，他扎根彝乡，攻坚克难，终于点石成金，水潦村“旧貌”换“新颜”。

千方百计谋划，找出路促脱贫

“看到养牛前景这么好，年后我就不出去打工了，跟着村里专业合作社，我也多养几头牛，既增加收入，又照顾家庭。”返乡农民工张安全说。

张安全家以前是穷得叮当响的贫困户，家庭生活全靠他在浙江打工来维持，工作苦不说，还不能照顾家庭。现在，张安全跟着村里的养牛专业合作社自主饲养肉牛 13 头，每年光卖小牛就能收入 4 万多元，这全得益于第一书记薛钟引进的养牛项目。

“石板滩”上农作物产量低，发展种植业难以致富，为了谋生，水潦村大多数劳动力都外出务工。留守老人的赡养、留守儿童的教育问题，始终让薛钟揪心。

在认真调研思考后，薛钟选定世界银行扶贫养牛项目作为突破口，指导村集体公司和专业合作社确定了“基地 + 农户”的发展模式，广泛吸纳了 187 名社员（其中，贫困人员 152 名），喂养高品质肉牛 119 头，按股分红，最低持股社员可年分红 1 675 元，入社贫困户年均增收 2 000 元以上。

在此基础上，薛钟和村干部结合水潦村地形、气候等，整合投入 400 余万元资金，打造 1 000 亩国家级高标准甜橙示范基地，涉及的 30 户贫困户通过流转土地、果园管理务工收入等实现年均增收 5 000 元以上。

2019 年，水潦村减贫 955 人，贫困发生率下降到 0.3%，贫困群众平均收入达到 7 000 元以上，成功退出贫困村序列，多次代表全县、全乡接受上级督导检查，帮扶工作和脱贫成效在省代国检中得到第三方评估专家的高度评价。

“厚着脸皮化缘”，争项目引资金

“薛书记，这条路修通了，对我们两个寨子来说是天大的好事啊，今天一定要到我家吃顿饭！”这是丫塘路口和野竹沟 2 个苗寨路通的那天，陈大妈跑到村部办公室邀请薛钟来家里吃晚饭时说的话。

水潦村偏远落后，基础条件差，为了改变现状，薛钟长期“厚着脸皮”奔走在争资争项的路上。

村里有 2 公里道路硬化项目，他在走访调研中发现，如果再新挖 300 多米路基，就能连通两个苗寨形成环线公路，寨子里种植面积约 800 亩的优质核桃运输将更加便捷。为了争取新挖路基的资金，他在一个多月时间内，跑了十多家企业和政府业务部门，求助各方朋友，问题最终得以解决。

一年多来，他通过“厚脸皮”，先后争取到价值400多万元的物资、资金，改善了村里的住房、道路、环卫等基础设施。2019年12月，水潦村人畜饮水巩固提升工程基本完成，4口蓄水池终于全部正常投用。在近半年的时间里，水潦村新增输水主管网道5.8公里、支管4公里，解决了几十年来“石板滩”上季节性饮水困难的难题。“以前遇到大旱，人畜饮用水就紧张，都是省着用、反复用。现在好了，饮水工程彻底解决了我们的心头病。”72岁村民樊安伍笑着说道。

真心诚意付出，出实招解难题

水潦村民风彪悍，有时为了鸡毛蒜皮的小事也会起争执甚至斗殴，长久以来，邻里不团结，干群关系紧张。薛钟以网格工作站为据，深入群众，化解纠纷，解决难题。

贫困户张安林2018年享受易地扶贫搬迁政策建好了新房，但因与儿子关系紧张，仍住在破旧的老房子里。考虑到老房子不安全，且不符合政策要求，薛钟与村“两委”干部多次上门做思想工作。连续多次做不通，他又四处“化缘”，争取私企老板支持，为老人新建了一处20多平方米的住房。

村里出了名的“油盐不进的四季豆”盛杰极不配合工作，一直叫嚷着自己非但没有享受到住房补助政策，就连医疗保障政策也没享受到，对县、乡、村的工作均不满意，多次到市、县上访。面对这样的村民，薛钟抱定了啃下这块“硬骨头”的决心，厘清了原委、找准了症结，最终经过卫生院医生、乡镇干部和薛钟耐心细致的解释，逐步化解了盛杰对扶贫政策的误会和怨气。

正是凭着一颗服务群众的真心和不放弃任何一位村民的决心，一年多来，薛钟走遍了水潦村所有农户，召开群众会80多次，化解矛盾纠纷300多起。他说：“都说我犟！我只是觉得要对得起在党旗下发过的誓言，对得起水潦村731户农户、3 538名群众，也不想让我的驻村工作生涯留下遗憾。”

（撰稿人：许家义、曾江华）

扎根基层的海归第一书记

——记四川省绵阳市盐亭县巨龙镇天水村第一书记廖云

对于廖云来说，2016 年注定是不平凡的一年。从海外学成归来的他，听从组织安排，毅然告别条件良好的城市工作和生活环境，接下了四川省盐亭县巨龙镇天水村的脱贫攻坚接力棒，担起了第一书记的重任。

初到天水村，廖云放下对刚生产百日的妻子和年幼儿子的思念，全身心投入工作中。他白天穿梭于田野之间，黑夜走村入户，短短一个月时间走遍了全村每家每户，收集整理天水村致贫原因和群众需求 181 条。为接下来的脱贫攻坚工作的全面开展取得了宝贵的第一手资料，也与天水村的干部群众建立起感情。当地有句土话：农村干部当得合不合格，就看入户的时候狗撵不撵你。“天水村的狗见了我不但不会叫，还会摇尾巴。”廖云自豪地说。

廖云知道，天水村要脱真贫、真脱贫，就必须解决调查研究时找到的问题，不但要逐一解决，还要解决好，这靠他一个“外来户”显然不行，发挥党支部的集体作用至关重要。在麻秧街道党工委、办事处的支持下，廖云大刀阔斧地改组了村“两委”班子，治懒、治散、治私。他将出工不出力、出力不用脑或年龄偏大且不能胜任脱贫攻坚工作的成员请出班子，召唤在外务工的优秀分子和年轻党员回村进入村“两委”班子。改组后的村“两委”班子平均年龄 39 岁，团结一心，战斗力显著增强。

2018 年，天水村参加全国基层政务公开“规范化、标准化”试点工作，在时间紧、任务重、责任重大的情况下，廖云带领村“两委”班子成员吃住在村委会，鏖战两个月，完成了文化墙修建、党建阵地打造、便民服务室建设、微信公众号建立等一系列工作。特别是微信公众号做到了可一键查看全村 63 户贫困户从申请到精准帮扶再到精准退出的每一步，试点工作得到省政府的高度肯定。

廖云越来越清楚地认识到，在基层工作，水土不服将一切免谈。天水村支部书记陈建星是一名高中都没毕业的村干部，但是拥有丰富的基层工作经验，拥有处理复杂矛盾纠纷的能力，处事公平、公正、公道，能让村民信服。廖云从他身上学如何与群众交谈交心，如何埋头为群众干实事、干好事。廖云揣着一颗不脱贫不回头的心走家串户，在田间地头和群众家中，和乡亲们话脱贫、聊发展、找出路。

有一位叫陈辉虎的贫困村民在住房内养羊，条件简陋不说，养羊技术落后，最初养的 30 只羊存活不足 10 只。廖云依靠“娘家人”的优势资源，联系专家服务团队，为他送去了小羊，并传授技术、修建羊圈。现如今陈辉虎养羊数量已达到 150 余只，每年收入可达 9 万余元，日子越来越有盼头。他在自己致富的同时，带领周边农户一起养羊，成为贫困户中的致富带头人，并于 2019 年被评为盐亭县第二届农民丰收节十佳脱贫达人。

他山之石，可以攻玉。绵阳市级部门派到盐亭县的 8 位第一书记组建了一个“天字一号盐亭工程队”微信群，交流驻村工作心得体会，分享各自在脱贫攻坚工作中的一些新思路、好点子，也带队实地相互观摩学习。廖云说，这大大启发、开阔了他扶贫先扶智的工作思路。他在全村范围内开展了“我为脱贫干什么”大讨论；举办农民夜校“天水大讲堂”，邀请专家教授和本地村干部、“土专家”、“田秀才”讲课；组织贫困户代表 150 余人“走出去”，到安州花城果乡、江油爱情谷等地，开眼界、找差距、学经验；结合主题教育开展党员亮身份、亮承诺活动；开展全村人居环境公开评比活动。规范村规民约，建立村民素质档案，实行村民行为“红黑榜”曝光制。村“两委”先后组织“最美老人”“十星家庭”等评选活动，弘扬传统美德；积极开展文体活动，带领群众建起腰鼓队、跳起坝坝舞；组织天水村一家亲文艺汇演等活动，把村民从麻将桌上吸引到了产业发展和健康生活上来，引导群众养成好习惯、形成好风气。天水村收获了“四川省文化扶贫示范村”称号。

借文化之功，廖云以脱贫攻坚为出发点挖掘新的乡贤文化，用乡情去感召村里在外创业人员反哺家乡、温暖故土。他带领村“两委”干部通过电话拜访，利用中秋节、春节等传统佳节，邀请能人回村感受家乡变化，引导他们回乡投资创业，把人才资源转化为发展优势。

15 名在外工作的天水村村民发起成立了“天水村思乡协会”，并捐资 200 万元，组建“天水村脱贫攻坚互助基金”，通过基金吸引爱心组织、企业、个人的资金、物资、技术援助，使基金规模滚动积累达到 300 万元，用于全村基础设施建设，助医助学等。

“天水村思乡协会”还设立奖学金，用于表彰优秀学生，资助天水村贫困学子完成学业，鼓励学生通过知识改变命运。目前，协会共动员本村在外工作人员 218 名注册成为会员。

说到底，发展产业、帮助群众持续稳定增收才是脱贫致富的着力点。廖云因户施策、精准发力，协调 10 个社会组织，在互联网、医疗、教育、金融等方面支持天水村发展。

他邀请省农科院、西南科技大学等专家进行论证，为天水村量身定制了以优质水果种植为特色的“一村一品”产业发展方向，制定了天水村 5 年产业发展规划。

他引导成立了四川天水缘生态农业开发有限公司和盐亭县天地源中药材种植专业合作社，流转土地 5 000 余亩，大力发展“优质水果 + 中药材”立体种植，建成现代化杂柑产业园、桃园、杏园、樱桃园。

截至 2020 年 9 月底，全村已实现产值 450 余万元，预计全年可实现产值 580 万元，农户土地流转收入共计 90 余万元，村民就近务工总收入 80 余万元。

2019 年 3 月，天水村举办了“天水花开”首届乡村旅游节，单日游客数量约 6 万人，水果等各类农产品、小商品单日销售额达 15 万元。这也坚定了廖云开发天水村特色乡村旅游的信心。

目前，天水村已争取到上级支持和社会投入各类项目资金 5 000 多万元，新建和拓宽村社道路 11 公里，新建产业道路、入户道路 18.7 公里；新建和修缮塘堰及蓄水池 16 口，新建提灌站 3 座、水渠 3.6 公里，新建垃圾（房）池 13 个；建成医疗卫生室 1 个，1 650 平方米休闲广场 1 个，日间照料中心 1 个；安装太阳能路灯 50 盏。这一系列的建设工程，彻底改变了天水村基础设施落后的面貌。另外，天水村农产品展示中心、游客接待中心已正式动工。

如今，在天水村扎根 4 年的廖云俨然已成为村里每家每户的另外一个孩子，赢得了他们的爱和赞誉，也得到了上级党委和政府及有关方面的肯定。作为用

汗水见证天水发展的第一书记，廖云说："天水村有今天的局面，我不过是一个穿针引线的人。从大的方面说，靠的是党的农业农村政策指引，靠的是县、镇党委、政府的直接领导；从小的方面看，靠的是天水村'两委'成员的通力合作，靠的是村内村外朴实、智慧、勤劳的所有天水人的辛勤付出。"

（撰稿人：赵婉姝）

村里有位“温伯伯”

——记四川省广元市旺苍县普济镇大池村第一书记温兵

退役多年，他没褪下炽热的情怀；

岗位轮换，他没换下军人的本色；

驻村 6 年，他让当地百姓迈上了小康路；

风雨兼程，他只为孩子们的一声“温伯伯”。

他，就是全国模范退役军人、四川省优秀驻村第一书记、广元市军休所派驻旺苍县普济镇大池村第一书记温兵。

“温伯伯来喽”

2014 年，脱贫攻坚的冲锋号在全国吹响，已经退役 24 年的温兵，主动向组织请缨参加脱贫攻坚工作，申请前往旺苍县普济镇大池村担任第一书记。

大池村位于四川省东北部，是典型的西部山区、贫困地区、革命老区。该村贫困人口多，经济条件差，基础设施落后。温兵初来乍到，为了尽快融入当地群众中，他披星戴月花了 3 个月的时间，敲开了每家每户的大门，迈进了田间地头，将村情民情摸了个门儿清。喜欢孩子的他，在走村串户时，随身还会揣一些糖果、零食，给村里的孩子们尤其是留守儿童分发，不仅和村民之间加深了感情，也赢得了孩子们的喜爱。每当孩子们看到他，都会兴高采烈地欢呼："温伯伯来喽！"

温伯伯的"监护"

今年 9 岁的侯沛凝（小凝），父母长年在外务工，平常只能依靠爷爷照顾，遇农忙时，爷爷也难以兼顾小凝的生活。得知小凝的情况后，温兵便主动成了小凝的"代理监护人"。

每天清晨，温兵会赶在村里开晨会前，到小凝家中帮助做家务，有时会顺便带一些日用品。乡下的清晨，草木披着露水，每次从村委会走到小凝家，温兵的那双黄胶鞋就会沾满泥土，裤腿也早已湿透。

一天晌午，微风吹拂山村，小凝蹲坐在门口的石墩子上，把玩着她最喜爱的狗尾巴草，眼睛时不时望着门口的小路。当听到一个沉重的脚步由远而近，小凝的嘴角就会挂起笑容，她知道，今天中午又能吃到温伯伯做的饭了。

"温伯伯！"小凝看到温兵的身影，情不自禁地喊出声。

"哎，小凝。你饿了没有，走，我们去做饭了。"温兵熟络地将扛着的蛇皮袋放在墙角，拍了拍身上的尘土，顾不得擦额头上的汗珠，一转身钻进了厨房。虽然当年没有干过炊事兵，但退役多年的他，早已练就一身厨艺。摘、洗、切、炒，不一会儿，厨房外已是炊烟袅袅。

小凝的“回忆”

小凝今天似乎装着心事。

看着温伯伯在忙碌，小凝默默地在身后望着，她好像想到了什么，转身进屋拿着彩笔坐在门槛上开始涂涂画画。过了一会儿，小凝的笔停了，她静静地坐在门槛上，透过门缝看着温伯伯陷入了回忆。回忆中，温伯伯为她辅导作业、打扫院落，帮助家里维修电灯等画面在脑海中一一闪现……“听爷爷说，温伯伯是扶贫干部，谁家有困难他都会去帮忙。虽然我不太懂什么是扶贫，但温伯伯到我们这里来了后，我们住的地方发生了好多好多的变化，以前的荒地变成了好多个白色大棚，里面有草莓、蘑菇；以前的小山坡也变成了小广场，我和同学们也有地方一起玩了。还有以前的泥巴路也不见了，现在我也可以穿漂亮的衣服，再也不怕被泥巴弄脏了；还有，还有……”

忽然，一阵农具碰撞的声音打断了小凝的回忆，她如梦初醒地将纸笔放下迎了出去。“爷爷，温伯伯来了，又在给我们做饭。”小凝挽着爷爷的手说。“温书记！哎，你怎么又在忙这些，快坐下来喝水，我来。”小凝爷爷一边放农具一边招呼道。“没事，马上就好了，您快坐下休息。小凝，把桌子收拾一下我们吃饭喽。”温兵手中的菜铲子一直没有停下。

温伯伯的“模样”

清炒南瓜丝、豆角炒肉片、炝白菜，三道精致的家常菜摆上了桌。

三人围坐在桌子边，温暖在小凝的心中弥漫。“小凝，好不好吃？”温兵关切地问。

小凝望着温兵，轻轻点了点头。“温伯伯，我想给你一样东西。”小凝说道。还未等温兵开口，小凝转身去了房间，出来时手里拿着一卷画纸。

“送给你，温伯伯。”小凝的眼中闪着光。

温兵放下碗筷，郑重地接过小凝的画。打开后，一幅彩色画映入眼帘。画的左边，有一排排的小洋楼和绿油油的麦田；画的右边，是一个个蔬菜大棚和篮球小广场；中间是一个穿着蓝色条纹上衣的人，手里还牵着一个穿粉色上衣的小女孩，看这姿态似乎还在低头对孩子说着什么。

“这画的是谁呀？”温兵看向小凝。

“这是我画的你，你牵着我的手，边走边给我讲故事，讲大山外面的世界。”小凝的眸子中透着纯洁和真诚。

温兵的眼眶变得湿润。“温书记你看，你为大家做的事，不仅我们心里装着，孩子的心里也装着！”小凝的爷爷看向温兵，一脸的欣慰和感慨。

“谢谢小凝！我一定会好好收藏这幅画，你要努力读书，以后成为对社会有用的人。”

“嗯！我要成为像您一样的人。”小凝的回答很坚定。

“哈哈哈！好，那我们一言为定。”

一阵爽朗的笑声，从屋子里传荡开来，如山间清爽的风，久久吹拂在初夏的大池村。

（撰稿人：向艺）

皮蛋书记的致富经

——记四川省广元市旺苍县枣林乡枣林村第一书记李双君

初夏的清晨，四川省广元市旺苍县枣林乡枣林村田间泥土里的特有芬芳在空气中弥漫着。伴随着一缕缕阳光从树梢洒下，枣林村第一书记李双君又在村里“转悠”了起来。枣林村，虽名为枣林，村里却鲜有枣树。村域内山峦起伏、峡谷纵横，山地地形占全村面积的 80% 以上，村民们长期以来只能依靠种植水稻等传统农作物为生。“我刚来时，村里没有一家是砖瓦房，全是土墙房，除了到村委会的主路硬化了之外，其他都是沙石路、泥巴路。集体产业没有，个户产业也没有。”李双君回忆起当初刚到村时的场景感慨道。

来到枣林村的那一年，李双君刚刚 30 岁，没有一点儿农村工作经验，村民们看到这个“毛头小子”时，不免心生疑虑。“李书记刚来时，我们都在想，一个年轻娃儿能为我们做啥事情呢？”枣林村二组村民梁炳开说。面对群众的质疑，李双君不免有些难过，但他并没有泄气，反而激发出了骨子里的那股犟劲和

韧劲，立志要为群众办几件大实事。如何才能增加群众收入，是李双君思考的第一个问题，也是他急切想要为群众办的第一件事。

经过考察，李双君发现枣林村有包皮蛋的传统。村民家的鸭子多为放养，以玉米、稻谷为食，用这样的鸭蛋包出来的皮蛋，晶莹剔透、味道醇香，点点雪花镶嵌其中，色香味俱全，因此枣林皮蛋在周边小有名气。枣林村三组组长张宗伦回忆，“刚开始的时候大家都在包，一是产量不高，二是品质也不好管控。加上当时路不通，皮蛋也没有品牌，销路不行。”李双君却很看好用皮蛋打开市场，他暗下决心，一定要把村里的皮蛋产业做活做强，让皮蛋变成老百姓增收致富的“金蛋”。

李双君召集村“两委”班子进行讨论，最后确定了“枣竹林”这一具有地域特点的皮蛋品牌名称，采用“公司＋农户＋专业合作社”的模式，整合全村的皮蛋产业，统一制作和包装，然后推向市场。事非经过不知难，提标准、强基础、建品牌、拓销路……一摊子的活儿都需要李双君逐一落实。他一头扎进了村里，一边是市场调查和群众会议，一边是泡面、火腿加矿泉水，忙得恨不得长出“三头六臂”。“我家离村委会近，晚上村委会的灯经常都是亮着的，我每次来看李书记都是在加班做事。”说到李双君的拼劲，村委会主任杨华德深有感触。因为吃住在村里，李双君与家人聚少离多，自己的私家车也从几万公里跑到了十几万公里。但他从未有过怨言，群众对美好生活的向往，成为他坚持不懈奋斗的动力源泉。“因为一年在村里时间太多，儿子学校开家长会我一次都没去过，有时儿子也抱怨。”虽然笑着，但李双君的话中难掩对儿子和家人的愧疚。

5 年多时间里，李双君用近 2 000 个日夜，让枣林村的面貌慢慢褪去昔日的斑驳。硬化的水泥路在村里蔓延覆盖，现代化养殖场的建设日趋完善，村集体利用“资产收益扶贫资金”120 万元入股枣林茶叶有限公司，枣林村集体产业从无到有、由弱变强发生着巨大转变。枣林皮蛋在他的包装推广下，在市场上广受欢迎。他利用第一书记年货节、微信朋友圈、抖音等渠道，将枣林皮蛋销往全国各地。不仅如此，枣林皮蛋还开起了“专卖店”，通过电商平台，远销至香港特区和东南亚国家。2019 年，全村的皮蛋销量达到 7 万枚，产值 13 万元，村民户均增收近千元，当地百姓尝到了皮蛋变“金蛋”的甜头。

枣林村二组的贫困村民梁福帮，自去年务工返乡后看到皮蛋产业发展势头很好，便决定留在家中专心包起了皮蛋。因为手艺好、动作快，不到一年时间，梁福帮就包了 3 000 枚皮蛋，被合作社收购一空，年增收 5 000 元。“以前没销路，价也卖不高，现在皮蛋卖得很好，价格也起来了，枣林皮蛋真的变成枣林‘金蛋’了。”说起皮蛋，梁福帮脸上洋溢着喜悦。同样作为枣林村贫困人员的四组村民郑定坤，刚开始做皮蛋的时候，因为技术达不到要求，包出来的皮蛋口味不一致，不好销售。李双君了解情况后，到他家中手把手指导。郑定坤的技术慢慢成熟起来，现在每月能包皮蛋 500 多枚，通过李双君的销售网，他的皮蛋年收入达到 8 400 元。“我们现在喊李书记为皮蛋书记。李书记确实为我们枣林村老百姓做出了很大贡献。”郑定坤说。

“我们枣林皮蛋的知名度越来越高，包括广东那边很多地方都已经知道枣林皮蛋这个品牌了。李书记真的是一名好党员、好干部。”枣林村皮蛋合作社负责人张巍感慨道。

“皮蛋书记！”这个亲切的称呼，把李双君和枣林村群众的心紧紧地拴在了一起。“下一步，我们打算继续加强村集体经济的发展，扩大枣林皮蛋的影响力，鼓励老百姓养猪、养鸭，形成一个绿色循环产业链，让老百姓挣更多的钱，过上更好的日子。”

（撰稿人：向艺）

刘书记与云雾之乡的三张“名片”

——记四川省内江市威远县观英滩镇骑龙坳村第一书记刘明坤

阳春三月，万物萌动，春耕、春收两头忙。在四川省内江市威远县观英滩镇骑龙坳村，来自威远县人民法院的驻村第一书记刘明坤正在骑龙坳云橘种植基地和村民一起忙着将柑橘林下种植成熟的花菜装筐、搬运。新冠肺炎疫情防控向好阶段，产业也不能耽误，连日来刘明坤走遍全村，及时了解村民春耕、春收情况，在最短时间内解决村民们着急上火的各类难题。

骑龙坳村是个脱贫村，辖区面积8.1平方公里，有19个村民小组，共486户1 167人，其中脱贫户15户25人。

自2017年4月驻村任第一书记，2020年已是刘明坤扎根骑龙坳村的第四个年头。从村上产业一片空白，到如今云橘种植、黑山羊养殖、乡村旅游三大支柱产业兴起，这里面少不了他的坚实脚步和汗水挥洒。

云橘之“甜”

云橘，香甜多汁、口感极佳，已成为骑龙坳村的一张名片。这是刘明坤脚下沾满田边泥土入户走访、与村民促膝长谈，一起选育的致富产业。

2018年，村民杨久良的柑橘丰收，但销路闭塞让他发愁。此时，结合骑龙坳独有的地域特色，刘明坤为本地柑橘取名“云橘”，并在威远县委组织部微信公众号“威远组工”上代言云橘，讲述云橘“微故事”。他积极与工作单位威远县人民法院协调，投入资金制作骑龙坳村精品云橘包装盒3 000个，采取订单式销售模式，瞄准威远县党政机关、事业单位工作人员等群体，发动周边朋友拉订单，自己开车做转运，远的快递邮寄，近的送货上门，让“观日出，赏云海，品云橘”成为骑龙坳村的名片。

同时，为推动壮大全村柑橘产业，刘明坤邀请内江师范学院柑橘种植等领域的博士到村指导生产管理、传授生产技术，借力“农民夜校”传技解惑，补充产业发展的“技术之钙”，培养出农村能人家庭196户。他还引入专业合作社，带动发展柑橘种植面积500余亩，激发了村民产业致富的内生动力。如今的骑龙坳村，新栽种的柑橘苗正向阳而生，欣欣向荣的云橘产业前景广阔。

黑山羊肉之“鲜”

“咩，咩，咩……”骑龙坳村黑山羊养殖基地的圈舍内，刘明坤在业主熊疆的协助下用手机扫码新入栏的小羊羔，查看建档资料。骑龙坳村地处山区，森林覆盖率高，林下杂草丰盛，适合养殖黑山羊。

2019年5月，刘明坤抓住自然地理环境优势，积极协调11户村民将土地流转出来，帮助熊疆“腾笼换鸟”，扩大养殖规模。现在，这个以代养为主的养殖圈舍占地10亩，年出栏黑山羊约2 500只。其中，每年以 3.5 元一天的养殖价格为成都某公司代养的生态羊，年出栏量约 1 500 只。2019 年，熊疆净收入达到了 30 万元，比 2015 年涨了 10 倍。“以前规模小、投入大、成本高。换了地方之后规模大了，成都的公司也找到我帮他们养，这样我成本压力就没有了，只管养好就行。”现在，他只需要支付土地流转、圈舍投资、工资、黑山羊的饲料和疫苗费用，其余费用均由成都的公司提供，大大降低了养殖风险。

黑山羊的主食为牧草、天然野草和玉米等，年满 60 岁的李翠芳在熊疆的养殖基地务工已有 5 年，她的任务就是每天下午 2 时至 6 时负责放羊，一个月收入 1 200 元。“每天就只有下午才上班，平时可以种点庄稼，还可以照顾屋头。”说起现在的生活，李翠芳觉得轻松又满意。

“黑山羊浑身都是宝。”据刘明坤介绍，黑山羊肉膻味极小，蛋白质含量高，脂肪含量低，是威远羊肉汤原材料的上选。不仅如此，山羊的排泄物也能变废为宝，为全村柑橘树提供源源不断的肥料。“既能带动当地产业发展，又能带动当地村民务工增收，这种种养循环模式，能带动骑龙坳村稳步发展。”

乡村旅游之“旺”

“每天至少要消毒 3 次，一定要把客人数控制在房间数的三分之一。”新冠肺炎疫情防控之初，骑龙坳村所有农家乐暂停营业，乡村旅游停止接待游客。疫情防控形势向好后，沐浴着春光，骑龙坳村逐步开始恢复接待游客。刘明坤走访全村 7 家农家乐，不断叮嘱负责人要做好防疫消毒，控制好游客接待量。

威远以穹隆地貌著称，沟壑纵横，溪谷里水汽充沛，林木葱郁，长年可见云雾映日的奇特景观，尤其每遇雨后天晴，沟谷云雾缭绕，宛若人间仙境。骑龙坳云雾风光位于威远穹隆地貌的中心地带，这里森林覆盖率高达 54%，长葫水资源保护区环绕四周。逢晴日，看朝阳跃云海，分外壮观，在摄影圈有着“中国最美云雾之乡”的美誉。

旅游的兴旺带来了商机，村民们开起农家乐，卖起特色农产品，在致富的道路上越走越顺畅。2019 年，骑龙坳村游客接待量达 5 万余人次，旅游收入达 400 余万元。

因扶贫业绩突出，刘明坤在 2017 年度、2018 年度、2019 年度均被四川省威远县委组织部考核为优秀第一书记，2019 年 6 月被内江市委授予优秀党务工作者荣誉称号。

（撰稿人：罗伊婷、阴卓）

誓要红岩换新颜

——记四川省宜宾市江安县江安镇红岩村第一书记张洋

在四川省宜宾市江安县江安镇红岩村贫困户万绍辉家的柿子园里，红彤彤的柿果仿佛一个个喜庆的灯笼，迎接八方游客的到来。

曾经“红岩石头多，出门就爬坡，山上蕨蓟草，山下光坡坡”的省级贫困村，历经短短几年的时间，变成了游人如织、业兴民安的省级旅游示范村。

这一切的变化，离不开帮扶干部——四川省优秀共产党员、优秀第一书记张洋的努力。

“下马威”就怕“铁下心”

2015 年 8 月，张洋由宜宾新闻网的一名记者成为江安县江安镇红岩村第一书记。初到“三匹梁子夹两沟”的红岩村，进村的路先给了她一个“下马威”，车被村口一条陡坡乱石路拦住了。她只好下车，深一脚浅一脚地走到村活动室。

驻村第二天，张洋早早起床，召集村组干部座谈，了解村民致贫原因、产业家底、人员结构、困难需求等，然后马不停蹄地走访了村内几户特别困难的群众。当走进墙体裂缝、家徒四壁的房子，看到因病痛折磨而瘦骨嶙峋的村民时，她真切地感受到贫困的残酷。

当晚，她打着手电筒回到寝室，顾不上一天的奔波劳累，埋头加班撰写扶贫日志，梳理群众反映的各种问题，思考该如何带领贫困群众走出困境。

深夜的大山出奇的安静，她想起群众的不信任和质疑，也忍不住想起年幼的儿子，这一切仿佛也在无声地质疑她：“能在这里待满两年吗？”

“沉下来、铁下心，来了就要做点实实在在的事。”抛除杂念，接下来的日子，她带着一把伞、一瓶水、一个文件袋，踩着湿漉漉的蕨蓟草路，挨家挨户走访，制订帮扶计划，有时一走就是一天。慢慢地，群众也愿意拉着她谈家长里短、诉矛盾纠纷。她知道，那是心在慢慢靠拢，是沉甸甸的信任。

数不清多少次裤腿裹满泥，多少双鞋子被划破走烂，村里的项目情况、贫困户情况等渐渐了然于胸，带领红岩父老乡亲脱贫攻坚的思路也愈加清晰明朗起来——“要想富，先修路”。

于是，张洋带着村干部多次到县、镇争取项目资金。2016年，红岩村终于迎来了通村公路工程开工，建设过程中她更是每天到现场查看工程建设情况。山石炸开陡峭的“一线天”

崖壁，7.8 公里与外界连接的水泥公路建成通车，史上第一趟直达县城的农巴车开通运营。乡亲们激动地给亲人打电话：“快回来嘛，路通了，真的打通了。”张洋的眼眶湿润了。

“拔穷根”还需“往心走”

贫穷并不要紧，最怕的是思想贫困，“输血”和“造血”共同驱动才能实现长久脱贫致富。

红岩村有一片约 600 亩的古柿林，许多上百年树龄的柿子树分布在村民的房前屋后、田边地角。每当秋天来临，挂在树上的红柿子映着层层梯田，形成了一道独特的田园风光。

以前没有通村公路，销路又窄，全村几十吨老柿果成熟了，只能眼睁睁看着烂在地里。2015 年，张洋积极依托网络媒体，为村民搭建销售平台，红岩村的柿子“大火了一把”。可卖着卖着就发现，本地土柿子不易保存、运输包装成本高，到了稍远的顾客手里完全没了卖相，网销以失败告终。

2016 年 4 月，张洋兴冲冲召集村民，提出要集中流转土地，发展甜脆柿产业园。话音刚落，会上顿时炸开了锅，马上就有群众站起来反对，七嘴八舌地说

道：“之前的柿子都没卖出去，又种柿子？这不是瞎折腾吗？”

张洋并不放弃，挨家挨户上门走访村里的党员干部。“让大家脱贫过上好日子，得大家一起干。我们出去实地考察过，甜脆柿销路、效益都很好。俗话说：‘村看村，户看户，群众看党员，党员看干部。’我们作为党员干部，必须要带头支持村里的工作。”

张洋走后，党员干部内心受到很大的触动。他们想起了张书记刚来村的时候，白白净净的，现在已经被晒得黝黑，天天跑田坎、跟着一起干农活儿，哪家有事情需要帮忙跑得比谁都勤，实实在在为村民办实事。“我们党龄比她还长，不能让全村脱贫攻坚的担子压在她一个人的身上。”

第二天一早，张洋走到村办公室，看见许多党员干部站在门口，他们说：“张书记，我们跟着你干！”

张洋的眼眶又湿润了。

接下来，她带着村干部包户，组织党员与贫困户结对，上门为群众画规划草图、讲土地流转政策、谈发展柿子产业和乡村旅游的好处……一次不行两次，两次不行就三次，一直到行为止。群众看到了村里有人带头，更被张洋一次次上门感动了，最终都纷纷支持建柿子产业园。

“古柿林”焕发“新生机”

在干部群众的支持下，张洋带领红岩村“两委”先后到兴文县以及云南等地新品种柿子基地考察别人怎么搞产业，学习经营管理经验。媒体人独到的眼光让她看到，发展传统种养产业受市场影响大，要唱响“文化”戏、做好“生态”文章。

于是红岩村最终确定了“依托古柿林种植优质甜脆柿，依托丰富的天然生态林养殖林下土鸡，依托绮丽风光和人文景观打造乡村旅游”的产业发展思路。

2017 年年初，张洋带领红岩村引进业主成立江安县柿外桃园种植专业合作社，引导贫困户入股产业园，发展甜脆柿种植面积 1 200 亩，建成 3 个优质产业园，又积极对接整合上级项目资金修建柿子文化广场、百姓大舞台、游山步道等，打造川南农耕文化体验园。在她的带领下，红岩村成功举办了四届柿子文化旅游节，挖掘了“柿柿（事事）如意”“盛世（柿）太平”“一生一世（柿）”等蕴含美好寓意的柿文化，吸引了大量游客前来摘柿游玩、体验农耕生活。红岩村走上了“特色农业 + 乡村文化体验旅游”的路子。

2018 年，“柿子部落”景区成功创建为国家级 3A 景区，红岩村被评为省级旅游扶贫示范村。“身在红岩富红岩，誓要红岩换新颜。”2018 年年底，红岩村 63 户贫困户全部脱贫，整村摘掉了“穷帽子”。

（撰稿人：董晨晨）

“老山咔”里的战贫“四重奏”

——记四川省宜宾市筠连县孔雀乡新沟村第一书记杨挺

“抗击过‘非典’，支援过汶川，现在战贫，群众不脱贫，我绝不离开。”2018年3月，一个中年男人带着他立下的誓言，走进了川滇交界的穷山沟。

他就是杨挺，四川省宜宾市筠连县孔雀乡新沟村第一书记，在海拔1 000米的“老山咔”里，用青春和汗水奋战在脱贫攻坚一线。

做建设的“奠基人”，打造发展“快车道”

新沟村是一个深度贫困村，距离县城2个小时车程。就像一个破碎的蛋壳，四周的大山牢牢地把新沟村包围在里面，外面进不来，里面也出不去。

到村以后，杨挺带领着12名村干部和党员连日连夜绘制新沟村地图，标注进村路、产业路和新村聚集地。接着，他们组织群众平路基、铺毛路，为后续建设打下基础。同时，杨挺带领村“两委”干部争取到项目资金171.7万元，配套省级财政幸福美丽新村建设项目88万元，修建村道4.99公里，产业道路2.5公里，打通了新沟发展的“最后一公里”。

路修好了，还要完善基础设施，让群众的生活变得更好。村党群服务中心、文化广场建设、公路亮化、凉亭修建、路灯安装……一系列惠民生补短板工程，让这个贫困村凤凰涅槃。

“我多跑一分、多做一分，村子的发展就多一分希望。我想，这就是我这个驻村第一书记的初心。”杨挺说。

两年多来，他想方设法争取上级党委、选派单位和社会各界的支持，积极筹措项目资金，在当地大力实施路、水、电、造福工程等基础设施建设。他用自己的忙碌和奔波，修补着贫困村欠缺的一点一滴，为贫困村的发展开辟着康庄大道。

做队伍的“领头雁”，培养创业“生力军”

发展的第一要素是人。杨挺充分发挥“领头雁”作用，着力“建强一个村级班子、带好一支党员队伍、培育一批骨干力量”。

杨挺到新沟村时，村“两委”班子刚重新组建，支部被评为“后进支部”，急需整改升级。他主动融入村干部队伍，与村“两委”交流探讨，和党员交心谈心，深入了解全村优秀人才，把致富带头人、乡贤达人找出来，推选他们加入村干部队伍，打造一支“留下不走的工作队”。

“我是 2018 年从浙江回家创业的，杨书记不仅帮我选址、租地、找市场，村里的大事小事都让我参加，我现在已经是一名党员了。”罗尚聪是返乡农民工，回乡后在杨挺的帮助下，开始种植中药材，流转土地 50 亩，成为村里数一数二的致富带头人。

“我和老婆原来在重庆打工，家里 3 个娃娃没人照顾，我们两口子商量还是回来搞养殖。杨书记知道后，帮我们申请项目资金修牛栏、买肉牛，现在已经养了 13 头牛，到年底能挣个几万块钱，娃娃也照顾到了。”贫困村民吴捌贵谈起自己的养牛场，笑得合不拢嘴。

在杨挺的带领下，全村联系培养了致富带头人 8 人、新乡贤达人 3 人、后备干部 3 人，干事创业有了“主力军”。

做致富的“引路人”，鼓起群众“钱袋子”

光脱贫不行，还要发展富民兴村产业，刨除“穷根子”。

新沟村农特产品丰富，天麻、竹笋、腊肉、生姜等颇具特色，有很大的市场潜力。但是因为没有知名度，好东西卖不出去，也赚不到钱。

杨挺和村干部多次考察学习，借鉴其他地方经验，最终利用集体经济发展扶持基金，成立筠连县孔凤养殖有限责任公司，注册“仙雾山”这一特色农产品品牌，搭建起集收购、包装、营销等于一体的销售平台，打通了新沟村农特产品与市场的“最后一公里”。

“兄弟书记，我老公一直在外面打工，我在家照顾老人和娃娃，家里人少地又宽，如果撂荒还是可惜，但是种玉米，又累人又没什么收入，你看我种点什么好呢？”

“姐姐，这几年茶叶行情还不错，鲜叶能卖好价钱。你可以种安吉白茶，只要管理得好，投产后轻轻松松挣钱，你好好考虑一下吧。”

留守妇女杨秀翠在杨挺的帮助下，购买了6万株茶苗，把自己的30亩土地全部种上了安吉白茶。

在杨挺的带领下，新沟村特色农产品产销量大幅度上升，全村200余户农户共种植天麻800亩，新建1 100亩中药材“天麻”种植基地、1 000亩“黄皮竹”种植基地、200亩安吉白茶茶园，全村集体经济总收入超过2万元，村民人均纯收入达到1.3万元。

做百姓的“贴心人”，驻进群众“心坎儿里”

“杨书记，王孝安老伯突然晕倒了，你快点来看下。”早上六点，贫困村民杨明真大娘“砰砰”地敲杨挺的宿舍门。

“我先开车送他去医院，你记得给他在云南的娃儿打电话。”

王孝安是新沟村的一名留守老人，儿女长年在外务工，当得知其重病晕倒后，杨挺第一时间用自己的车将老人送医，还自己掏钱给老人解决生活问题。

这样的场景，在新沟村经常会发生。

村民徐礼彬干农活儿时摔断了腿，杨挺第一时间将他送到医院；贫困学生徐林浩考上大学后家庭无力支付学费，他多方筹集5万元救助金送到学生家里……但凡乡亲们有困难，杨挺都会尽自己所能，实打实地帮助他们解决问题。

“我们都喊他‘兄弟书记’，平时就跟自己家人一样，大家都信任他。”贫困村民官松均说道。官松均家孩子长年在家待业，杨挺了解情况后，托朋友就近给孩子找了份工作，每月能挣两三千元钱。

群众利益无小事，一枝一叶总关情。杨挺用自己的实际行动践行着一名第一书记的职责，把村民的事时刻放在心上。

（撰稿人：李重霖）

田间地头践初心

——记四川省达州市渠县静边镇峰坪村第一书记宋健波

“以时间砥砺信仰，让岁月见证初心！”在两年的驻村工作中，宋健波用实际行动践行了这句话。

今年 32 岁的宋健波，是四川省渠县县委组织部干部档案股负责人。2018 年他主动向组织请缨，成为渠县静边镇峰坪村驻村扶贫工作队队员，并担任第一书记。他秉持一张蓝图绘到底、一任接着一任干的精神，持续建优支部、凝聚民心、夯实基础、发展产业、转变村貌……昔日无产业、无特色、无优势的“三无”小山村正蝶变成远近闻名的“四好村”：住上好房子、过上好日子、养成好习惯、形成好风气。

扶贫事大，再苦再难也要坚持

2017 年，峰坪村原第一书记杨旭因工作出色被提任为渠县的一名副乡长。为确保脱贫攻坚工作力度不减、劲头不松，宋健波主动找到领导，申请加入驻村扶贫工作队。“我是农村长大的，对农村工作较为熟悉，保证能抓好脱贫攻坚工作，不辜负组织期望。”

2018 年 8 月，宋健波正式成为峰坪村驻村扶贫工作队队员，并担任第一书记。驻村伊始，宋健波带着 3 个问题进行调研：“当前村里还有什么急需解决的事情？”“您家还有什么具体的困难？”“对脱贫攻坚、支部建设等有什么建议？”对贫困户和党员进行了“两个 100% 遍访”，并梳理形成了一条长长的任务清单。在他随身携带的笔记本上，清楚地记着：迁建党群服务中心、建设文化活动广场、加强党员干部队伍建设、优化产业布局……

然而，正当他准备大干一场时，一个噩耗向他迎面扑来：他年仅 31 岁的妻子李芳罹患肝癌，虽经多方救治，仍不幸离世，留下 6 岁的女儿与他相依为命。

“你不为自己，也为孩子考虑下吧！”有同事私下里劝他申请调回机关。

孩子的成长需要陪伴，但脱贫攻坚工作也不能一扔了之。“我也犹豫过、徘徊过，但中途换将势必影响整个工作的推进。”

“不获全胜，誓不收兵！”宋健波在峰坪村党员大会上许下庄严承诺。

找准症结，建优支部强引领

脱贫攻坚，群众是基础，党员是关键。经过走访调研，宋健波发现，近年来，峰坪村完善了党员活动日、“三会一课”、民主评议党员等党内政治生活制度，有效提升了组织的凝聚力、向心力，但受困于村干部队伍整体老龄化、文化层次偏低等因素，导致组织生活形式化、表面化，个别党员干部仍存在个人主义、自由主义等问题。

针对这一情况，宋健波一方面不断开拓组织生活新形式，注重将理论学习、节日纪念、典型示范等多种形式交叉使用，实现组织生活灵活多样、生动活泼、富有实效；另一方面依托渠县农民工党建“归雁兴渠”工程，大力回引在外流动党员、优秀农民工，力求从根本上调优村干部队伍结构。

何万强是一名75岁的老党员，平日里参加组织活动不积极，对村里的工作也不太支持。每次村里召开会议、研究决定重大事项后，宋健波都第一时间登门，向何万强传达会议精神，讲清楚村里为什么这么做，作为党员，我们应当做些什么。

几次三番，何万强渐渐从一开始的不理解、不支持向不表态、不否定再向积极拥护、主动参与转变。新冠肺炎疫情防控期间，他主动找到村支部，投身卡点值守、消毒防疫、宣传引导等工作。“我因和个别村干部意见不合，渐渐淡忘了自己的党员身份，感谢宋书记把我转变了回来。”何万强说。

党员的转变也带来了群众的转变。时下正值秋收，劳动力短缺是一个难题。“村里决定成立秋收助守队，有意愿的请到村办公室报名。”宋健波通过大喇叭向全体村民发出倡议，短短一个上午，前来报名的党员群众就达30多名。

“这在以前是不敢想象的。”峰坪村支部书记王英说。党员思想统一了，群众也就跟着来了，村里的工作也变得更好开展了。

目前，峰坪村“两委”先后调整40岁以下、高中及以上学历年轻委员3名，回引优秀农民工党员3名，培养后备力量2名。

产业破局，立体经营促增收

脱贫增收，发展产业是关键。经过反复和村“两委”商讨研究，宋健波定下了走小规模、多品种、高品质的产业发展之路。

为了寻找合适的项目和公司，宋健波一方面发动村干部、在外乡友，另一方面积极向上级相关单位寻求支持。

四川国沃农业有限公司负责人雍容被他的诚意所打动，实地考察后，先后投入 100 多万元，流转土地 518 亩发展特色砂糖橘种植。

在他的劝说与帮助下，返乡能人王伟扩种姜黄、白芷等中药材 200 亩。

在他的出谋划策下，村里还配套开展林下养殖，累计向贫困群众赠送价值 8 万余元鸡鸭苗 7 000 余只，仅此一项就为贫困群众带来收入 10 万余元。

……

为保障群众利益最大化，宋健波和业主方“讨价还价”，采取“支部 + 公司 + 贫困户”“支部 + 业主 + 贫困户”模式，以土地流转、引资租赁等方式参与到产业发展中来，帮助在家群众务工增收和增加集体经济收入 2.5 万余元。

随着一个个项目的落地，村集体经济收入增加了，村民的腰包鼓了。“我现在到各个基地务工都忙不过来，光是务工费，一个月就能挣 2 000 元。”贫困村民黎秀艳开心地说。

三上家门，引领新风有妙招

有几天，家住峰坪村一组的寇其碧有点“烦恼”：在上个月的卫生评比中，自己家一不留神排了个倒数第一。打这天起，第一书记宋健波天天拿着扫帚登门，打扫房前屋后、整理生活用品、收集生活垃圾……这让老寇脸上有点挂不住。

“宋书记，您放心，院坝我已经扫了，铺盖也叠好了。”这天一大早，看到第三次登门的宋书记，老寇急忙迎了上去，“您和我说的话，我都听进去了，您说得对，咱农村人也应该与时俱进，养成好的卫生习惯。”

这是峰坪村开展卫生评比活动过程中发生的一件小事。在宋健波看来，基础设施持续改善，产业发展已见成效，但这些还远远不够。“咱们既要腰包鼓，更要精神富。”进入全面建成小康社会“最后一公里”，如何引导群众特别是刚脱贫的群众从吃饱穿暖向养成好习惯、形成好风气转变，成了他和村“两委”关心的问题。

2020年以来，在宋健波的倡议下，峰坪村以“五美家园”创建为契机，持续推动文化活动场所建设，组织文体活动，开展环境整治，评选孝老爱亲文明户……村风民风显著改善。

对此，家住峰坪村六组的村民胥兴田体会颇深。“以前，我家门前屋后、道路上乱堆乱放现象最为严重。如今经过整治提升，环境整洁了，心情也不一样了。”

扶贫之路仍在继续，而宋健波一如既往奔走在田间地头。他用真心真情温暖贫困群众，将初心和使命镌刻在脱贫攻坚主战场上，以实际行动彰显着第一书记的责任与担当。

（撰稿人：赵明月、童意清）

我和长田坎村的故事

——四川省巴中市南江县关门镇长田坎村第一书记文旭自述

走下三尺讲台，走进山里农村，从一名人民教师到驻村第一书记，我迅速转换角色，全身心投入脱贫攻坚工作中，在不到3年的时间里，走遍了长田坎村23平方公里的每一寸土地，结识了村里2 000多位乡亲。作为农民的儿子，我坚持从群众中来，到群众中去，并与人民群众打成一片。我就是四川省巴中市南江县文庙小学派驻关门镇长田坎村的第一书记文旭。

“改变的是身份，不变的是信念。”这是我的口头禅。自2017年8月到任以来，我坚持帮民富、解民忧、暖民心，用心用情用力诠释着自己作为第一书记的爱民情怀。功夫不负有心人，因带领村民脱贫攻坚取得显著成绩，2020年5月，我被四川省委、省政府评为“2019年脱贫攻坚优秀第一书记”。

固本培元强组织

从队伍建设上下功夫，打造一个好的党支部，发挥党支部的战斗堡垒作用，这是我刚到村时的第一个“动作”。一进长田坎村，我便迅速明确职责、厘清任务，着手打造一支实干能干的党组织队伍。

经了解，长田坎村虽有党员28名，但长年在家的不足一半，且多数是老党员，支部书记也到了花甲之年。“只有把基层党组织抓起来，打造一支扎根农村的带头人队伍，才能承担起打赢脱贫攻坚战的艰巨任务。”

我对村内长年在家、年龄在35岁以下且具有高中以上文化程度的人进行了逐一摸排，发现符合条件的有3人，便与他们充分沟通交流，鼓励他们积极向党组织靠拢。

谯勇是我来到长田坎村发展的第一名党员，是一位建筑工程企业主。我从镇上得知有一个去巴中村政学院参加村级后备干部专修班培训的名额时，就鼓励他去。起初他说："我就一个修房子的，去培训啥啊？培训搞建筑他们不一定有我在行。"我说："他们确实不教你修房子，但是，会给你的思想建一所前所未有的大房子。你还年轻，眼光不能只放在建筑这个行业，你应该多元发展。"最终他想通了。

学习两周后，谯勇周末专门跑到村委会，笑嘻嘻地对我说："文书记，我在培训班里学会如何做生意，如何使利润最大化，了解了今后社会的发展趋势等，收获不小咧。"

一心一意办实事

"车不能进村，雨天不能行；十年九载旱，吃饭全靠天。"长田坎村行路难和饮水难的问题十分严重。

到村后，我立即挨家挨户走访，每天走数十公里的崎岖山路，即使下雨天也不停止。脚起了泡，磨出了血，脱了皮，我也不放弃。我带领村"两委"向县交通运输局多次申请和沟通，终于申请到了500余万元资金，并于2018年硬化了村社道路14公里，彻底解决了车不能进村入社的问题，实现了社社通水泥路。

“我做梦都没有想到，水泥公路还能够修到我们跑马坪来。现在我们所有的农产品，再也不用花费大半天时间肩挑背扛到街上去卖，在家门口就有人开着车子来收购了。”长田坎村九社村民何纪海激动地说。

九社贫困群众严化富住在半山腰，无法享受到安全饮水项目。为了解决他家吃水难的问题，我冒雨进山找水源。寻水途中，脸上和手上被荆棘划出一条条口子，但我毫无怨言，最终找到了可以饮用的水源。找到水源后，我带领驻村工作队队员们一道挖井、铺设管道、安装设备，直到将那股清泉引入严化富家水缸的那一刻，我才松了一口气。

截至目前，长田坎村先后投入100余万元，共计修建人畜饮水工程4处，铺设管道50公里，新增自来水入户300余户，彻底解决了全村2 000余人的饮水安全问题，让原来没有自来水的6个社均用上了自来水。

找准出路谋发展

长田坎村山高路陡，没有一项产业支撑，村集体经济收入几乎为零。经过深入调研，我同村“两委”确定了“千只黄羊、千亩梅子、千亩银花、万只土鸡”的产业扶贫新思路。

万事开头难。梅子产业发展初期，没有几户村民相信种植梅子能带来经济效益，担心市价较低导致梅子挂在树上没人收，因此不愿意尝试。

为了帮助村民尽快消除这种顾虑，我们引进了四川鑫建农业公司，通过“公司＋集体资产管理公司＋农户”的模式，由集体资产管理公司同四川鑫建农业公司签订梅子收购合同，鲜梅子保底价为每公斤0.6元。我引导先由村干部带头种植，但2017年全村种植梅子面积仅有50多亩。2018年6月，等到梅子成熟时，集体资产管理公司按照保底价回收鲜梅子，村民马光武家的一棵梅子树的收益就达到600多元，原来观望的群众看到了成效，增强了信心。

在我的鼓励和动员之下，2018年冬，全村种植梅子面积陡增到300余亩。种植规模上来了，为了解决管护技术难题，我邀请农业技术专家来到长田坎村，现场指导梅子树栽植、修枝、施肥、授粉、疏果等技术。经过精心管护，2019年的梅子产量达到20吨，较前一年增长了4倍，实现了户均增收400元。

2019年3月2日，长田坎村接受省级三方评估组对南江县脱贫攻坚工作的考核，摘掉了贫困帽。

（撰稿人：文旭）

打造云朵上的“艺术乡村”

——记四川省阿坝藏族羌族自治州理县桃坪镇佳山村第一书记胡文

悠扬的羌笛声在佳山村的云雾间萦绕，又到了佳山村最美的季节。8月，川西北高原上这个被称为云朵上的村寨正在散发着她浓郁的魅力，红色的高山蔷薇、个头饱满的青脆李、微微泛紫的红脆李、正在长大的糖心苹果，还有村里的一幅幅美丽的墙绘壁画，都在欢快地展示自己的美丽。来佳山村水果采摘和观赏“艺术乡村”的游客顺着山坡往村里走，就像走入电影胶片中的美景。一路经过的果园，枝繁叶茂、花香沁脾、生机勃勃！

2018年3月，四川省文联下属四川美术馆的干部胡文挂职四川省阿坝藏族羌族自治州理县桃坪镇党委副书记、佳山村第一书记，这个搞艺术的第一书记给佳山村带来了不一样的变化。

创“佳山品牌”，开网络销售“方子”

佳山村地处四川省阿坝藏族羌族自治州东南部，属典型高半山村，村委会距镇人民政府所在地10.3公里，距县城45公里，平均海拔2 100米，是远近闻名的花果山、水果之乡。经过省文联等帮扶单位的努力，佳山村产业升级后，水果种植让群众的收入有了大幅度的提高。

刚到佳山村的胡文就提出了提升水果销售附加值的想法，要是能增加一条产业链，村民的日子就更加好过了。

说干就干，在与村“两委”沟通后，胡文提出了建立佳山村“佳山好”水果品牌、开设村集体经济网店、优化水果包装的计划。

四川·阿坝
佳山好
四川·阿坝
佳山好

胡文带领工作队挨家挨户地宣传、做工作，建议村民使用自己村的“佳山好”水果包装，组织村里返乡大学生开设抖音、微信、淘宝网店，并邀请专家对佳山村水果的营养成分进行了检测，取得了绿色食品、无公害食品等鉴定结果和“净土阿坝”商标。

一段时间后，佳山村的水果销量和价格有了明显的提升，很多村民也自发地开设网店，开启了水果网销模式。村子里面的孃孃都亲切地说：“城里头来的干部就是有见识，胡书记会写春联、会画画、会卖水果，脑瓜子好用得很哟。”

建“艺术乡村”，走文旅结合路子

在开展水果营销的工作中，胡文发现有不少游客来佳山村订购水果，进行水果采摘，回头客特别多。游客们也提出了可不可以有农家乐住宿、吃饭的建议。

胡文心想，要是能把佳山村的旅游业发展起来就太好了。但是佳山村的旅游资源还不是很丰富，光靠水果采摘这一项是不够的。

经过反复思考论证后，胡文把建设佳山村“艺术乡村”的实施方案报省文联党组，获得通过后，佳山村开启了第二条产业发展的道路。

通过省文联的资源，胡文邀请来了四川师范大学美术学院、西南民族大学艺术学院等美术院校的师生，以“第二课堂”的形式，开展了以“红军长征”“羌族图腾”为主题的彩绘工作。

短短几个月的时间，佳山村的墙面上出现了一幅幅生动的艺术壁画，与村道上种植的蔷薇花交相辉映，原本呆板统一、毫无特色的村容变得生动活泼起来。不少村民依托“艺术乡村”开起了农家乐、民宿，生意也越来越好了。

抓水果销售，亮“羌山市集”牌子

由于新冠肺炎疫情的影响，游客减少，佳山村的水果出现了滞销的情况，满心焦虑的胡文又开始想办法动脑子了。他打算利用成都市的“地摊政策”，把佳山村的水果带到成都来摆摊销售。“游客们进不来，那我们就带着产品走出去。”

得到省文联的批准和资金支持后，胡文带着村民们来到了成都万达广场，开始了以“羌山市集”为主题的农产品销售活动。

第一天，村民们都有点害羞，不敢大声叫卖，水果销售得不是很理想。第二天，胡文让大家穿上羌族服装、跳起锅庄舞蹈、唱起民歌，在宣传羌族浓郁风情的同时卖农产品，结果农产品销售火爆。第三天，村民们已经把农产品销售完了，纷纷约着去春熙路逛逛，给娃娃买点衣服。

美山市集
6·19-6·21

讲发展变化，做“华丽转身”例子

通过几年的帮扶，佳山村村容村貌发生了太多的变化，村委会办公区进行了修缮，文体活动室进行了装修，共添置了200平方米的遮阳棚，公共厕所也升级成了三星级标准。佳山村村民的生活发生了太多的变化，每年给孩子们发放助学金，组织孩子们参加“走出大山看世界”夏令营活动，给困难村民发放大病医疗补助，开展省、州、县文化单位下基层文艺汇演等。佳山村的产业发展也发生了太多的变化，从以前的种植土豆、玉米到水果产业发展，再到现在“艺术乡村”文旅产业建设。佳山村10年前人均年收入不到2 000元，2019年达到12 000元，现在90%的家庭拥有了私家车。

目前，佳山村各项经济指标在理县名列前茅，还获得了理县2019年度“最美村寨”称号。

正如胡文在理县“讲好脱贫攻坚故事”大会上说的一样，“佳山村的例子，仅仅是我们脱贫攻坚事业大洪流中一朵小小的浪花”。决战脱贫攻坚即将取得全面胜利之际，各地捷报频传。正是有着这样一群甘愿扎根基层、甘于奉献青春的扶贫干部，百姓的生活才实现了华丽转身。

（撰稿人：理组）

甘当彝乡蝶变“铺路石”

——记四川省凉山彝族自治州盐源县前所乡中村第一书记赵柱会

天刚亮，赵柱会吃过早饭，就来到村民李玖生家了解情况：今年的桔梗药材施肥、剪花了没？卖了几头小猪，收入有多少？老妈妈的腿痛好点了没？赵柱会一边耐心地询问，一边在工作日志本上详细记录下每条重要信息。了解完村民家里的情况，赵柱会又到村头的花椒园地走了一圈，因为马上就要开始采收了，花椒的长势一直是她挂在心头的大事。

2018 年 7 月，四川省泸州市江阳区科学技术协会副主席赵柱会，带着组织和领导的重托以及家人的牵挂，奔赴千里之外的大凉山脱贫攻坚第一线，挂职凉山彝族自治州盐源县前所乡中村第一书记。在这里，她以村为家，视彝族群众为亲人，在驻村期间跑遍了村里的 500 多户人家，村民亲切地称她为“跑腿书记”。

精准把脉施策，矢志摘“穷帽”

赵柱会初到前所乡中村时，村民们看到驻村第一书记是个女同志，都向她投来了怀疑的目光。中村地理位置偏僻，基础设施落后，部分村民还存在“等、靠、要”的思想，持续巩固脱贫成果避免返贫依然有许多工作要做。

为了尽快熟悉村情，半年时间里，赵柱会和村“两委”干部徒步、搭乘摩托车，翻山越岭行程逾 2 000 公里，走访了中村 14 个组的村组干部、贫困群众和致富能手，通过召开“院坝会”、实地走访了解，终于找到了贫困的“症结”所在。

村民要脱贫，关键靠产业。提高土地利用率、土地附加值，改变村民种“懒庄稼”的习惯才是中村产业发展的突破口。厘清了中村脱贫工作思路，她连夜带头研究起草了《中村特色产业发展规划调研报告》和《2019—2020 年特色产业发展计划》等，为中村脱贫谋划出了发展方向，也为全村群众致富点亮了希望之光。

特色产业引领，蹚出“致富路”

赵柱会经过科学论证，为中村制定好产业规划，先后 7 次到县里汇报，最终争取到各类产业发展扶持资金 100 余万元。资金有了着落，她又努力寻找项目合作人，辗转宁蒗、西昌等地，奔波 3 000 多公里。但接触过的公司领导都说，中村这个地方太偏远，企业经营成本高、效益低，不愿意来。可赵柱会没有放弃，终于在碰了无数次钉子后，将桔梗、续断、附子等中药材种植项目成功引进中村。

甩开膀子亲自干。赵柱会带领村干部租赁 50 亩土地率先种植中药材。她还自学中药材种植技术，开办田间农民夜校，指导村民科学种植。2020 年新冠肺炎疫情期间，赵柱会购买了 100 公斤桔梗种子和 50 袋化肥免费发放给群众，建立起了中村 40 亩中药材育苗基地。在赵柱会的带动下，337 户村民纷纷加入中药材、花椒种植行列。

优质羊肚菌市场售价每公斤可达 200 元，种植见效快、经济效益高，赵柱会鼓励两户产业示范户示范种植羊肚菌项目。15 亩羊肚菌采鲜菇 750 多公斤，仅种植羊肚菌一项就让种植户人均增收 4 000 多元。同时，她将泸州现代农业“公司 + 合作社 + 基地 + 农户”的运作模式带到中村，为村民解决了产品的技术和销路问题，引领中村特色生态产业向高品质发展。

现在，中村已建成了300亩中药材种植产业园、40亩中药材育苗基地、800亩规范化花椒基地、20亩烤烟示范基地，2020年实现种植业产值100万元，贫困群众人均增收500元以上。下一步，中村还将推动发展环泸沽湖特色中药材花期旅游，加快“爱情小镇”建设，做热“民俗文化+生态旅游”，变“好风景”为“好钱景”。

扶贫先扶志，“输血”更要“造血”

党风带民风，堡垒是关键。赵柱会从党员抓起，利用每月的党建月会、主题党日等载体，将感恩教育、脱贫攻坚、乡村振兴等内容作为宣讲重点，对中村26名70岁以下的党员进行“设岗定责”，让每位党员在脱贫工作中都“有事可做，有责要担”。2020年6月，赵柱会组织村“两委”对“设岗定责”履职情况进行了评比，给履职较好的贫困党员发放了20只江阳乌鸡苗。贫困党员李玖生握着赵柱会的手说：“赵书记时刻为我们村民着想，我们党员更要在脱贫攻坚上做好表率。”现在，党员干部群众主动脱贫的斗志和信心更加坚定。

开阔视野找路子。赵柱会组织村干部以及致富能手代表26人，先后赴云南源博药业有限公司和云南省丽江市鹤庆县中药材种植基地对中药材种苗繁育、规范种植和生产加工等进行实地考察学习，使他们开阔了视野、活跃了思想、学到了技能，坚定了发展产业的信心。

解放思想补脑子。赵柱会把帮助贫困群众子女接受教育作为阻断贫困代际传递的途径。她帮助沙且地解决了她的儿子杨顺森义务教育入学问题；自掏腰包2 000元，帮助她的女儿杨小美到四川彝文学校幼教专业就读。沙且地激动地说：“赵书记让我‘站起来’，还帮助孩子们‘走得远’，自己更要解放思想、自立自强。”2019年至今，中村无一名儿童辍学，中村离“不等不靠、感恩奋进”的目标又近了一步。

脱贫产业有了，村民的文化生活也要丰富和提升。赵柱会和村“两委”筹备组织了“励志奋进、脱贫奔小康”文艺演出，村民们自编自演了10多个节目。《幸福的歌儿献给你》唱出了喜悦心声，拔河赛、篮球赛，村民们的热情高涨得像火把节的篝火一样。村民们还投工投劳，男女老少齐上阵，建起了自己的文化院坝。现在的中村，达体舞跳起来了，主动到文化院坝打篮球的多了。

如今，赵柱会已融入大凉山的山山水水，和那里的父老乡亲相依相伴。她将不改初心、不负重托，用真情和汗水浇灌这里的每一寸土地，让美丽的桔梗花满山遍野绚丽绽放。

（撰稿人：泸江组轩）

苗汉连心干成“牛事”

——记贵州省六盘水市水城县阿戛镇电光村第一书记苏维

“乡亲们不脱贫，我就不回去。”这是贵州省六盘水市市场监督管理局派驻电光村的第一书记苏维许下的誓言。他驻村已有5个年头了。自2015年担任贵州省六盘水市水城县阿戛镇电光村第一书记后，第一轮驻村工作本已结束，但面对乡亲们的期盼和还未实现的脱贫目标，苏维主动申请留下来继续驻村工作。

自驻村第一天起，苏维始终把第一书记的职责扛在肩上，通过倾听一声声民意、办实一件件好事、兑现一个个承诺，得到了村民的一致认可。

妙用苗族语，搭建连心桥

“90%以上的村民都是苗族……”2015年3月，苏维第一次走进电光村，听着苗语，心中有一种说不出的亲切感。苏维虽不是苗族，但曾与苗族同胞一起生活过，能听会说苗语。

这个长相帅气、皮肤黝黑的“80后”小伙子，借助语言优势，迅速打开了与村民之间的“话匣子”，村民有什么事都会第一时间和他说，第一时间与他商量，这让他注定与电光村结下不解情缘。

“今年13岁了，爸爸出门务工去了，家里就只有我和三个弟弟。”看到村民杨文军家破烂不堪的房屋、不像样的家具，苏维心急如焚，随即帮助他家4个孩子上户口，申请办理低保。他还向同事、朋友发起捐款、捐物，邀请六盘水“行之公益”组织、供电所职工帮助村里安装水、电。之后，苏维劝杨文军回家发展，帮他在吉源煤矿找了一份月收入3 000元的工作。

此外，苏维还积极为孤寡老人熊家秀盖房，为残疾人杨兴全家协调地基搬迁、联系矿务局总医院为全村留守儿童免费体检……用真情和行动“说服”群众，“敲开”群众的心门。

苏维采取歌声传颂、苗语培训、苗语解读等生动活泼的宣传方式，大力宣传党的好政策，传递党的“好声音”，搭起党群“连心桥”，赢得村民“好口碑”。

活用好政策，修通致富路

“那时候电光村有 13 个村民组 21 个自然寨，很多组都没有通路，进出组寨只能靠步行。下组串户，我和村‘两委’干部基本靠走，有时候为去贫困户家，要走上 2 个小时。”苏维感慨地说道：“虽说电光村穷，可没想到会这么穷，修路成了我驻村后最大的心结。”

要致富，先修路。修路，必须想办法筹集资金，苏维首先想到回派出单位要支持。来回跑部门和单位为村组申请资金、要项目对于苏维来说成了“家常便饭”。

通过努力，苏维很快就争取到了县交通运输局 1 500 万元的通组串寨公路硬化项目和 20 公里的产业道路建设项目。两个项目于 2017 年 2 月开工建设，目前已全部完成，不仅解决了 800 余户 3 000 余人的出行难问题，还为电光村的产业发展奠定了基础。与此同时，在派出单位的大力支持下，修通鸡中顶至大岩洞通组路的 20 万元对口援助资金也在电光村落了地。

村民熊兴义道出了全村人的心声："这回可好了，不仅可以把东西拿出去卖，还会有人开车上门来买了。"

借用牛产业，干成大事业

路是修通了，怎样让乡亲们的"钱袋子"鼓起来？怀着一份责任与担当，苏维决定召开群众会，征求群众意见。

第一次群众会给了他一个"下马威"。小喇叭喊个不停，就稀稀拉拉来了几个人，也不发言，只是私下嘀咕。

"手头没钱，也不会做，说了还不是白说。"

为知"症结"所在，苏维决定刨根问底。散会后，他逐户走访参会村民，绝大部分都是回答他上面那句话。找到原因后，苏维决定换个方式召开群众会。

苏维在之后的群众会上邀请来农业、银行、水利、电力等部门的专家，在会场上为大家答疑解惑，出点子、给思路，打开村民心结。

"我想喂牛。"

"我准备把竹荪扩大到 50 棚。"

……

功夫不负有心人。如今苏维召开的群众会，大家你一言我一语，积极参与、畅所欲言。

“种什么，养什么，大伙儿说了算。”经过大大小小几十场群众会，大家终于达成一致，定下了以养牛为主，以种植为辅的发展思路。

说干就干，苏维迅速组织村民成立水城县农民种植、养殖专业合作社。他邀请专家提供技术指导，积极协调农村信用社“特惠贷”及农业部门退耕还草项目资金入股合作社，采取“合作社 + 项目 + 农户”的方式发展养殖产业。养牛项目总投资 2 250 万元，养殖场占地面积 1 万平方米，现养牛 1 000 头，惠及贫困户 132 户，户均已总增收 2.2 万元以上。

除了做大做强养牛项目，电光村的养羊、养鸡、苎麻种植、苗族传统纺织等项目都取得了不错的收益。

8 月的电光村，艳阳高照，万木葱郁，农户种植的南瓜、葡萄、佛手瓜已悄然爬满凉亭，硕果累累。闻闻这瓜果飘香，看看这田园般的村寨，听听苗族阿妹们悠扬的歌声，一首对党的感恩之歌在山间回荡：

苗家村寨改变了，
走路不湿鞋，
喝水不用抬，
煮饭不用柴，
养牛养羊有希望，
每天都是好未来……

（撰稿人：王元元、严琳智）

水井村的“采莲人”

——记贵州省安顺市普定县化处镇水井村第一书记王泽勇

“人勤花开早！花开也会挑日子，水井村的第一朵荷花开放了。”2020年5月21日，贵州省安顺市普定县化处镇水井村第一书记王泽勇在微信朋友圈发了这样一条信息。如今，初秋的水井村，荷花依旧热烈地开放，成片的荷塘中点缀着零星的稻田，荷花香混合着稻花香，在空气中飘溢，熙熙攘攘的游客，尽情呼吸着清新的空气，享受着美好的田园风光。

水井村位于普定县化处镇的西北部，占地8.2平方公里，全村有10个村民组1 070户4 192人，是该镇8个贫困村之一。2016年3月，贵州新安航空机械有限责任公司的王泽勇受组织选派到水井村任第一书记。4年多来，他倾注的心血和汗水，换来了莲藕产业的累累硕果，让一个只有传统产业的贫困村在“农、文、旅”一体化发展的道路上大步向前。

水井村背靠朵贝山，磨香河穿村而过，窄口水库坐落于此，地势平坦开阔、阳光充沛、水源充足。在王泽勇眼中，条件这么好的一个地方怎么会是贫困村呢？如何破题脱贫攻坚呢？他思考着。结合之前水井村及附近村有种植莲藕的情况，他和村“两委”班子初步达成了种植莲藕的意向。但是，是否行得通呢？带着这个问题，他领着党员和群众代表外出考察学习。考察中，他们仔细问、认真听、细致记，结合阳光、土壤、空气等自然资源的实际，反复斟酌，最后确立了“茶果上山、香葱进地、莲藕下田”的产业发展思路。

相邻的戛卧村也种莲藕，可是要么是花开得不旺，要么是藕产量低。为了避免水井村也出现类似的情况，王泽勇精心挑选了那些花期长、花开得好、藕产量高的莲藕种来种。刚开始他担心土地流转困难，便先争取村“两委”干部们带头流转200亩土地用来种植莲藕。到了盛夏时节，前往水井村观赏荷花的游人渐渐多起来了，这坚定了王泽勇带领群众走“农、文、旅”一体化发展之路的信心。

2016年年底，普定县着眼发展壮大村集体经济，莲藕产业开始由村级公司进行主导，这是村里发展的大好契机。2017年7月22日，在镇村两级的积极筹备下，水井村成功举办了首届荷花节，并且组织了万人徒步活动。面对一幅“莲叶何田田”的图景，大家仿佛走到了江南水乡。首届荷花节实现了旅游收入突破22万元，现在，水井村已连续举办了三届荷花节。荷花节的举办给周边的群众带来了商机，有的农户卖藕粉一天能卖上万元，有的一天能卖1 000多瓶矿泉水。“农、文、旅”融合发展的效应得到了彰显。

2018年3月，驻村满两年的王泽勇本可以回到原派工作单位，然而，乡亲们通过镇党委向县委组织部提出申请，挽留他继续驻村。在申请书上，他们捺下了一个个鲜红的手印，也捧出了一颗颗真心。当年，莲藕产业发展到了800亩。2019年4月，普定县成功退出贫困县序列，水井村也成功脱贫。

但是，王泽勇依然感到重任在肩。如何更好地落实“四个不摘”的工作要求，更好地防止返贫，王泽勇决定持续发展莲藕产业。为了延长花期，让农业观光旅游时间更长、效果更好，他颇费心思。除了在莲藕种上精心选择外，他还在栽种方法上进行创新，把藕田分成若干区域，实行错时栽种法，时间间隔在

20 天以上，这样可以延长荷花花期一个月以上，保证长期都有人来游玩，用大量的人气聚集财气。

“附近的很多人都爱来消暑纳凉，吃点烤串儿、唱两首歌。荷花节那天，我家冰粉、凉粉卖了几百碗，赚了 3 000 多元钱。”在水井村村民王亚琴看来，如果不是莲藕产业，她家就不会想着做卖冰粉、凉粉的服务业，是莲藕产业拓宽了她家的增收门路。“我家开的‘藕御坊’农家乐，经常都是满座的，有时候想来吃荷花宴的客人，都安排不了位置。”致富带头人吴海和说。2020 年 1 月，中央电视台“家乡年货”摄制组还来到水井村“藕御坊”农家乐取景拍摄。

人流多了，如何做好环境保护也是重点问题。王泽勇组建了卫生宣传监督小组，从 35 岁以下青年中选出了 10 名代表，在对群众的环境卫生意识和习惯宣传引导的基础上，加强文明卫生劝导，劝导农家乐和饮食摊进行垃圾分类、不要乱排乱放，还利用暑假期间学生在家的机会，组织学生志愿者进行文明行为劝导，劝导游客不乱折莲蓬、乱吐乱扔。水井村更加美丽了，磨香河的水依旧清澈见底。

从2016年种藕、卖藕，到2017年、2018年销售荷叶茶、莲子、莲蓬，推广荷花宴、乡村游，再到如今的荷下养殖、藕粉加工，水井村的莲藕产业已经发展到藕田种植面积1 200亩，农家乐有4家，卖炸洋芋、冰粉、凉粉、烧烤、玩具的各类摊点有60多家，七八月份日平均旅客接待量2 000人，夜间也达到了1 000多人。4年多来，莲藕产业使村民实现了合计入股分红50.4万元、务工收入70余万元、餐饮收入50余万元，全村人均纯收入从2018年的3 821元上升到2019年的9 851元，贫困发生率从2014年的17%降至零，昔日的贫困村已蜕变为美丽富饶的乡村。

"我们申报并已经获得了青岛对口帮扶资金95万元，这段时间正忙于筹建藕粉自动化生产线，已经接下了几十万元的订单，年内必须要完成。下一步，我们将扩大藕田的种植面积，把戛卧村的那一片地也流转来种藕。在种植管理上，将采取'支部+公司+合作社+大户+农户'的模式，实行反包倒租，村级公司只负责营销。"王泽勇信心满满地说。

（撰稿人：钟志权）

情系侗寨的扶贫尖兵

——记贵州省黔东南苗族侗族自治州从江县洛香镇方良村第一书记武尚

初秋时节，走进贵州省黔东南苗族侗族自治州从江县洛香镇方良村，蒸蒸日上的好日子，映射在村民的笑脸上，流淌在他们幸福的言语间。

生产生活环境今昔的鲜明对比，产业强村日新月异，同步小康厉兵秣马、步履铿锵。这一切，与贵州省交通运输厅派出的驻村第一书记武尚密不可分。

从江县是全国深度贫困县之一，方良村则是深度贫困村。方良村是侗族村寨，全村 91 户 545 人，其中建档立卡贫困户 40 户 219 人，2014 年贫困发生率 40.18%。驻村后，武尚通过几天走访调研、与村民交心谈心及听取村“两委”干部的详细介绍，发现方良村村民普遍内生动力不足，脱贫愿望不强烈。因劳务输出较多，大量劳动力已外出务工，在家的都是年迈的老人和读书的孩童。如何因地制宜、确保稳定增收是急需解决的问题。

面对多重问题叠加，武尚没有退却，而是召集村“两委”商讨研究对策，理出了“强化基础设施、优化产业发展、整治人居环境”的思路，制定了短期和中长期发展规划，明晰了方良村脱贫攻坚方向。

光说不练是假把式，脱贫攻坚绝不是靠嘴上功夫，更要用实际行动去推动工作。武尚决定从群众最关心的问题着手，实施住房安全保障工程保民生。

他带领村脱贫攻坚指挥所人员对全村住房进行了全面排查，并请毕节公路管理局组织施工队按质量标准统一施工。2019 年，全村项目资金 62.12 万元全部到位，覆盖全村 71 户。其中，透风漏雨补助资金 1 万元，危房改造补助资金 17.1 万元，人畜混居补助资金 28.26 万元，“两改”（改厨房、改厕所）补助资金 15.76 万元。居住环境得到改善，村民生活习惯逐渐改变，群众感恩之心明显提升。

“我们住的房子哪里少扇窗，哪里漏点雨，武书记跟驻村干部就帮我们改造，现在房子住起来安逸多了！”村民潘后珠说。

住房安全工作接近尾声，武尚把工作重心转移到了人居环境整治上。他一边向省交通运输厅申请资金 20 万元，专项用于改造独立卫生间、独立厨房，一边组织村民开展家庭环境卫生评比，实施奖惩制度，对环境卫生好的家庭悬挂流动红旗，并给予一定的物质奖励，对环境卫生差的家庭进行点名曝光。

村民潘国平说：“武书记搞的卫生评比，帮我们养成了讲卫生的好习惯，现在村里每家每户都干净得很！”

两年时间里，全村共组织开展卫生评比 8 次，共计表扬村民 128 人次。通过整治，村民家中逐渐干净整洁，室内物品摆放整齐；动员村民拆除房前屋后的简易棚 13 个、旧房 154.6 平方米，复垦复绿 86.9 平方米；协调省公路管理局资金 9.1 万元，为村民购买衣柜、棉被、衣架等 91 套；争取毕节公路管理局的排污沟新建项目资金 6 万元，用于村里排污沟硬化和沟盖板覆盖……一串串数据既是村容寨貌大改变的有效印证，更是武尚真心驻村的深刻写照。

设施建设、村容寨貌的完善只是基础，要想实现脱贫，发展产业是关键，武尚深知这个道理。武尚的老家是黔西北毕节市，方良村属黔东南从江县，黔西北和黔东南是否可以进行“东西部协作”呢？

毕节纳雍玛瑙红樱桃在当地很有名，香甜可口，富含维生素，营养价值高，每公斤市场价在 5 元以上。

能否把毕节的樱桃引进到方良村来种植呢？带着这个疑问，他不断学习请教，从地质土壤、海拔气候，到当地种植习惯，再到如何进行技术培训、如何保证树苗成活、如何找销售渠道等方面进行深入研究。从江县主要有椪柑、百香果、食用菌、油茶等产业，目前还没人种植樱桃。方良村平均海拔只有 650 米，四季雨水充足，山上生长有野樱桃。经过认真分析比对气候、土壤等，武尚认为方良村适合种植樱桃，并可将其打造成“一村一特、一村一品”。村扶贫指挥所挨家挨户进行思想动员，最终得到部分村民的支持。

2019 年年初，经过多番努力，武尚从毕节公路管理局争取到了种植樱桃的项目资金，引进了一批樱桃树，带领村民种植在村寨主干道两旁和村民房前屋后，绿化美化了村寨环境，“一村一特、一村一品”初见成效。2020 年 4 月，村民们第一次尝到了自己种的樱桃的味道，纷纷表示，“现在条件好了，生活质量提高了，来年还要继续种植樱桃，把樱桃产业做大做强”。

同时，武尚还结合方良村的土地、林地资源和气候条件，按照从江县“4+1”产业部署，协调专项资金 13.2 万元，采用“党支部 + 合作社 + 贫困户”发展模式，发展林下鸡 1 500 余只、油茶 60 亩、黄牛养殖 60 头，有序组织劳务就业 247 人，覆盖全村所有贫困户，村民人均年收入达 1.1 万元以上，贫困发生率由 2014 年的 40.18% 下降到 2020 年的 0.37%。2019 年，方良村脱贫 21 户 116 人。2020 年，全村剩余贫困户已全部脱贫。

“武书记是好干部，从他来帮扶我们后，我们村的产业有着落、致富有渠道，邻里和谐，群众满意度高。我们群众就需要这样的干部来带领我们，如果有一天任期满需要调整换人，我们希望他能继续留下来。”方良村支部书记潘成余说道。

（撰稿人：符爱波）

誓让月亮山变美

——记贵州省黔东南苗族侗族自治州从江县加勉乡党翁村第一书记杨雪园

“我将把这次表彰获得的荣誉化为更大的动力，进一步担负好第一书记的光荣职责，争取向党和人民交出一份合格答卷！”这是贵州省黔东南苗族侗族自治州从江县加勉乡党翁村第一书记杨雪园在贵州省“七一”表彰大会上立下的“军令状”。

苗乡来了个“90后”

党翁村地处偏僻、交通闭塞的月亮山腹地，是贵州省深度贫困村之一，素有“九山半水半分田”之称。

党翁村辖6个村民小组，共187户726人，均为苗族。杨雪园在2018年4月驻村时，全村仍有贫困户41户131人，贫困发生率为18%。

“90后”的杨雪园外向健谈、性格坚韧。初到党翁村时，他面对语言不通并没有泄气，发现群众“等、靠、要”思想严重，他鼓足干劲一遍遍地敲开乡亲们的家门。

2018年6月12日，大雨倾盆，他按计划来到43岁的贫困村民梁老民家中，梁老民看到杨雪园满身湿透，赶紧在“地堂火”上烧了开水给他喝，还叫他好好烤烤火。

杨雪园看到梁老民家房子跑风漏雨，心里很难受。他立即向加勉乡领导和贵州省交通运输厅帮扶领导做了汇报，经过多方协调，为梁老民家筹集到2万元资金用于房屋整修。梁老民逢人便夸：“这个第一书记给我送来了党的好政策，这个小杨书记就像咱们苗家人！”

用贵妃鸡闯出产业扶贫新路子

因为地处边远、交通不便，党翁村的村民长期过着“养猪为过年、养鸡换油盐”的传统生活，产业发展极其困难。

为了实现大家的所想所盼，杨雪园先后召开了50多次“院坝会”，一有空就和乡亲们“摆龙门阵”。不到3个月，他就摸清了全村187户的实际情况。

杨雪园深知，发展产业是撬动乡亲们过上脱贫致富美好生活的“硬杠杆”。他多次与村“两委”讨论，请来帮扶单位的专家把脉后，决定利用优质山林资源发展林下养殖贵妃鸡。

资金从哪里来？在杨雪园的牵线搭桥下，党翁村向从江县加勉乡政府申请到扶贫产业专项资金、定点帮扶单位帮扶产业资金、金融机构精准扶贫“特惠贷”等多方扶贫资金共计40.76万元，用于养殖场地建设、鸡苗及前期饲料购买，养殖场于2018年6月实施建设，同年8月竣工投入使用。

人力从哪里来？为动员群众参与贵妃鸡养殖，杨雪园带领村“两委”和驻村扶贫工作组挨家挨户做宣传动员，承诺8个月内实现第一次保底分红，最终吸纳了15户贫困户以农家饲料和劳动力的方式入股。

技术从哪里来？党翁村林下养殖示范基地正式运营后，为提高贫困户贵妃鸡养殖技能，加勉乡党委与杨雪园的派出单位贵州省交通运输厅组织养殖户“走出去”，到率先发展林下养殖的先进地区参观考察，学算经济账；“请进来”，请养殖专家到党翁村授课，讲解发展林下养殖的条件和具体做法。

在帮扶单位贵州省交通运输厅的帮助下，党翁村林下养殖示范基地与贵州省印江县永义乡飞鱼有机农场公司签订了技术服务协议，以保障贵妃鸡和鸡蛋的品质。

销路怎么保？杨雪园自掏腰包购买鸡蛋送给身边好友和同事，送给前来加勉乡观光旅游的游客免费品尝，请大家帮助推广；依托帮扶单位贵州桥梁集团有限责任公司进行农企对接，并积极联系贵州省交通运输厅各企事业单位食堂采购；通过与京东“扶贫馆”、黔邮乡情等网络销售平台对接，面向全国市场进行推广。

销路逐渐打开了，养殖场终于在 2019 年 3 月实现盈利 2.25 万元，村里平均每户领到分红现金 300 ～ 500 元不等。群众看在眼里、喜上心头，纷纷申请加入党翁村种植、养殖专业合作社，产业渐渐做大了起来，到目前已累计养殖贵妃鸡 8 000 只，实现分红共计 10 万元，惠及 74 户。

就业一人　脱贫一户

党翁村有青壮年劳动力300多人，村民也知道外面的世界很精彩，但务工门路不熟，也害怕工资没保障。了解到乡亲们的想法后，杨雪园决定先找一个务工就业的“领头羊”来打开局面。

曾在几个省打过工、在村里有一定威望的梁小代是很好的“领头羊”人选，杨雪园多次上门做动员，最终达成约定：杨雪园负责搞好联络，梁小代负责带领乡亲务工，于是4个施工班组54人（其中建档立卡贫困劳动力28人）的村劳务合作社成立了。村劳务合作社依托省交通运输厅在从江县实施的公路建设项目，之后承接了县乡公路改造工程项目两个，社员人均月收入可达3 500元。

杨雪园还积极发动群众通过外出务工创收，目前全村务工劳动力260人（其中建档立卡贫困劳动力168人），月工资可达3 000～6 000元。

2020年春节期间，梁小代打电话给杨雪园说：“真没想到，这些年东奔西跑，到头来还是在家门口干活最安逸。”那一刻，杨雪园深深感受到群众对帮扶干部的褒奖和信任。如今，党翁村有劳动力的家庭全部实现了1人以上就业，2019年年底以来剩余的贫困户13户19人已全部达到脱贫标准！

（撰稿人：符爱波）

四任第一书记争当“幸福合伙人”

——记云南省昭通市盐津县庙坝镇黄草社区第一书记们

“这条路祖祖辈辈走了多少年了，我家老四还是在这条路上出生的呢……当时彭宗洪用板车拉着我下山，下过雨的山路坑坑洼洼，走到半路上，我就不行了，只能在半路生下了孩子……”提起这段心酸事，海子村民小组组长文云还是没忍住，跟驻村第一书记董晓光诉起了苦。

文云所在的海子村民小组是云南省昭通市盐津县庙坝镇黄草社区4个高寒偏远村民小组之一，她口中提到的这条上山下山的路，就是从乡村二级公路到海子村民小组的一条乡村土路。要致富先修路，这是土路，也是生路。从2015年到2020年，东华大学先后选派了四任第一书记，接续开展驻村扶贫工作，在这条山路上一走就是6年。6年间，山路变成乡村公路，大山深处的海子村村民也搬进了新房。

走你走过的山路

海子村民小组位于高寒偏远地区，山高坡陡、沟壑纵横，唯一的一条上山下山的乡村土公路，步行到社区委员会要2个小时。这条路一旦遇到下雨天，不仅路面湿滑，路两边还极易发生滑坡，没有要紧的事情村民一般都是不敢走下山的。村民到社区委员会看病取药、孩子们上学放学、到乡镇或者县城购买生活用品，都很辛苦，上山下山的路成为村民心中最大的结。

2015年7月，陶康乐成为东华大学派驻黄草社区的首任第一书记，走村入户、了解民情贫情是他到社区后做的第一件事。带个笔记本，穿上雨鞋，和社区干部就出发了。走在泥泞的路上，他随时在笔记本上记录着路上经过的村民

小组、贫困户信息。这条山路连接着7个村民小组，占到整个社区村民小组数的四分之一还多。走进农户破旧的串架房，还有几十年的土坯房，阴暗潮湿的房子一户一户散落在山里，串个门都要爬坡过坎……“根据农村危房改造的标准要求，这里的农户多数要实施拆除重建。”陶康乐在笔记本上记录下这句话。

掌握了民情贫情后，陶康乐马上组织召开办公会，并向上级政府和派出单位东华大学提出了援建村民安置点的工作请求。学校在接到工作请求后，由基建后勤处主要对接并实地调研考察，从原本十分紧张的基建经费中调拨一部分作为捐赠，专款专用于黄草社区海子村民小组安置房建设。得到这个信息，社区干部心里十分高兴。然而，新的问题又来了。到海子村民小组不通汽车，建房的砖瓦和物料怎么运输上去？经过很长时间的研究讨论，最终决定从建房资金中抽出一部分，先把乡村二级路到海子村民小组这条山路拓宽。说干就干，社区干部白天组织施工，晚上还要赶到邻近的农户家做工作，处理占地、出工的纠纷问题……

一年的时间过得很快，这条公路于2016年6月完工并通过验收，陶康乐也结束了挂职，黄草社区同期迎来了新的“陶书记”——陶俊清。陶俊清一上岗就面临着一个十分棘手的问题，刚刚修建好的公路，用了没有多久就被7月的一场山洪冲垮了。虽然社区3次组织群众修复，但是高山上雨水较多，又恰逢居民集中建房，道路因长期承载装满建材的重型运输车，加重了损坏的程度。

一路上问题连着问题

不仅如此，东华大学的捐赠建房款到账了，一系列的问题也就被提上了日程。在哪里建房？如何规划选址？涉及占用老百姓的地块如何赔偿？建房的标准怎么确定？老百姓建新房“背债了”怎么解决？这些问题都成为接棒者陶俊清和挂职副县长卢洪伟他们要面对的现实问题。“多和群众在一起，问题或许就能找到答案。”这是他们开展定点扶贫的工作信念，群众的问题要从群众身上着手解决。

和陶康乐一样，陶俊清也是带着个笔记本，深一脚、浅一脚，在这条山路上一走就是一年多。老百姓建房不积极，他就一户一户地谈未来搬迁后的生活质量改善；老百姓建房“借钱难”，陶俊清和卢洪伟就跑前跑后和乡镇联系协助贷款…… 就这样，一年多的时间，他们在这条山路上来来回回走了几十趟。他们陪伴着海子村民小组群众攻坚克难，逐户制定建房进度和方案，帮着他们解决建房中遇到的实际困难。看着一户户地基打起来，他们也跟着笑了起来。

2017 年 7 月，陶俊清结束挂职，把接力棒交到了第三任第一书记张强的手中。也是从张强开始，东华大学选派挂职副县长和驻村第一书记任期由 1 年改为 2 年。他们所在的这两年，盐津县面临着脱贫迎检的大考。“两不愁三保障”对标对表的检查任务指标完成工作繁重，所有精准扶贫措施都是倒排工期，要求按时保质保量实现既定目标。

住房安全有保障是其中的硬指标，也是极其难啃的“硬骨头”。对于地处高山区的海子村民小组，地基打起来了，但是由于道路状况差，不少司机都不愿意行驶到这边的道路上。张强一到岗就和社区支部书记罗登雄一起想办法联系运输车辆，部分建材的运输费甚至高于建材成本，他还主动找到司机师傅们做工作，帮着老百姓“砍价”。

看着一间间新房平地而起，村民之间却闹起了不愉快。海子村民小组共 14 户 41 人，最初得到建房补助的是 12 户。另外 2 户，1 户是长年外出务工的彭登平家，申请易地扶贫搬迁；1 户是房屋鉴定时刚好建房的彭宗礼家，房屋不符合农村危房改造政策。看着邻居们建新房，两户人家心里面多少有些意见：易地搬迁户因为房间小又想调整回来修房；现在有安全住房的，对农村危房改造政策心生埋怨。

这一切都被张强看在眼里。利用下乡察看督促建房进度的机会，他总是往这两户人家走，嘘寒问暖，了解家庭情况。看到彭宗礼年迈体衰的老父亲彭兴忠，他就问有没有及时办理残疾证，看病就医有没有申请临时救助……并与社区“两委”一同想办法帮助解决其生活困难问题。彭登平长年外出务工，张强想方设法联系到其本人，同时通过其弟弟彭登林和姐姐彭登容，及时掌握和了解他和孩子的务工情况、工资待遇情况，力所能及地把扶贫政策用足用好，尽力提供帮助。

经过近两年的共同努力，海子村民小组 14 户的住房安全问题终于得到了解决，实现了“住有所居”：有自建房屋的，有实施农村危房改造的，还有易地扶贫搬迁的。

张强于 2019 年 7 月挂职结束，董晓光接过接力棒，成为黄草社区脱贫攻坚与乡村振兴有效衔接过程中的第四任第一书记。

一直幸福着你的幸福

董晓光的服务期也是两年。脱贫攻坚到现阶段，是“难中之难”“坚中之坚”，所有难啃、啃不动的“硬骨头”都要扫尾、清零。

董晓光迅速找到和前任第一书记们的接续点，建立起了两个微信群“盐津合伙人”“黄草合伙人”。“黄草合伙人”微信群体现的是东华大学定点扶贫的一种信念，不仅仅将学校自 2015 年开始陆续派驻的挂职副县长、驻村第一书记“网罗”到一起，随时咨询联络，更是在传达“一次盐津行，一生盐津情”，接续扶贫精神。

在最后阶段，住房安全有保障后要求“搬新拆旧”。摆在董晓光面前的第一个难题就是：海子村民小组新建安置点内公共生活区域是一潭潭“泥塘塘”，百姓“前脚掌带泥，后脚掌带水”，进进出出非常不方便，不愿意搬进新房生活。正当董晓光一筹莫展的时候，学校师生募捐的 10 万多元到账了！

随后，董晓光和挂职副县长范金辉马上到海子村民小组入户调研，召开“院坝会”，听取群众意见。之后，又先后多次召开社区“两委”办公会，制定完善公共生活区域路面硬化方案。在学校和乡镇党委政府指导下，落实开展路面硬化工作，“十一”假期也没有休工，终于使得村民房前屋后变得“亮堂堂”。

解决了新房入住的“拦路虎”，更大的问题摆在了面前——“建新拆旧”。一听说要拆掉老房子，很多村民，尤其是老年人都不理解。几十年的老房子，承载了太多珍贵的记忆……

在挂职副县长范金辉的带领下，董晓光、罗登雄先后10余次到海子村民小组入户做工作、开“院坝会”。因为要等村民收工回家，有几次开完会都接近晚上10点了，他们不仅仅是“耍嘴皮子”，更是“下真功夫”——修建蓄水池、化粪池，铺设排污管道，解决因为修建配套设施的占地及赔偿纠纷…… 最后，在“院坝会”上，看着村民高高举起的“同意”的手，他们满心欢喜。在2019年的11月，得到建房补助的12户农户终于顺利搬迁入住，也同步拆掉了危旧房屋。

走过百姓上山下山的路，他们深感百姓生产生活的不易。为了让海子村民小组百姓更好地脱贫致富，他们邀请中草药种植龙头企业多次深入山林，调研考察，签订订单销售协议；撰写《药食同源天麻产业扶贫创新体系建设项目报告》，积极申报中央引导地方科技发展专项资金扶贫项目；召集产业发展座谈会，指导群众积极争取扶贫小额信贷支持，发展竹笋种植、肉牛养殖，引导当地猕猴桃种植企业绑定贫困户适度发展……

2020年，海子村民小组终于迎来了黄草社区二级公路至海子村民小组乡村公路硬化项目准备施工的通知。6年前的海子村民小组，深藏大山，串架房发潮发霉、散架腐朽。如今的海子村民小组，院落联排整齐，院坝平坦。无论是发展肉牛养殖、竹笋种植、天麻种植、中草药种植，还是外出务工，村民们都有着各自奋斗的脱贫道路。东华大学陆续选派的驻村第一书记们，已经成为海子村民小组的“幸福合伙人”，那些有关他们奋斗的故事，连绵的群山和群山的主人们会一直记得。

（撰稿人：晓光）

励志人生开启“励志”扶贫

——记云南省大理白族自治州漾濞彝族自治县苍山西镇美翕村第一书记李春梅

“李队长，你一只手不方便，怎么还派你到我们这里来驻村？”

第一次见到李春梅，美翕村十个村民有九个都会这样问。不过作为奥运冠军的她，从来不会被这样的问题问倒。

10 岁时因意外事故失去右手的李春梅，20 多次参加州、省、全国和世界级残疾人运动会，8 次打破世界纪录，先后获得 34 枚金牌。凭着体育赛场上的那股拼劲和韧劲，她于 2008 年晋升为县残联副理事长。在领导岗位工作 10 年后，2018 年 3 月，李春梅主动申请到苍山西镇美翕村担任驻村扶贫工作队队长、第一书记。她说：“生命不息，奋斗不止。我想让更多困难群众相信，贫困并没有那么可怕，因为我和家人就是例子，我们不仅战胜了贫困，更战胜了‘厄运’。”

扶贫路上，靠脚劲凝聚人心的“折翼天使”

美翕村属多民族杂居的高寒山区的贫困村，虽距离漾濞县城不远，但山高坡陡、交通闭塞，村民居住分散，加上耕地稀少、气候寒冷，多年来，村民的主要经济来源就是种植核桃、玉米，产业单一，要脱贫绝非易事。

没有调查就没有发言权。到美翕村后，李春梅给自己定的第一个目标就是走遍村里的每一户。当时，美翕村下设 16 个村民小组，共有 510 户 1 993 人。她入户走访比一般人要困难，不会开车、不会骑车，出行基本靠走，远一点的就跟村干部或者村民“蹭车”，几个月下来整个人瘦了近 3 公斤，脚上的血泡破了又好、好了又破，脚后跟起了厚厚的老茧。

2018 年 12 月 20 日，深冬。美翕村早晨的温度不超过 10 摄氏度，天冷路滑，山路更是难走。因建档立卡贫困户刘树清家住得偏僻，开车和骑车都要绕路，大概 3 个小时才能到，为了节省时间，更为了不给他人添麻烦，李春梅便决定一大早爬山“抄近道”去走访。途中，因为左手杵的登山杖没撑稳，她整个身体瞬间失去平衡，重重地摔在地上。好在冬天衣服穿得多，没流血，不过手上、脸上好几处蹭破皮，膝盖和手肘的衣服也弄得很脏。到刘树清家时，已是上午 10 点。走进家门，看到如此狼狈的李春梅，刘树清一家人没有多问。走访结束时，刘树清的妻子拉着李春梅的手说：“李队长，你放心，我们一定跟着你好好干，以后有什么事，只要你说一声，我们去找你。”

两年多来，她白天入户走访或者接待村民来访，晚上组织村“两委”班子、党员和村民代表召开座谈会，详细了解村集体经济发展、基础设施建设、适龄儿童入学教育等基本情况；参与完善建档立卡贫困户的基本信息，根据各家各户的贫困程度、致贫原因，重新制定切实可行的帮扶措施。

奔小康路上，靠韧劲带领群众脱贫的“巾帼战士”

“一次不行咱就去两次，两次不行去三次，三次不行去一百次，我就不信改变不了他。”说起窄门村民小组的建档立卡贫困人员杨伟强，李春梅下定决心要啃下这块“硬骨头”。

杨伟强家共 3 口人，妻子下肢残疾，只能帮忙做些手上活计，女儿还在上小学，生活很困难。杨伟强不想脱贫也不愿脱贫，每次入户走访，他都窝在里屋不配合，工作人员连个“冷板凳”都坐不到。“如果一家人再这样下去，多少政策扶持也没用。”说起他，村干部和驻村工作队队员们都摇头。

驻村后，李春梅坚持隔三岔五到杨伟强家串门，给他家里送生活用品，给他做思想工作、找务工途径，帮助他的妻子办理残疾证，申请低保户，落实孩子“两免一补”入学保障。寒来暑往，李春梅坚持了一年多。杨伟强被感动了，他变勤快了，农忙时他早出晚归，农闲时到县城工地务工。如今，杨伟强的妻子每月可以领取几百块的残疾人补助和低保户津贴，孩子在学校也有免费的中餐，家里还养了猪和鸡，青瓦白墙的三间小平房也打理得井井有条，一家人的生活渐渐有了起色，脸上的笑容也多了，“冷板凳”开始变为“热茶水”。

“真的很感谢李队长，也对不起李队长，她一个女人，靠着一只手都打拼到今天，而我好胳膊好腿的，以前真是不应该。”说起李春梅对自己的帮助，杨伟强满是愧疚和感动。

两年多来，为了不断巩固和扩大前期脱贫成果，李春梅坚持“扶贫先扶志”，深入实施教育扶贫政策，帮助十多个孩子通过享受省政府困难学生资助、减免寄宿生生活补助、义务教育营养改善、“雨露计划”等方式上了学。她定期深入各村民小组，开展“自强、诚信、感恩”培训和“三评三讲”活动，用自己的亲身经历鼓励村民、激励村民。她说：“给政策和给物资固然重要，但要真正实现脱贫致富，得大家有想脱贫、愿脱贫的决心和信心。”

2019 年 4 月，在各级党委、政府的领导下，经过全体村民和扶贫工作人员的努力，美翕村 64 户 252 名贫困人口同全县 15 059 名贫困人口一起顺利脱贫。

（撰稿人：杨晓玲）

我的扶贫日记

——云南省怒江傈僳族自治州兰坪县通甸镇通甸村第一书记金佳炜自述

2018 年 8 月 30 日，金佳炜被中交集团上海航道局派至云南省怒江傈僳族自治州兰坪县通甸镇通甸村担任驻村第一书记。从沿海走进深山，从工程技术管理到脱贫攻坚，金佳炜克服种种不适，用最短的时间完成了从一名“航道人”到扶贫一线“战士”的转变。

下面，就让我们一起翻看金佳炜的几篇扶贫日记，通过他的笔尖，更真切地感知扶贫一线工作的点滴。

2018 年 9 月 1 日　星期六　多云

今天是我到通甸村报到的第二天，工作队要去麻栗坪的东山组入户核查建档立卡贫困户信息。出发前，李队长开玩笑地跟我说：“今天你能坚持下来，后面的工作也就不会觉得有多难了！”这个“下马威”我接了。

时值雨季，有多处山体滑坡，通往东山组的道路被冲毁，我们只能徒步前往。经过 3 个多小时的跋涉，我们终于来到了这个海拔 3 000 米的小山寨。

走进老乡家里，看着眼前的一切，我才切身感受到什么叫家徒四壁。我的鼻子莫名发酸，眼眶也湿润了起来，身体的那点酸痛不适也突然烟消云散。

彝族老乡看到我们工作队来了，非常热情地招待，大家围着火塘烤火、聊天，渐渐驱散了身上的寒意。工作完成后，我们在老乡的挽留声中踏上了回程。

都说上山容易、下山难，走到山脚，我的小腿已经抽筋了好几次。7 个小时的徒步行进，让我深刻体会到扶贫工作的艰辛和不易。目睹村民们生活的窘境，他们善良质朴的脸庞、热情的招待，让我的心灵接受了一次洗礼。

同行的队员阿贤拍着我的肩膀说：“一起爬过山，一起下过乡，以后就是兄弟啦！”是啊，为通甸村村民谋福祉，为他们早日脱贫贡献力量，这，将是我今后很长一段时间的光荣“使命”！

望着远处天边挂着的彩虹，好美！

2018年12月23日　星期日　晴

今天看到慧姐发了个微信朋友圈："每年的最后一个月，请远离驻村扶贫工作队队员，他们正处于'炸毛期'，眼里只有表格、数据！"哎，真是辛苦大家了。虽然辛苦，但是大家聚在一起工作，总感觉有使不完的劲儿。

9月农忙的时候，我们花了两天时间帮助桂莲和术娘家采收玉米，减少了玉米因为无人采收被老鼠偷吃带来的损失。

在入户走访过程中，祥姐了解到清水江组雀石宝家门前的入户电线杆是一根木杆，雨季用电存在较大安全隐患。通过多方联系，我们争取到水泥电线杆并完成了更换。

麻栗坪组的沙映香今年12岁，父亲早年因矿难去世，母亲改嫁，如今和哥哥寄住在伯父家。工作队帮沙映香争取到"黄土计划"助学金3万元，同时还帮她家申请到了易地搬迁进城入住的名额。

大板场组蜂才才的母亲和姐姐都是残疾人，但一直没有办理残疾证，享受不到国家相关政策补助。工作队多方努力，帮助她们办理了残疾证，让她们享受到了国家的扶助政策。

4个月的扶贫生活，有感动也有困惑，有汗水也有泪水，体会到扶贫攻坚的辛苦，感受到基层工作的不易，同时也收获了值得珍藏一生的"战友情"。

"竹杖芒鞋轻胜马，谁怕？一蓑烟雨任平生。"唯愿，通甸村的脱贫攻坚战，写满一纸繁华！

2020 年 8 月 18 日　星期二　大雨

通甸这几天连降大雨，好多地方都出现了山体塌方，大板场组蜂阿木家旁边就是个地质灾害隐患点，昨天晚上就有山石从坡上滚下来，滑坡风险很大，让她家尽快搬到安全地点是当务之急。

一大早，经过一番劝说，她家答应先搬到大板场组的活动室暂住。一切安顿妥当，我跟蜂阿木聊了一会儿。相比去年住院之时，现在的蜂阿木精神好了很多，人都感觉胖了一圈儿。她告诉我，儿子蜂忠亮暑假没回来，在珠海找了个工作勤工俭学，一天能挣 130 元，前不久还汇钱回来补贴家用……

说这些的时候蜂阿木满脸笑容，我听了也是高兴得想哭。走出大山，学习技能，开阔视野，转变观念，最终反哺家庭，这一切变化，站在去年那个时间节点上看，真是谁都不敢想象。

2019 年 4 月，蜂阿木突发重病，被村委会干部及时送至专业医疗机构医治。在蜂忠亮看来，因父亲早逝，母亲就成了家中顶梁柱，蜂阿木的倒下让蜂忠亮不知所措。彼时正处于中考备考阶段的蜂忠亮只好选择了辍学。

得知这一情况，我立马带着工作队队员一起来到蜂忠亮家开展劝返学工作。蜂忠亮奶奶告诉我，辍学后，蜂忠亮就一直把自己关在房间里。我意识到，蜂忠亮这是要把自己锁在那片漆黑阴暗里，大家隔着窗户与他说闲话、唠心事，屋里却很少传来回音。

我看在眼里、急在心上，种种迹象表明蜂忠亮紧张的神经快要崩断了，我怕他沉浸在抑郁的世界里越陷越深。只要一有空闲，我们工作队就到蜂忠亮家走访，让他的亲戚朋友们帮忙劝说，拜托挂联单位的领导专程去医院探望他的母亲。得知蜂阿木恢复得很好，我赶忙上门将这个好消息告诉蜂忠亮。

在禁闭自己一个多月后，蜂忠亮终于走出了那间布满阴霾的漆黑房间。因为长期不出房间、饮食不规律，刚走出房门的蜂忠亮话还没说几句就晕了过去。大家赶紧把他抬上床，联系镇卫生院的医生上门为他诊治。蜂忠亮逐渐苏醒过来，看着身边有这么多人关心自己，他感动得哭了，流着泪不停地用傈僳语跟每个人表达感谢："夏摸，夏摸！"

之后的日子里，我和工作队队员依然每隔几天就到蜂忠亮家探望，为他送去各种生活用品，申请民政救助，还特意邀请学校老师一起到家里做家访，与他聊学校生活，传递同学们对他的关心。蜂忠亮的心结逐渐打开，曾经那个阳光少年慢慢又回来了。

2019 年 6 月，蜂忠亮顺利通过中考，在我们的鼓励下，报名到珠海职业技术学院继续学习。看着孙子的转变，蜂忠亮奶奶说：“感谢你们工作队，你们真的是救了我孙子一命啊！”

山高路远，述不尽的扶贫初心。参与扶贫攻坚两年来，金佳炜入户走访2 000余次，用足迹丈量通甸村78平方公里的每一处角落，始终将扶贫工作、为村民谋福祉紧紧挂在心头。

如今，通甸村贫困发生率由2018年的10.7%降至0，已于2019年年底成功脱贫，“怒江州脱贫攻坚贡献奖”是对他这个阶段工作的最好肯定。纵使扶贫路上有再多的艰辛、再多的磨难，金佳炜依然一腔热血投身脱贫攻坚事业！

（撰稿人：金佳炜）

搬迁点里的“孙悟空”

——记西藏自治区拉萨市城关区恩惠苑社区第一书记旦达

拉萨市城关区恩惠苑社区居住着藏、汉、回等民族的765户3 280名易地搬迁群众。2017年12月，旦达被组织选派到新成立的易地搬迁安置小区——恩惠苑社区，担任第一书记兼驻社区扶贫工作队队长。

带着组织的重托、脱贫的使命、群众的期盼，旦达访民情、提民智、增民富，以实际行动践行共产党员的初心和使命，用心、用情、用力带领社区群众脱贫致富、共奔小康。

“他不是孙悟空，但为了群众苦练‘72变’”；他没有‘金刚钻’，却揽下了一件件棘手的‘瓷器活’；他不是‘绣娘’，却用绣花般的功夫绣出了群众的小康路。”恩惠苑社区易地搬迁群众对旦达这样评价道。

“贫困群众响应国家的号召，背井离乡来到这个陌生的地方重新开始新的生活很不容易，搬得出、稳得住、能致富是我们党和政府对易地搬迁群众的庄严承诺，让‘异乡土’成为‘故乡地’是我向组织立下的‘军令状’，不获全胜决不收兵。”旦达说。

社区小课堂，解决大问题

“书记，我没有上过学，老公也是个文盲，孩子的作业辅导不了，也没有多余的钱请家教，可愁死我了。”社区居民拉姆说。

“书记，我在一家超市工作，周六、周日要上班孩子没人管，经理说带孩子上班就要被开除，我该怎么办？”三尺男儿旦增急得眼含热泪。

面对搬迁群众的现实需求，旦达第一时间召集社区“两委”班子成员，按照“办公面积最小化、服务功能最大化”的原则，将社区办公室资源进一步整合优化，腾挪出一间大的办公室，临时办起了社区学校，他亲自当上了校长。

旦达积极对接各类教育资源，满足群众多样化需求，以“阳光教育”和“悠贝亲子”阅读活动为载体，号召社区里的大学生担任志愿者。截至 2020 年 6 月底，在周六日、寒暑假累计免费为社区 150 名儿童辅导功课 5 000 余课时，有效解决了社区孩子作业没人辅导、生活无人照料的现实难题。同时，他还以“居民夜校”为阵地，开展藏汉基础生活用语培训 5 000 余人次，积极对接第三方培训机构签订“培训就业承诺书”，培训厨师、美发师、保安员、保洁员等共 350 名。

心系老年人，嘘寒又问暖

"书记，我们在入户的时候，发现咱们社区有5位老人在午间一个人独居，要么中午吃早上的剩饭，要么就不吃饭，身体看上去非常虚弱，时间长了肯定要出问题。"社区工作人员慌张地对旦达说。

"怎么会有这样的事情发生？这是我工作的失职呀！"旦达听完工作人员的汇报后心痛地说。他立即来到食堂，打包了盒饭送到老人们家中。"不就是加几双筷子的事嘛，这个费用社区来承担。"经过集体研究，社区决定在食堂设立"爱心餐桌"，为5位老人预留专门的吃饭位置，旦达还经常嘱咐社区厨师根据老人的饮食特点做易消化的饭菜。

"旦达书记不仅是社区的领路人，而且还像我们的保姆，更像我们的儿子，管我们吃饭、定期组织我们去体检，还带我们到智昭产业园散心。"社区老人拉巴动情地说道。

为有效防止搬迁群众因病返贫，社区卫生站将每年的4次上门服务增加至6次，为社区群众开展免费体检、健康咨询服务活动，发放"家庭医生签约服务"联系卡，为行动不便的群众提供上门医疗服务。同时，社区卫生站还积极对接上级部门，开通医疗救助"一站式"服务和"先诊疗后结算"通道，累计惠及群众500余人次。

民事代办员，上门纾民困

走进恩惠苑社区，一张张“你点单、我接单”的便民海报张贴在社区各个角落。“葱1捆、鸡蛋1提、糌粑1袋、酥油3斤……”恩惠苑社区第一书记、民事代办员旦达认真记录居民物品代购清单。新冠肺炎疫情防控期间，社区全面启动“党员联络代办”活动，他每日为居民代买日用品，做着水电维修、老人陪护等看似微不足道却关系民生的工作。

“隔离期间，代办是我们的主要工作。群众买药、买菜、买肉，只要在微信群或电话里说，我们就主动上门服务。不停地上楼下楼，一天下来，微信朋友圈里的步数榜上，我和社区的党员民事代办员的步数总是排在前10名。”旦达说。

近年来，针对易地搬迁群众对城区行政审批、医疗报销等手续不了解、流程不明白等实际问题，社区全面推行民事代办服务制度，12名社区党员民事代办员帮助群众代办民生事项300件次，及时帮助群众疏通排解生活中的堵点，全力做好易地搬迁“后半篇文章”，有效打通了脱贫攻坚的“最后一公里”。

就业有门路，产业送帮扶

2020年2月24日是藏历铁鼠年新年，年前购买德嘎（一种油炸面食）是拉萨当地家家户户的传统习俗。但受疫情影响，以前制作德嘎的门店纷纷歇业，往年帮助别人制作德嘎的技术工多吉也失业了。

“书记，德嘎是咱们过年必备的食物，我去了很多地方，也托了朋友帮忙，可就是买不到。”社区居民卓玛说。

旦达了解到这一情况后，便萌生了组织易地搬迁户制作德嘎的想法。说干就干，旦达选定了两名制作德嘎的技术人员和22名普通工作人员，购买了250袋面粉、10桶清油，从1月15日开始制作德嘎。

“平均每天制作150件德嘎，年前共制作了5 000多件。现在所有的德嘎都卖完了，两名技术人员每人工资收入7 000元，其他普通工作人员每人工资收入约3 000元。组织集体制作德嘎，既可以让搬迁群众在家门口就业增加收入，同时还最大限度减少了人员外出流动，符合疫情防控的要求。”旦达说。

3 月 15 日上午，社区城林扶贫搬迁惠民绿化有限公司全面启动造林绿化工程项目。“大家再加把劲儿啊，争取今天把这一块地种完。”说完，旦达又抱起一捆沙棘苗向远处走去，埋头干起来。

“我们都是从农村搬迁过来的，一没文化、二没技术，现在社区发展集体经济，让我们来工作，每天有 120 元的收入，一个月算下来能有 3 000 多元，收入有保障后浑身都是劲儿。”正在种沙棘苗的平措说。

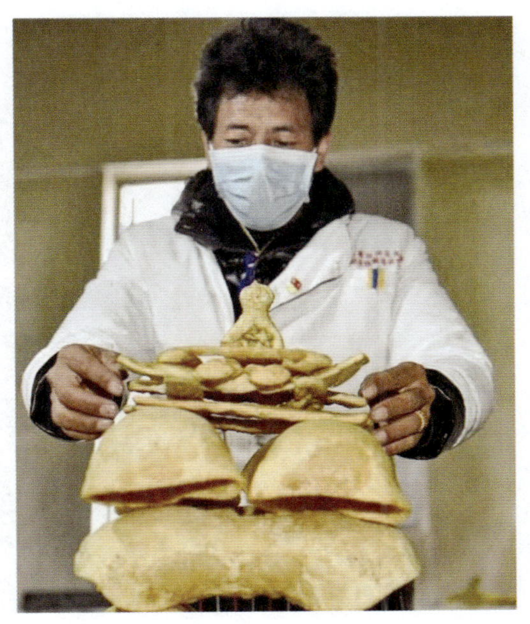

为发展壮大社区集体经济、解决富余劳动力就业问题、提高建档立卡贫困户生活水平，旦达带领社区成立了城林扶贫搬迁惠民绿化有限公司和恩惠苑社区集体经济项目，此举不仅提高了辖区绿化率、改善了生态环境，又通过造林绿化劳作增收，有效巩固了脱贫攻坚成果。

“在全面建成小康社会的路上，一个少数民族同胞也不能少，一个搬迁群众也不能少，搬迁群众对美好生活的向往就是我的奋斗目标。”旦达在他的工作日志里这样写道。

（撰稿人：刘团飞）

雪域高原上的“跑腿匠”

——记西藏自治区山南市措美县措美镇波嘎村第一书记吴昌良

“好好工作，一切为了群众，无愧于心。”这是西藏自治区山南市措美县措美镇波嘎村第一书记、驻村工作队队长吴昌良3年来笃定的信念。他缺氧不缺精神，斗志高过海拔，积极探索符合波嘎村发展的新模式，想方设法为民谋福利。

“造血”产业——砖头加工厂

波嘎村，位于措美镇东南部，距县城8公里。村所在地海拔4 170～4 600米，属高寒气候区，四季不分明，降雨量偏少，农业主要种植青稞、小麦等，畜牧业主要饲养牦牛、山羊等。

波嘎村究竟适合开发什么产业呢？这个问题一直困扰着吴昌良。“措美县地处高海拔地区，没有支柱产业，经济很难发展，环境就更别说了！”波嘎村很多村民总是劝说吴昌良不要浪费力气，做无用功。

为了找到适合波嘎村发展的产业，吴昌良多次组织村“两委”召开会议进行商讨。

“别干了吧，很难发展起来的。”“要不就跟着县里的步伐走吧。”……村“两委”一些干部提出了带有畏难情绪的“建议”。

吴昌良没有动摇，但是发展什么呢？他走遍波嘎村的每一寸土地，偶然发现村周边共有 3 个砂石厂可以供料，取料方便，辐射范围广，且交通运输成本低。2018 年年初，吴昌良决定建一个砖厂，带动村集体经济发展。说干就干，2018 年 4 月，他请来华新水泥厂技术专家指导建厂，带着村“两委”班子成员开始跑资金。

前期工作开展顺利，可好景不长，资金筹集上出现了问题。

“怎么办，没钱干不了事呀！”村“两委”班子成员开始质疑。

面对困难，吴昌良只身跑遍市县发展改革、财政、水利、农业农村、林草、生态环境、自然资源等部门，协调争取项目资金问题，想尽一切办法筹集资金。

终于，好消息传来，资金问题在县政府的帮助下得到解决。砖厂有序开展建设，并于 2019 年 5 月正式投入使用。

村集体经济快速发展，群众收入有了稳步提升，其中建档立卡贫困群众 2019 年人均可支配收入达 10 400 余元。2019 年，村集体经济增收 13 万余元，2020 年增长到 20 万元以上。

生态宜居——彰显责任担当

村集体经济得到有效发展，吴昌良依然没有闲下来。他发现村里的自然环境没有得到有效改善。

为了查实村貌村容村情，他几乎走遍波嘎村的每一片耕地、每一条河流、每一道沟坎。

在村民和村委会的诸多不理解中，他提出了将波嘎村打造成为高海拔生态宜居示范村的目标，把生态保护作为“第一书记项目”重点来抓，开展植树造林工程。

措美县海拔高，树苗成活率低，所以在植树初期，很多人都不看好，认为在措美是种不了树的。但是吴昌良不放弃，跑到市林业局讨教方案，请来专家到村里进行考察。在专家的指导下，树苗成活率逐渐提升，村民们也渐渐相信了这位第一书记。自2018年以来，他组织义务植树1.1万余株、工程造林100亩、补植种草600亩。波嘎村也荣获“第五届自治区文明村镇”荣誉称号。

波嘎村村民多吉感叹道：“要不是吴书记的一再坚持，村里的环境也不会变得这么好。”

为实施高标准农田改造、小型防洪水利建设等一批强农固本工程，以及通组硬化路、卫生室、文化活动广场、饮水巩固提升工程等一批公共服务项目，吴昌良带领驻村工作队跑遍市县等有关部门，累计协调落实资金1 600余万元；为开展农村人居环境综合整治，他建立了卫生包片等工作机制，大力实施白色垃圾污染防治措施。波嘎村越来越美了！

“硬核”战贫——淬炼为民初心

“哎，今年不知道能拿回多少务工费。”“家里看病又是难事。”几乎每到月底，吴昌良就会听到农牧民的担忧和抱怨。

为知民情解民忧，他访遍了全村所有群众家庭，特别是贫困户，有的入户多达 40 余次。

他主动协调雅砻投资公司为村民索朗欧珠等贫困群众解决了长期劳务输出难题，协调市人民医院专家为贫困村民桑珠治疗了白内障，为贫困村民多吉占堆申请了较大额度资金保险理赔，协调解决了拖欠农民工工资和项目资金一共 45 万元。另外，协调施工队帮助边缘户次仁拉珍硬化了庭院路面，亲自动手搬运石头帮助 2 户群众解决了入户路漫水问题……

吴昌良喜欢散步，群众送他外号“散步书记”。他常说：散步不仅可以锻炼身体，而且有助于学习和思考。正是勤于动脑动脚，他帮助群众解决了许多长期想解决而没有解决的难题，办成了许多长期想办而没办成的实事儿。确切地说，他更像高原上人民群众的“跑腿匠”，时刻奔跑在践行为民初心的路上。

（撰稿人：肖华）

国境线上的守边书记

——记西藏自治区山南市洛扎县拉郊乡杰罗布村第一书记久美次旺

当一个人的初心和使命与国境线连在一起，无论山雪多深、风霜多冷，他的那颗初心炙热发烫、日久情深。这个人叫久美次旺，西藏自治区山南市洛扎县拉郊乡杰罗布村的驻村第一书记。

带领边民奔小康

洛扎县，坐落在喜马拉雅山脉的南方大悬崖上，县内边境线长达 200 公里，地理位置重要，是我国西南门户重地。

在距离洛扎县城 157 公里的山沟里，有一个小村子叫杰罗布。杰罗布村成立于 2016 年，每年 11 月到次年 4 月处于大雪封山状态，是洛扎县 27 个行政村中距县城路途最远、交通最不便、信息最闭塞、物资最匮乏、生活条件最差的村。

参加工作刚 3 年的久美次旺主动申请到杰罗布村担任第一书记。久美次旺驻村后，正是边境小康村建设如火如荼之时，他需要说服群众搬离原来已居住习惯的旧居，迁进新居。凭借一份滚烫的情怀，他开始挨家挨户宣讲党的脱贫攻坚政策。最终大家被他的诚意感动，全村 10 户 23 人搬进了边境小康村。

杰罗布村所处的自然环境实在太恶劣，农作物没办法生长，生产资料又极度匮乏，没有稳定的收入来源，容易返贫。这让久美次旺一宿一宿地睡不着觉。

他跟着农牧民一起放牧、上山，经过深入的调研之后，他发现杰罗布村的自然环境虽然恶劣，但很适合黄连和虫草生长。每到黄连、虫草采收的季节，久美次旺就跟着农牧民一起上山采黄连、挖虫草。

每年入冬前，久美次旺就跟农牧民一起制作酥油、奶渣等食品，确保在藏历新年到来前让农牧民能够丰衣足食。

2019年，久美次旺了解到，由于入冬早农牧民储备的草料不够牲畜过冬。他立即向拉郊乡党委书记古桑旦增反映情况，在一番商讨后，古桑旦增和久美次旺联系上了县应急管理局，为杰罗布村农牧民解决了10吨牲畜过冬的饲料。因为山路难走，生怕饲料在路上出问题，久美次旺就一趟趟地跟车，直到这10吨饲料被安全地送到农牧民家中。

思想教育润民心

杰罗布村地处边境地区，久美次旺从来不会推脱每一次的巡边任务，即使大雪封山，他也会背着干粮、扛着国旗走在巡边队列的最前面，做好守土守边的表率，用实际行动兑现着和杰罗布村一起成长的诺言。

担任驻村第一书记以来，久美次旺迅速走遍全村农牧户家，深入了解群众的思想动态、生活状况。他深刻认识到这里的群众对国家各项政策、方针不太了解，存在思想觉悟较低的问题。

为加强对群众的思想教育，他经常与农牧民促膝长谈，用通俗易懂的语言给群众宣讲新时代党的治藏方略，从而进一步坚定了杰罗布村农牧民感党恩、听党话、跟党走的信心和决心。

久美次旺最常讲的故事是 81 岁的索朗群培老人感党恩的故事。索朗群培是第一个到边境线上放牧守边的人，小时候他给奴隶主放牧，没有一分钱。索朗群培老人常说，西藏解放后，他的生活变好了，有了话语权。现在，81 岁高龄的他为了感恩党，还坚持放牧守边。久美次旺走到哪儿，就把老人的故事讲到哪儿。索朗群培的故事极大地激发了广大边民群众的爱国之情，他们更加珍惜现在安定团结的大好局面了。

在村党支部的积极配合下，久美次旺及时了解村里党员的思想动态，村党支部建立健全了党员信息档案，党支部的各项活动得以正常有序开展，认真落实“三会一课”、主题党日等活动，党员的学习热情得到了进一步提高。党员从建村时的 5 名，发展到现在的 8 名，还培养了 1 名入党积极分子。

（撰稿人：牛蕾）

用实干赢得民心

——记西藏自治区山南市隆子县斗玉珞巴民族乡斗玉村第一书记贡桑

“我们贡桑书记人美心更美，眼界开阔又踏实肯干，我们都愿意相信她……”这是西藏自治区山南市隆子县斗玉珞巴民族乡斗玉村村民对贡桑的称赞。

“贡桑思想灵活，敢想敢干。我们普通话普遍不好，很多事情多亏了贡桑来沟通。现在产业稳定，百姓安居乐业，日子越过越好。”这是村“两委”对贡桑的认可。

斗玉村是西藏自治区山南市唯一的珞巴族群众聚居地，地处偏远，是边境前哨村。2019 年年初，贡桑主动申请到斗玉村担任第一书记。任职期间，她抓民生、促发展、兴文化，用实际行动诠释着第一书记的职责，是百姓眼中的好书记。

百姓脱贫记心中

斗玉村人均耕地面积少，多以种植小麦、青稞为主，一到冬天，百姓就为人畜的“口粮”犯难。贡桑看在眼里、急在心里。

贡桑带头开垦了一片荒地用于试种高植株玉米，第一年产量达 250 公斤。推广种植后，为全村 380 余头牲畜解决了过冬缺口粮的难题。

村里卓玛家的庄稼丰收却缺劳动力收割，仓觉家要申请贷款却没人会办理，格桑家不会普通话去工地工作需要找人翻译等诸如此类的事情，她总是不躲不避地想办法帮助解决。“既然担任了第一书记，我就要肩负起责任，用我最大的努力，帮助群众致富奔小康。”这是贡桑对村民的承诺。

贡桑充分利用斗玉村地处雄曲河流域、砂石资源丰富的优势，抓住国道 219 古金段新改建项目、边境小康示范村建设、农村公路提质改造等项目建设陆续开工的有利契机，在村“两委”的极力配合下，与斗玉珞巴民族乡政府、各施工单位沟通协商，签订合同，稳步开展砂石销售工作，为村集体经济创收 110 余万元。

山谷里生长着野花椒，每到成熟季节，都有村民结伴采集，市场供不应求。贡桑凭借自己生物技术专业的敏感，发现了这个商机。她带领妇女人工繁育野花椒种苗，在追巴山开垦了 30 亩山地用于种植野生花椒，2020 年 8 月迎来大丰收，总产量达 150 余公斤，村集体经济收入又增加了 1.3 万元。

振兴文化放心头

珞巴服饰被列入国家级非物质文化遗产名录，名声远扬，但因其手工制作工艺烦琐、花式老旧，村里人都看不上，青年妇女中会制作者寥寥无几。

“不能让好手艺就这样断代了！”贡桑积极对接有关单位，申报项目、整合资源，邀请技术专家改善生产制作环境、改良制作模式，带着村里的青年妇女观摩学习，邀请非物质文化遗产传承人给村里的青年妇女传授技艺……现在，村里的“非遗”传承人已由个位数增加至30余名，妥善解决了非物质文化遗产传承人培养的问题。

贡桑还自觉承担起举旗帜、聚民心、育新人、兴文化、展形象的使命任务，在一次次的入户宣讲中，逐步破除部分村民的陈规陋习，使他们树立科学文明的生活观念，“讲党恩爱核心、讲团结爱祖国、讲贡献爱家园、讲文明爱生活”的观念逐步深入人心。

村民尼玛次仁过去经常和村“两委”唱反调。为此，贡桑经常对尼玛次仁宣传“四讲四爱”，讲幸福生活从哪里来。尼玛次仁深受感动，现在他不仅担任了村民小组组长，积极配合村“两委”班子的工作，还主动为其他群众增收出谋划策。

如今的斗玉村民风淳朴、村风文明，山沟沟里酥油茶香、格桑花美，牛羊满圈。百姓的腰包鼓起来了，美丽的小康村建起来了，家家户户住的是有珞巴风格的二层小楼，阳光棚里满满的是绿植和花卉，日子过得红红火火。

（撰稿人：刘萍萍）

爱“谈心”、爱“八卦”、爱“磨人”的第一书记

——记西藏自治区林芝市工布江达县江达乡朗村第一书记崔力鹏

“我不求有什么太大的成就，就想着能在有限的驻村时间里，力所能及地为群众办实事、办好事，得到群众一句肯定，这就满足了。”自 2018 年崔力鹏担任西藏自治区林芝市工布江达县江达乡朗村第一书记以来，就把为民解忧纾困作为孜孜不倦的追求，成了一名爱“谈心”、爱“八卦”、爱“磨人”的第一书记。

爱“谈心”，谈出一个好班子

村子强不强，要看领头羊。在派出单位从事过两年党建工作的崔力鹏深知抓好村级党组织领导班子的重要性。以开展党内谈心谈话制度为抓手，只要有机会，他就一对一与每位村干部进行拉家常式的谈心谈话，了解其性格特点、思想动态、意见建议，鼓励引导他们在财务管理、群众工作、产业发展等方面各尽其才，有效增强了基层党组织的凝聚力和战斗力。同时，在生活中，崔力鹏也是村干部的知心朋友，平时谁要有个大事小情的，总喜欢找他说说或请他帮个忙，而他只要力所能及便从不推却。“现在小崔说话都跟我们是一个味儿了！”这句话便是崔力鹏与村干部打成一片的最好证明。

在走访入户、宣讲政策、发展集体经济等工作中，崔力鹏总要拉上村“两委”干部一起，有意引导村干部发挥作用，尤其是村党支部书记和村委会主任，跟着他从白天干到黑夜是经常的事，但这也为他引导村“两委”班子“心往一处想、劲往一处使”打下了基础。“有时跟小崔书记一忙起来，一日三餐总是不能准时吃上，但是我们都很乐意。他为我们朗村尽心尽力，那我们也得加油鼓劲干好。”提起与崔力鹏共事的感受，朗村党支部书记桑培由衷地说道。

2020 年年初，村集体经营的茶馆和响箭场因“户户经营、户户分红”经营模式不合理，造成大量顾客流失，严重损害了群众积极性和收入。面对摆在眼前的发展难题，村“两委”班子及时采纳了崔力鹏提出的“党支部财务监督、党员经营管理、群众参与分红”经营方式。如今，茶馆和响箭场日收入最高可达 2 000 余元，预计年收入达 25 万元，可带动全村群众户均增收 2 500 余元。一些存有惰性的贫困户看到茶馆和响箭场生意日益红火后，也积极参与经营，促进了脱贫增收。

爱“八卦”，扒出群众烦心事

走访入户时，崔力鹏会随身拿着本子和笔，每到一户都能待个半天，把家里的大小事问个遍。在日常，他还跟着群众泡茶馆或在田间地头耕作，偶尔请群众喝个酥油茶、吃个藏面，给群众干农活儿搭把手，既拉近了与群众的距离，也

“八卦”到了村里很多的“第一手情报”。靠着这得来的“第一手情报”，他着手一个一个地为群众解难题。

“小崔，冬天快到了，你可要记得做好储水工作啊！”在与群众的一次唠嗑中，崔力鹏了解到村里有冬天用水难问题。于是他就挨家挨户了解查看，原来是之前的一次公路施工，导致水管被损坏，虽然进行了更换，但水流小、流速慢，在冬天极容易结冰冻住。掌握原因后，崔力鹏当晚就写了个关于申请解决朗村群众用水难问题的报告，隔天带着村支部书记，找到上级相关单位，争取到资金7.5万元为17户群众装上了全新的水管，困扰朗村群众多年的用水难问题就此解决。

偶然有一次，崔力鹏看到一位村民在田地里骂骂咧咧，不禁上前询问。交谈中得知因围栏破旧，总有牛钻空子出来吃庄稼，收成得不到保障，村民不由得着急起来。他马上回村找到村“两委”干部商量对策，决心要给全村换上新的围栏。一连几天，他都带着村“两委”干部，顾不上脏和累，爬山、钻草测量围栏长度，跑遍了能跑的所有商铺，经费不够他便自掏腰包垫付，这才从几百公里外的拉萨市买到价格合适、质量最优的围栏。村民都称赞说：“这围栏好得很，用十年都不会坏。”望着群众满意的笑脸，想着今年以及往后群众还会从中受益，崔力鹏心里充满了成就感和荣誉感。他想，只要群众满意，就是再苦再累也是值得的。

爱“磨人”，磨出群众好生活

“谢谢，谢谢……”在林芝市人民医院病房里，一名病人亲属把崔力鹏的手放在额头上，反反复复说着谢谢。这一幕发生在2019年11月4日。当时朗村两名村民发生车祸，崔力鹏急忙叫上驻村工作队队员，第一时间把伤者送到医院，挂号、做B超、照CT，为伤者搓手取暖、办理转院、购买生活用品……细致入微、全程陪伴，直到确定伤者无大碍，他才放心离开。如今，两位村民及家属提起崔力鹏当初在医院“赶也赶不走”，仍深表感激。

但崔力鹏的“赶也赶不走”也不是一直都那么讨喜，甚至曾有一段时间“招人烦”。这得从他开始想着转变群众发展观念说起。在走访入户过程中，崔力鹏发现贫困户家里基本都有剩余劳动力，想要劝说他们外出务工，增加收入渠道。

群众却都听不进去，只想着靠采挖虫草增收致富，往往是不等崔力鹏说完便连连打断，甚至到后来直接让他吃“闭门羹”。这让他不禁皱起了眉头，苦思冥想该如何改变群众思想观念。

2019年虫草价格低迷不振，崔力鹏瞄准时机，挨家挨户做工作、讲道理，一时说不通的，他就去第二遍、第三遍……直到群众“受不了”他为止。让他吃“闭门羹”的，他就逮着群众上茶馆、下田地的机会，为他们析利弊、谋长远。如今，在崔力鹏的软磨硬泡下，村里的贫困户基本上都有人外出务工，有的过上了挣工资的日子，有的开茶馆、卖服装，甚至有的贫困户忙得连虫草都不去挖了。

“这真的多亏小崔书记。”在县城内开起茶馆的贫困村民多杰对崔力鹏的“磨人”深有体会，“当时，小崔书记隔三岔五地来我家，我还真的有点烦恼。但他来多了后，我想着他平时也很忙，还能天天花时间来劝我，肯定是为了我好。我现在开了茶馆，不仅把贷款还清了，还有了固定收入、开上了小汽车，生活过得越来越好啦。”

（撰稿人：程欢）

草原来了位“戴雷锋帽”的书记

——记西藏自治区那曲市色尼区那曲镇玛庆村第一书记李良师

8 月的羌塘草原，天高云淡、草色青青。西藏那曲市色尼区那曲镇玛庆村一年一度的“赛马节”开幕了：洁白的帐篷、奔驰的骏马、欢乐的锅庄，快乐的孩子们在草场嬉戏……

这个地处藏北羌塘草原深处，平均海拔 4 500 米的牧业村，5 年前曾是远近闻名的深度贫困村，贫困发生率达 56%，2 年前仍有 19 户家庭 100 人尚未脱贫。如今，玛庆村已整体实现了脱贫摘帽，52 户建档立卡贫困户人均年纯收入达到 8 942 元。发生这样的变化，还得从 2018 年 12 月西藏自治区人民政府驻成都办事处的李良师来到玛庆村担任第一书记说起……

念响牦牛产业“致富经”

"羌塘草原，是我们西藏面积最大的纯天然草原，也是我国的五大牧场之一。单说我们村，就有牦牛 3 587 头、羊 591 只、马 58 匹，有这么好的畜牧业基础，为啥我们村民的腰包就是鼓不起来呢？"

裹着厚厚的军大衣、戴着"雷锋帽"的李良师，同村"两委"班子一道，围坐在牛粪火炉旁，你一言我一语地讨论着……

原来，藏北地区长年高寒缺氧，草被生长期只有短短 3 个月，而牦牛育肥周期长，成年牛长成大概需五六年，加之饲养方式原始，冬季新生牦牛存活率极低，且当地还长期固守牲畜惜杀、惜售、"冬宰"等观念。

通过对全村 93 户农牧民家庭走访调研，李良师下定决心，一定要挖掘出玛庆村的牧业优势，在牧言牧、在牧兴牧，从牦牛身上"找出路"。于是，他组织召开村民大会，提出"两手抓"发展策略：一方面转变"冬宰"习惯，提高牦牛出栏率，增加村民牧业收入；另一方面鼓励引导牧民搭建牦牛围栏圈，提高牦牛冬季存活率，缩短育肥周期，依托村奶牛养殖专业合作社，大力发展现代牦牛产业。

扎西顿珠，今年 50 岁，家中 4 口人，有可放牧草场 1 112 亩、牦牛 32 头，但是家庭人均年纯收入仅 2 500 余元，他家是村里出了名的贫困户。李良师与他家结对子帮扶之后，扎西顿珠夫妻志愿到村合作社工作，自家也新修了牦牛圈，每年平均出售 2 头牦牛，折合 14 000 元，售卖牛奶 2 500 元。2019 年年底，扎西顿珠一家人均年纯收入达到 9 195 元，成功脱贫了。

如今，投资 32.5 万元的玛庆村奶牛养殖专业合作社集中购买的 50 头牦牛被分置到 5 个自然村组，年均供应销售牛奶 2 000 余公斤。另外，通过"一村一合"项目连接贫困户，带动就业，按期分红，让村里的农牧民在新型牧业发展中尝到了甜头。

做好健康扶贫"守护人"

"没有全民健康，就没有全面小康。"

玛庆村医疗基础较差，群众健康意识缺乏，村里一些髋骨先天性脱位的幼儿，因延误最佳治疗期而落下残疾，高血压、糖尿病、风湿病等高原常见病则更为普遍。

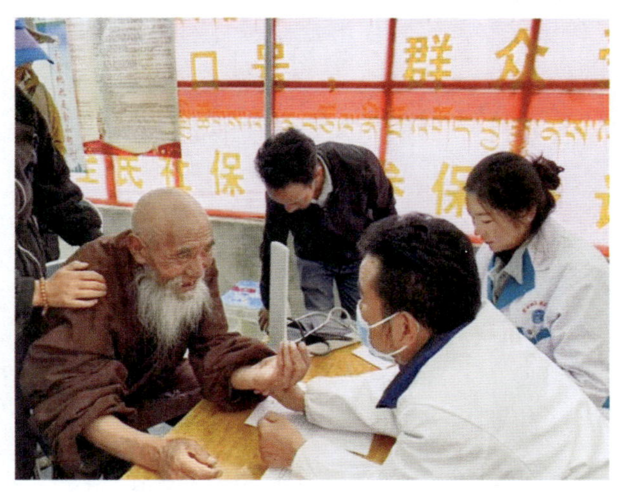

李良师看在眼里、急在心里。他多方联系，依托西藏自治区人民政府驻成都办事处医院在内地的资源优势，大力实行“免费义诊 + 卫生宣教 + 基层医生培训”的精准健康医疗服务模式，经常在村里开展免费义诊，教育引导农牧民群众养成健康生活习惯。仅 2019 年，“送医下乡”活动就接诊农牧民群众 800 余人次，发放健康手册 1 600 余份，免费发放药品价值 2 万余元。

2019 年 9 月，李良师积极协调西藏自治区科协，组织邀请藏医药学会专家来到牧区“送医下乡”，并对基层医生进行现场辅导。村医才嘎多布高兴地说：“没想到在家门口，能得到藏医专家尼玛老师的亲自指导，真是太荣幸了。”

李良师认为，健康扶贫是农牧民群众摆脱贫困的兜底防线。如今，玛庆村农牧民的健康意识大大增强，村医的医技水平显著提升，在2020年新冠肺炎疫情防控工作中，大家上下一心，共同构筑起坚实的健康防线。

抓牢基层党建“金钥匙”

村看村，户看户，群众看党员，党员看干部。

李良师常说：“只有带好一个班子，才能致富一个村子。”担任第一书记以来，他始终把提升基层党建工作作为破解一切难题的“金钥匙”。

他协助健全村党支部工作制度、“三会一课”制度、村规民约等一系列村级组织制度；创新开展扶贫工作队“学藏语·每日一词”活动，常态加强村“两委”干部汉语学习，破解语言不通难题；深入开展“不忘初心、牢记使命”主题教育学习，带头领学党章党规党纪，以及基层支部管理、脱贫攻坚、乡村振兴等重点专题，显著提升村“两委”班子的组织力和战斗力。

2019年5月，李良师组织15名村党员干部赴成都考察学习，深入成都天府新区科学城规划厅、高原之宝牦牛乳业公司、甘眉工业园、崇平镇春风村等地，学习四川省脱贫攻坚和基层党组织建设的新经验、好做法，以及四川藏区“飞地经济”新模式，进一步解放了村党员干部的思想观念。

党中央历来高度重视藏区工作，从政策、资金、项目等各个方面给予特殊关怀。李良师采用“党员分户包干制”，带头深入包干户家中，宣传党中央惠民政策，教育引导农牧民群众明白惠在何处、惠从何来。如今，玛庆村在党的好政策引领下，正铆足干劲巩固脱贫成果、奋战乡村振兴。

（撰稿人：成办）

秦岭山下党旗红

——记陕西省西安市鄠邑区石井镇栗峪口村第一书记赵轩

2018年9月，西安市委组织部赵轩担任了鄠邑区石井镇栗峪口村驻村第一书记。两年时间以来，他始终牢记组织重托，不忘初心、牢记使命，坚持以党建为统领，充分发挥党的政治优势、组织优势和密切联系群众优势，全力投入脱贫攻坚主战场，走出一条党建引领脱贫攻坚之路。

建强基层组织，打造火车头

帮钱帮物，不如帮助建个好支部，要把夯实农村基层党组织同脱贫攻坚有机结合起来。工作中，赵轩始终把建强基层组织作为第一书记的首要职责。他针对栗峪口村因村民组大规模合并带来的复杂情况，以交心交流促融合、组织生活规范化促融合、完善阵地促融合的三步走工作计划，实现了村“两委”班子大融合。特别是习近平总书记来陕西考察调研后，赵轩及时向党支部、党员传达学习习近平总书记来陕西考察时的重要指示，结合贯彻落实集体酝酿“1234”发展思路，让党支部一班人的矛盾更少了、心更齐了、事情更好办了。2020 年，赵轩带领村“两委”班子争取旅游、农业、水利等部门资金共 835 万元，大力发展村集体经济产业，村子气象焕然一新。

挖掘红色历史，激发内生力

依托丰富的红色文化资源和绿色生态资源，发展乡村旅游，搞活农村经济，是振兴乡村的好做法。赵轩牵头挖掘本村 20 世纪 30 年代红军过境这一红色本土资源，筹资建成“红军长征过境陈列馆”。通过村支部书记讲党课、第一书记讲革命史、老党员讲村史等，对全村 300 余名党员、群众代表进行轮训，并吸引市委党校培训班在内的 5 000 余名党员干部前来参观学习，充分发挥理论学习新阵地、党性教育新平台、扶智扶志新载体作用。同时，在各职能部门支持下，赵轩协调 2 000 余万元完善村里的道路硬化、污水处理、滴灌建设等基础设施，为后期发展以红色教育基地为龙头的乡村旅游业打下了坚实的基础。他先后牵头组织

“萌动春天，嗨玩乡村”系列亲子乡村旅游等 10 余场活动，吸引来村旅游近万人次，带动了农家乐和农产品销售。栗峪口村热闹起来了。

发挥党员作用，勇当主力军

绿水青山就是金山银山。工作中，赵轩始终让依托绿水青山发展的绿色经济成为栗峪口村农村发展、农业转型、农民致富的新路径，全力提升农业基础设施，推动果品类经济作物成为全村致富主产业。他培养党员致富带头人牵头产业发展，特别是由村支部书记、葡萄种植大户王利军牵头组织葡萄销售。采取果树认领、爱心预售、明星代言、进园采摘、电商直销、社区直销等形式，帮助贫困户销售葡萄共计 12 000 余公斤，帮助滞销户销售葡萄 20 余万公斤，为集体经济合作社赢利 6 万多元，让村里的产业和集体经济活了起来，初步叫响了“栗峪口葡萄”这一精品农产品品牌。同时，由青年党员肖河管理的红色教育基地，由入党积极分子刘大为管理的农耕研学基地等，都取得了积极进展，帮助村民树立了决胜脱贫攻坚和实现乡村振兴的信心。

（撰稿人：西组宣）

“搬迁书记”的五年扶贫路

——记陕西省宝鸡市陇县天成镇黄家沟村第一书记欧晓刚

在2016年陕西省宝鸡市陇县脱贫攻坚干部下派启动仪式上，他作为县级部门下派的第一书记代表作出庄严承诺：“我愿做一根针，梳理千条线，把群众的笑容作为最大的鞭策，一定要让他们过上幸福生活。”他是这样说的，也是这样做的。五年如一日，扎根贫困村，先后两次担任第一书记，他都干出了响当当的成绩。他，就是陇县县委政法委干部欧晓刚。

搬出深山，生活变了样

2016年，欧晓刚受组织委派担任陇县天成镇黄家沟村第一书记。当第一次走在黄家沟村陡峭蜿蜒的山路上时，他意识到交通不便是影响该村发展的最大障碍，唯有让山上的群众脱离祖祖辈辈生活的恶劣环境，才能斩断穷根。搬迁，是这个村唯一的出路。

“欧书记，你说让咱搬迁，我问你咱们往哪里搬？”

“欧书记，你的想法对着哩，可是咱都是庄稼人，手里没几个钱，怎么搬？”

“欧书记，……”

这是欧晓刚到村后第一次召开村组干部会议，当他提出移民搬迁这个想法时，村干部们七嘴八舌摆出的问题。

“大家先听我说，有困难咱们一起克服，咱是群众的主心骨，既然组织让我当第一书记，我就是要改变咱们村的现状哩。没有地，我和村支部书记去找，没有钱，大家怎么不想想还有咱们党和国家的好政策呢。”说完这句话，会议室立马安静了下来。

在做通了村干部的思想工作后，为了能听听村民的真实想法，欧晓刚利用两周时间，不分昼夜入户走访。原以为会吃“闭门羹”的他，没想到群众搬迁的意愿很强烈。有了群众的支持，他仿佛吃了颗“定心丸”。他先后向镇党委和县有关部门递上申请并汇报自己的想法，征得同意后，经过5次协商，县供销联社同意置换原镇供销社一半土地，最终以低于群众心理预期的价格签订了土地置换协议，土地的问题解决了。

可是如何建房又成了摆在欧晓刚面前的一道关卡。“群众的事情群众说了算”，这是欧晓刚在当时说的最多的一句话。他连续召集搬迁群众开会，每次都让参会的人逐一发言，房子的规划、大小的设置、楼层的分配、公共设施的修建，等等，都要经过大家协商一致才列入实施方案里。同时，他提议由搬迁户推选3～5名群众代表，分头收集群众意见，全程参与工程管理，严格监督资金使用。

2017年年底，一栋漂亮的6层住宅楼竣工，24户搬迁群众有了自己的新家，喜庆的鞭炮声此起彼伏。

“欧书记，走，到咱新房子里吃碗面……”

“欧书记，你给咱村里办了这么大的事情，大家都说你应该叫‘搬迁书记’哩。”这是搬迁群众住上新房后，遇到欧晓刚时经常说的话。

“‘搬迁书记’，这名字很贴切。”欧晓刚心里很暖。

产业促增收，强村又富民

2018年3月，在全县压茬轮换第一书记的时候，欧晓刚选择了继续坚守，他来到贫困人口达431户的曹家湾镇三里营社区。该社区由原来附近5个自然村合并而成，是一个因搬迁而构成的新型农村社区，漂亮的新居、完备的配套设施，使该社区成为全市乃至全省的移民搬迁亮点。

“现在我们从山上搬下来，生活环境好多了，这多亏了国家的好政策，但就是手里没有富余的钱，给后生娶个媳妇还是比较困难。”这是欧晓刚在入户走访时，三里营社区的贫困居民老张向他反映的情况。

这句话让欧晓刚触动很深：“现在这个社区的居民住的问题解决了，如果就业和产业发展跟不上，返贫风险依然较大。”在这种情况下，他通过外出取经调研，召开致富带头人座谈会，经过反复论证，在不到半个月的时间里，形成了三里营社区产业发展规划，并召开党员和群众代表大会通过实施。同时，他组织采取社区喇叭宣传、“四支力量”入户走访等形式，让“村庄光伏发电、川道烤烟西瓜、浅山畜牧养殖、深山核桃花椒”的农业产业发展思路迅速传达至全体居民，并与他们达成了共识。

在随后的一年时间内，欧晓刚忙得一个月也回不了一次家。他和社区干部一同带领群众按照“客商带头、大户引领”的办法，以每亩750元的价格流转土地700亩，建成有西瓜大棚1 400座的种植产业基地。为了解决资金难题，他又多方奔走，争取产业项目资金350万元，以社区股份经济合作社与投资方签订协议，每天安排150名贫困人员在基地就业，每年按照不低于产值的7%为贫困户分红，使该社区贫困户实现了一份土地、三份收入（土地流转金、合作社分红、基地务工工资）。同时，他还争取到扶贫资金，建成规模居全县首位的屋顶分布式光伏发电项目，年发电412千瓦，收益用于壮大社区集体经济。按照“支持大户、规模养殖”的思路，每年稳定种植优质烤烟2 000亩；先后建起2个500只奶山羊养殖场、1个100头肉牛养殖场，1个5 000只土鸡养殖场，使居民的“钱袋子”越来越鼓。

目前，三里营社区成立了6个专业合作社，有效地引领群众抱团发展，实现了家家有长短结合的主导产业、户户有种养搭配的增收门路、人人有集体经济的项目分红，全社区农户实现了稳定增收。

激发原动力，发展有后劲

5年的驻村扶贫实践，使欧晓刚深深地感受到，脱贫攻坚的主心骨是坚强的党组织，参与的主体是贫困户。易地搬迁群众来自不同的自然村，加强社区党建尤为重要。按照“五级书记抓脱贫”要求，他积极协助社区支部书记抓好党建促脱贫工作，坚持每季度为党员讲党课，经常与老党员谈心，领导党员干部开展“周誓”活动，定期开展主题党日活动，使社区党组织成为决战决胜脱贫攻坚的坚强堡垒，党员干部成为引领发展的“先锋队”。

党员干部思想问题解决了，他又把增强贫困户脱贫的内生动力摆在重要位置，以扶志扶智教育为抓手，探索总结出“八个一”工作法，即全体干部每半个月深入走访一次群众了解民意，每季度举办一次“五星”明星评选，每月举办一次法治讲堂、一次道德讲堂和一次文化惠民演出，妇联每月各组织留守妇女和在校学生举办一次村规民约集体诵读，每月集中举办一次政策宣传活动。另外，坚持常态化开展夜间走访谈心。随着“八个一”活动的深入开展，三里营社区风气正了，民风淳朴了，党组织的凝聚力、号召力增强了，贫困户自主脱贫的内生动力得到了最大限度的激发，凝聚起了强大的脱贫攻坚合力，为乡村振兴奠定了坚实的基础。

回望 5 年扶贫路，“搬迁书记”欧晓刚每一步走得都很实在，每一步走得都很坚定。他时常用习近平总书记说的“我将无我，不负人民”来勉励自己，用自己的辛勤汗水为群众创造更好的生活条件，带领群众发展产业奔小康。

（撰稿人：贾玉龙、马俊杰）

荷叶坪来了个“新艄公”

——记陕西省榆林市佳县螅镇荷叶坪村第一书记高旭

“你晓得天下黄河几十几道弯哎？几十几道弯上有几十几只船哎？几十几只船上有几十几根杆哎？几十几个艄公哟嗬来把船儿搬？”

一个世纪以前，长年在黄河上以船谋生的艄公李思命，在家乡荷叶坪村的山水间，唱响了陕北民歌《黄河船夫曲》。如今，大河之上早不见了为生计而疲于奔命的老艄公，而多了为乡亲们脱贫而奔走的“新艄公”，第一书记高旭便是其中一位。

1969 年出生的高旭，是土生土长的陕西省佳县人。27 年的军旅生涯，铸就了他特别能吃苦、特别能战斗、特别能奉献的军人品格。2013 年转业到榆林市能源局任职半年后，高旭便义无反顾地投身到了脱贫攻坚新战场上。

2017 年 5 月，高旭来到荷叶坪村任驻村第一书记，和乡亲们一起战斗了 3 年多。在这个“新艄公”的掌舵下，荷叶坪村连续实现了 2018 年贫困村整体出列和 2019 年贫困户全部脱贫的目标。因扶贫业绩突出，2018 年高旭被陕西省脱贫攻坚领导小组评为省级优秀第一书记。

解决饮水安全问题，点滴之处见真情

“你把百姓当亲人，百姓就把你当家人。”这是高旭在驻村扶贫工作中的口头禅。

刚到荷叶坪村，在入户走访中，高旭发现不少村民患病，全村因病致贫率高达 53%，但致病原因不明。

经过深入摸排调查，高旭把目光锁定在村民的饮用水上，他迅速采集了村里 4 口水井的水样送检化验。结果不出所料，荷叶坪村送检的部分水样重金属元素超标。他立即向派出单位提出申请，希望给全村每家每户都安装一台净水器。

榆林市能源局党组对高旭的申请表示大力支持，愿意资助荷叶坪村的村民，这样每户村民只需承担 800 元就能享受原价 3 000 元一台的净水器。此后，在高旭的协调下，荷叶坪村还通过新辟饮用水源，实施管网入户，有效解决了饮水安全的问题。

防汛架桥两手抓，危难之处显身手

2017 年 7 月 26 日凌晨，荷叶坪村突遭特大暴雨袭击，村前的楼底河水位暴涨。

高旭赶忙叫醒驻村工作队队友和村干部，分头行动察看汛情，组织低洼区域村民迅速转移。

凌晨 3 时许，村里的老党员李四宝打来电话激动地说："高书记，幸亏咱们行动及时，不然就出大事了。我们把沿黄公路施工人员转移到安全区域后，才知还有两名技术员在汽车内睡觉，冒险返回把技术员转移后，咆哮的山洪就把汽车冲走了。"

几天后，施工队的工友们给高旭送来了锦旗，紧紧握着他的双手连声道谢说："高书记，你们不光是来扶贫的，还是来救命的。"

7 月 26 日的特大洪水灾害，不仅冲毁了荷叶坪村的 15 间民房，也摧毁了村内唯一的漫水桥。此后，村民出行只能蹚水过河。遇有降雨，河水上涨，村民与外界联通的路也会被切断。

为解决村民出行难题，高旭多次申请和协调，终于争取到了佳县交通局安排的 20 万元漫水桥维修资金。仅对漫水桥进行修缮，无法从根本上解决村民的出行问题，再遇大洪水还会形成新的隐患。新建一座跨河大桥，成了全村百姓最大的心愿。

大家把希望投向了驻村工作队，投向了第一书记高旭。76 岁的张应美老人对他说：“高书记，只要你能把这座桥建好，我在上面走上一回，死了也值！”

在大家充满期盼的眼神中，高旭踏上了帮荷叶坪村修建便民桥、连心桥的新“旅程”。几经奔波、费尽周折，他的不懈努力，最终换得了各级党委、政府和相关部门的支持。2019 年 10 月，总投资 172 万元的荷叶坪扶贫大桥正式竣工通车。

产业破困局，立体经营促增收

脱贫增收，产业先行。高旭决定，先从全村人赖以生存的枣树着手破局。

前几年，受市场不景气的影响，加之每到秋雨绵绵的季节，红枣裂果，荷叶坪村的枣林一度处于“树没人管、枣没人收”的尴尬境地，成了烂在树下的“臭蛋蛋”。

2018 年，经过深入研究探讨，高旭结合“三变”改革和产业扶贫政策，决定将全村 2 000 多亩枣树由村集体经济合作社统一管理：从降高塑形、微耕施肥到病虫害防治，均由合作社负责。红枣成熟后合作社保底回收，从根本上解决了红枣销售难的问题。此外，高旭还协调资金 34 万元，建设了 210 平方米的保鲜库。

“合作社成立之初，我们围绕如何为村民尤其是贫困群众提供相对稳定的就业岗位进行了研究。目前，合作社在枣林管护方面安排就业的劳动力有近 30 人，其中贫困户占四成以上。”高旭说。

在高旭的沟通协调下，2020 年 4 月，荷叶坪村集体经济合作社还同佳县红润枣业专业合作社签订了保底收购协议。根据协议，红润枣业不仅一次性收购了全村滞销的近 5 000 公斤红枣，2020 年还按不低于市场价格的标准，收购荷叶坪的全部黄河滩枣。仅此一项，荷叶坪村村民每年人均增收 1 000 多元，让枣树变成了“摇钱树”，让“臭蛋蛋”变成了“金蛋蛋”。

“过去劳动力不足，连自家枣树都管不过来，收入也没有保障。现在，一年四季都在合作社务工，再加上卖枣，一年收入挺不错的。”荷叶坪村脱贫户、集体经济合作社红枣管护队队长王润宝说。

2018 年，按照“短期养殖、中期红枣、长期旅游”的产业发展思路，高旭还带领村民建起土鸡养殖基地，养殖鸡、鸭、鹅 2 000 余只，在荷叶坪村构建起“树上有枣、树下有鸡，水中养鱼、水面养鹅，山里有了中药材，田里种了小杂粮”的立体产业格局，真正让村民共享政策红利、发展之福。

（撰稿人：满孝永、申斌斌、李涛）

她的“背影”

——记陕西省安康市汉滨区流水镇田心社区第一书记郭颖

热闹的春节刚过，安康市政务服务中心综合科科长郭颖被组织派往汉滨区流水镇田心社区任第一书记。面对陌生的环境和艰巨的脱贫攻坚任务，她没有一丝慌乱，背上行李后和同事们一一告别。

“听说咱们社区来了一个女干部，年纪轻轻的还是驻社区的第一书记呢！”“你说说，一个城里来的女娃子，真能在咱们这穷乡僻壤待得下去吗？怕是来走过场的。”面对初来乍到的第一书记郭颖，陕西省安康市汉滨区流水镇田心社区的村民三三两两在一起议论个不停。

脚步丈量、热血蹚路，她留下步履铿锵的“背影”

汉滨区流水镇田心社区由4个自然村合并而成，共有1 010户3 489人，建档立卡贫困居民几乎占了总人口的三分之一，贫困规模之大、帮扶任务之繁重在汉滨区都是出了名的，社区基础设施落后、社情民意复杂的工作现状更是让人望而生畏。

“必须把社区的情况搞得清清楚楚，才知道下一步该怎么做。”接下来，她带领扶贫工作队花费一个多月的时间跑遍了全社区的16个居民小组，访遍281户贫困户。

面对基础设施落后的现状，郭颖一方面向镇、社区干部虚心请教，梳理急需解决的困难和问题；一方面加大走访入户频率，收集群众反馈的实际情况。当城里的人们还在记录健走步数的时候，郭颖已经开始用脚步丈量起山路。初春的冷霜寒流让泥路草丛潮湿硬滑，农村的山路异常难行，真应了当地那句话，“上坡的时候怕滑跪地，下坡的时候怕摔屁股”。这对于在城里长大的郭颖来说是一个考验，她几乎是滑着走遍了10多公里的山路。踉跄的步履在山风肆虐中显得十分艰难，她的“背影”更显得弱不禁风。

“那不是郭书记吗，怎么又下河去了？”附近干活儿的居民看到郭颖挽起裤管，脱掉鞋，手里拄着竹竿，深一脚、浅一脚地在河道里蹚行。经过多次下到河道里摸索踩点，最终确定了新的安全饮水建设点。郭颖顾不上满身疲惫，赶紧带着这些问题回单位向领导汇报。通过多方协调，市政府领导到田心社区调研指导解决问题，还专门组织召集市、区相关部门开现场会、办公会，强力推动项目落地。如今社区的道路开始硬化，安全饮水建设工程已全面开工，标准化卫生室已投入使用，为实现整个社区脱贫摘帽奠定了坚实的基础。

真情奉献、爱心帮扶，她留下东奔西跑的“背影”

和安康众多农村山区一样，田心社区居民也是劳务输出较多，外出务工就业收入占家庭年收入的80%以上，同时，大量孤寡老人、妇女和儿童留守的问题也比较突出。搞好田心社区脱贫攻坚帮扶工作，既要鼓励他们充分就业增加收入，也要帮助照顾好“留守部队”，解决他们的后顾之忧，这是当前脱贫攻坚的难点与焦点，更是工作的切入点与着力点。为解决这个突出问题，郭颖选择多入户交心做朋友，多跑路办事解心结，用实际行动践行一名帮扶干部的真情与爱心。

十三组的贫困居民王文宏长年在外务工，家里只留下年近60岁的母亲翁亿翠一人，忙完家里忙地里，家务农活儿把一天时间安排得满满当当。用她自己的话说，一年到头走不出山，镇上都没去过。刚入户时，郭颖发现翁亿翠烧水做饭都要烧柴草，耽误工夫也不环保，她就自掏腰包为其添置了电饭煲、热水壶。入冬后，考虑到过冬问题，又为其送去棉衣、棉鞋、棉被等物资，确保老人温暖过冬。翁亿翠逢人便夸：“这女娃，比亲女儿都贴心。”

四组贫困居民程明峰因长年在外务工，留下妻子温胜华在家照顾3个子女上学。由于3个孩子年龄跨度较大，繁重的家务和沉重的经济负担，让温胜华在脱贫的道路上显得信心尤为不足。了解到这一情况后，郭颖多次上门谈心，在了解到温胜华曾参加过烹饪技术培训后，便主动联系田心社区教学点，聘请温胜华在教学点食堂工作。这样，既增加了温胜华的收入，又方便她照顾子女上学，解决了长期困扰她的问题。此前愁容满面的温胜华喜上眉梢。

干部脚上有土，群众心里不堵。驻社区以来，郭颖始终坚持帮扶工作要做到“真帮实干”。走访入户时，她总是留心把群众的需求记下来。每次回单位汇报工作的时候，她总要“顺道”给群众办一些事情，并且自费为贫困户购买生活用品，垫付资金累计达5 000余元。为了帮助社区的孤寡老人、留守妇女和儿童以及贫困学生，郭颖还多次协调市政府机关、妇联、外侨办等部门，捐资捐助10万余元慰问金、慰问品。这些平凡琐碎的事如细雨润物一般，暖暖地滋润着田心社区干部群众的心。郭颖常说：“一点一滴的小事，汇集起来就是百姓的生活。我累一点无所谓，重要的是让百姓少跑点路、少花点路费。”

集思广益、舍己为人，她留下信念坚定的“背影”

5 月正是玫瑰花盛开的季节，络绎不绝的游客从四面八方赶来田心社区的玫瑰园赏花，熙熙攘攘的人流遍布玫瑰园，闻香、观花、拍照，给这个依山傍水宁静的小山村带来了勃勃生机。很快，微信朋友圈、公众号就把这里变成了新的“网红地”。“要趁着这股观花热潮，尽快扩大经营范围。生态农业观光集游、娱、食、居“四维一体”发展，就可以带动不少贫困劳动力脱贫致富。”郭颖想到这儿便立即和玫瑰园经营者任军联系，一边把想法和他沟通，一边积极向单位反映、协调产业发展资金。在单位领导的多方努力下，最终把 100 万元产业发展资金注入了玫瑰园。如今，田心社区有 80 户贫困户与玫瑰园签订了分红协议，25 户贫困户劳动力长期在园内务工，户均年增收 4 000 余元。贫困户口袋里有了“新票子”，日子越过越好。

“现在的玫瑰园已发展到 200 亩，农家乐办起来了，园子周边的水塘不光养上鱼还种了荷花。观玫瑰花、享荷塘色、品农家菜、垂钓野炊等项目成了我们新的收入来源。”提起郭颖，玫瑰园经营者任军总有说不完的感激。

转眼间，郭颖已经驻田心社区工作了一年半时间，这个“坐办公室”的城里女娃，原本白皙的皮肤变得黝黑，社区居民总有人和她说笑，“郭书记越来越像咱农村人了”。

由于扶贫工作异常繁忙，郭颖对家人特别是孩子的照顾就更少了。2020年5月，儿子因风寒感冒而引发肺部感染。接到电话的那一刻，她恨不得立刻赶回家，可手里的工作怎么办？最终她只能拜托孩子姑姑帮忙照顾，把对孩子的愧疚深深地埋在心底。

“既然走上扶贫这条路，就要坚持下去。”郭颖常用这句话自勉。她认为只有坚持以身作则，坚守在扶贫一线，才能真正发挥帮扶干部的作用。“撸起袖子加油干”，才能团结带领广大贫困群众沿着脱贫致富的康庄大道走下去。

（撰稿人：胡波）

“傻”得实在的第一书记

——记陕西省安康市旬阳县仙河镇吉家庄社区第一书记吴礼龙

初夏的5月，走进陕西省安康市旬阳县仙河镇吉家庄社区，金黄的小麦、油菜花在大地上肆意铺开，田埂、麦田浑然一色，仿佛满地覆裹了黄金甲，乡亲们的脸上都洋溢着幸福的笑容；通往各家的水泥路在雨后的阳光下显得格外干净；青瓦白墙下，乡亲们谈笑风生……

谁也想不到，两年前那个交通不便、贫困落后的社区，会有今天如此出众的“乡村颜值”。而这一切的改变，得益于精准扶贫的深入开展，更得益于社区里有一位称职的第一书记——旬阳县人力资源社会保障局驻村干部吴礼龙。

一个“傻傻”决定从机关到农村

2020年5月，旬阳县仙河镇吉家庄社区被推荐为安康市“脱贫攻坚先进社区”表彰对象。此时的“傻书记”吴礼龙更感肩上的责任重大。“今后一定要带动更多的人，做更多实实在在的事。”“傻书记”还没当第一书记之前，是旬阳县人力资源社会保障局人事股股长。人力资源社会保障局扶贫包联的仙河镇是偏远乡镇，地处旬阳最东部。2018年3月，扶贫工作进入爬坡攻坚阶段，县人力资源社会保障局要加派强硬力量支援仙河镇脱贫攻坚工作。派谁去？正当局党组犯难时，作为局人事股股长的吴礼龙主动请缨到脱贫攻坚一线驻村。“老吴，你傻不傻呀，好不容易从乡镇调回来，你还自己再折腾到村里去，你这不是给自己找罪受吗？”“扶贫工作压力很大，太辛苦了，我劝你还是不要去！”“老吴你行，有经验、有基础，好好干！”“放着好好的人事股股长不当，却要去驻村当第一书记，你可要考虑好了。”……人们对吴礼龙的决定表现出反对、担心、赞成、观望等各种态度。有着10年农村基层工作经验的吴礼龙有自己的主意，争取到了家人的支持后，便义无反顾奔赴一线。于是，在暖春3月里，吴礼龙响应组织号召，担任仙河镇吉家庄社区第一书记。“这是组织对我的信任！”当晚，他在日记里写道：“两年的驻村工作开始了，从此我就是吉家庄社区人，希望能不负此行，让群众受之有实、感之有惠！”在吴礼龙的眼里，能够选派他当驻社区第一书记，更多的是组织对他的期望，期望他能够带领群众告别贫穷，走上脱贫奔小康道路。

“憨憨”地把自己变成社区人

吉家庄社区辖6个村民小组，共有590户2 111人，其中建档立卡贫困户175户597人，在册贫困户66户175人。如何让他们脱贫致富，吴礼龙心中早已有数。“喊破嗓子，不如做出样子。”在脱贫攻坚的道路上，无论再累再忙都从不抱怨，无论遇到多大的困难都从不放弃，他总是能给社区干部和居民们做出好样子来。刚到社区，他顾不上自己的衣食住行，就匆匆背上水壶、带上本子，深入田间地头和居民家中走访。他用了12天时间，走遍了全社区6个居民小组66户建档立卡贫困户，重点了解了当年计划要脱贫的30户居民，召开6次“院坝会”与社区“两委”班子成员、党员及居民代表交心谈心，迅速摸清了社区的交通、水利、住房、就业、教育等情况。

“第一次到颜家院子走访是个雨天，刚好遇上学生放学，看到一群和我儿子年龄差不多的小学生踏着坑坑洼洼泥泞难行的泥巴路，脚上身上全糊满了泥，真的让我很心痛。”吴礼龙说。群众出行都难，还谈何发展？他把颜家院子“脱贫路”硬化当成第一个目标，动员居民，请示领导，筹措资金10余万元，不到一个月，1 200米的颜家院子连户路硬化完工，让50余户居民从此告别了“晴天一身灰，雨天一身泥”的生活。解决了交通问题，吴礼龙又把目光瞄准了武家院子的水源不足居民饮水难题。他积极向上级部门申请、协调，争取项目投资10万元。20余天，新修集中供水系统1套、截水坝1座、蓄水池30立方米，铺设管网2 600米，解决了30余户人畜饮用水问题；同时对全社区老化饮水管道共1万米进行了全面更换，居民安全饮水率达到100%。安全用电方面，“傻书记”吴礼龙也时刻放在心上。面对社区住户分散、电网输送线路长的现状，他申请电力部门对2个居民小组的农电网络进行了改造，对3个居民小组的高压输变线路进行改造，增设变压器3台，历经一个月，210户居民安全用电问题得以解决。大事上靠得住，小事上也仗义。见到谁家在犁地，他就要帮助犁一会儿；遇到谁家在建房，他就挽起袖子去搬砖；碰上谁家孩子家庭作业不会了，他就当自己的孩子一样耐心讲解；社区里栗时新老人家电视机坏了，他自己掏钱给买了台新的。谁家有困难，吴礼龙准第一个过去帮忙。

有人说他太憨，他却笑着说：“村看村，户看户，群众看的是党员和干部，多干点、累点，没啥。”从 80 多岁的老人到初记事的幼童都记住了他这个县里来的社区人、社区里面的“傻书记”。

让温暖在贫困户中传递就“傻”得值

冬阳暖人、滴水润心。“傻书记”吴礼龙把自己从一个机关干部彻底变成了一个“泥腿子”。社区居民们都已经离不开这个上得了山、下得了田、不见外的第一书记，有什么事都愿意和他说一说。“他把我们的事当自己的事一样，做的事情都是为我们好，我们咋能不支持。”贫困居民武善立向居委会自愿递交自家退出贫困户申请时动情地说。“党帮助我脱贫，我要为党争气。咱们不能总等、靠、要不是？在吴书记的帮助下，我们也加入了社区互助资金协会，还给我放款 2 万元，让我发展产业。这不，我又养了 30 头猪，年底要出栏 15 头，预计能增收 3 万元左右呢！”谈起现在的生活，吴礼龙包联的贫困户陈维兵夫妇俩笑得合不拢嘴。“我家把地流转给了宏豪农林旅公司种植拐枣和牡丹，每年租金分红 2 000 多元，现在还让我负责公司拐枣林的管护，每年又能挣上 2 000 多元。”谈起变化，该社区一组的贫困居民柯恒春喜笑颜开。为帮助全村 66 户贫困户脱贫，吴礼龙与社区四支力量一道，积极申请上级“输血”，争取交通、农业、水利、教育、卫生、社会保障等方面专项资金、奖补资金 105 万元。同时，他还不忘完善社区的“造血”功能，把产业发展作为“第一要务”。

为了更好地解决社区无法外出劳动力经济收入不定的问题，吴礼龙同居委会班子一道经过认真调研、多方论证，最终决定通过成立社区互助资金协会，帮助居民发展产业增收。目前，协会已吸纳会员 185 户，为 15 户贫困户放款 30 万元，用于发展养殖、种植产业和自主创业等。与此同时，吴礼龙牵头筹建了增效生态农业专业合作社，吸纳社员 70 户，引进乌鸡 3 000 只，覆盖了社区 162 户贫困户，户均增收 800 元左右。他还向派出单位申请资金 10 万元，建起了毛绒玩具厂，为社区居民提供家门口就业岗位 30 多个。除此之外，他积极引导土地流转 220 户共 800 亩，年增收租金共计 24.6 万元；大力发展特色产业，新栽植拐枣树 400 亩，油用牡丹 200 亩，全社区产业建设呈现良好发展态势。

春生夏长，秋收冬藏。两年时间里，吴礼龙走遍了社区里的沟沟壑壑，全社区 660 多户居民的家里都留下了他的脚印，在田间地头、贫困居民家中，他和群众打成一片。据初步统计，两年来在他的牵头带动下，共争取到基础设施建设项目 5 个，发展集体经济项目 1 个，完成社会发展社会事业规划 1 项，计划脱贫的 47 户 135 人如期实现脱贫摘帽。社区容貌改头换面，产业发展逐步上路，集体经济从无到有，群众干劲日益高涨。“我们社区来了位好书记！”居民们提起吴礼龙都忍不住伸出大拇指赞一个，亲切地称他为“第一傻书记”。

（撰稿人：张兆群）

小赵书记扶贫记

——记甘肃省酒泉市瓜州县广至藏族乡卓尼村第一书记赵永成

在群众眼里，他是为民解忧的“卖菜书记”；在村干部眼里，他是有想法有思路的“实干书记”；在村里的孩子们眼里，他是平易近人的“爱心书记”……他，就是被村民们亲切地称为“小赵书记”的赵永成。

2019 年 4 月，赵永成被甘肃省酒泉市瓜州县委组织部选派到广至藏族乡卓尼村担任第一书记兼驻村帮扶工作队队长。一年来，他夜以继日挥洒汗水，步履不停为民解忧；用青春书写奋斗答卷，用实效检验为民初心。

主动作为的“实干书记”

“扶贫不仅要抓好产业，更要抓好村‘两委’班子建设。”他是这么说的，也是这么做的。

2020 年年初，村文书张德贵因年龄过大，无法再继续承担村级事务，谁来接文书的工作，成了村里急需解决的事儿。

在了解到这一情况后，赵永成便主动与村“两委”班子商议，多次召开会议，与村级后备干部进行谈心谈话，了解掌握后备干部的想法和意愿。最终，经过前期的准备工作，卓尼村于 2020 年 4 月顺利完成了村文书的调整工作。

为了保证新任文书能够尽快接手工作，赵永成主动放弃节假日休息时间，手把手教授村文书各种电子办公设备应用技巧，帮助他快速进入角色。

“有了小赵书记的帮助，我们村干部的工作效率明显提高了。他还手把手地教村里的党员使用‘甘肃党建’和‘学习强国’App，农闲时大家都爱看看新闻，村里的风气也比以前好多了。”村文书张建红高兴地说。

为民解忧的“卖菜书记”

2020年年初，突如其来的新冠肺炎疫情打乱了乡亲们的生产生活，也揪住了赵永成的心，他主动提前返岗，参与到疫情防控工作中。

疫情防控期间，他带领驻村帮扶工作队队员挨家挨户开展排查走访。在走访过程中，赵永成了解到卓尼村四组菜农包林德种的两棚青椒受疫情影响，成熟了却卖不出去，如果烂在地里将损失3万多元。

他第一时间与村“两委”商议对策，确定了驻村挂职干部微信“拉订单”，支部委员组织农户“备货源”，按需收购、统一配送的模式，最大限度缓解菜农的燃眉之急。

为了保证菜品的配送安全，赵永成与乡政府干部每天坚持对所有配送人员进行严格检测，要求菜农在蔬菜大棚称斤打包时全程佩戴口罩和手套，一天三次对配送车辆进行消毒，按照“照单提袋、扫码付款”的流程进行交易，确保了“买卖”全程人员“零接触”。

短短几天内，菜农的蔬菜积压之苦就得到了有效解决，也有效地规避了县城居民上市场买菜的疫情风险，可谓一举两得。

特殊时期的暖心举动受到了群众的广泛称赞，一时间，赵永成成了全县街谈巷议的“卖菜书记”。

平易近人的“爱心书记”

扶贫必先扶智。对下一代的良好教育是根除贫困的长远之计。了解到卓尼村小学孩子们阅读资源匮乏的情况后，赵永成四处奔走，积极寻求社会帮助。最终，他从县图书馆为村小学图书室争取到了300余册、总价值约5 000元的儿童图书捐赠项目，并积极协调县图书馆在卓尼村设立了固定“图书漂流点”，定期为孩子们更新阅读资源。

目前，卓尼村小学已经撤销合并到广至藏族乡中心小学，可赵永成对孩子们的关爱丝毫没有削减。他在村里的“农家书屋”建立了“周末儿童阅读角”，每周末坚持在村文化广场为孩子们播放爱国教育题材的露天电影。“周末回家的孩子们老远看见我了，亲切地说一声‘叔叔好’，这是我最享受的时刻。”赵永成满脸自豪地说。

担任卓尼村第一书记一年多时间里，赵永成虽然流了很多汗、跑了很多路，但是他心里明白，自己收获的更多。在卓尼村，赵永成重新理解了幸福。他认为，幸福就是贫困村民见到他的时候，笑呵呵地伸出大拇指；幸福就是村民见到他的时候，由衷地说一句“小赵书记真挺好！”

（撰稿人：陈海）

来自高校的“鞋垫书记”

——记甘肃省临夏回族自治州康乐县鸣鹿乡东沟门村第一书记陈永锡

东沟门村是一个少数民族聚居的深度贫困村。这个小山村流传着一个“鞋垫书记”的驻村帮扶故事，故事主人公被当地干部群众交口称赞。他，便是兰州交通大学派驻的扶贫干部陈永锡。

2018 年 4 月，陈永锡被兰州交通大学选派到甘肃省临夏回族自治州康乐县鸣鹿乡东沟门村担任第一书记、驻村帮扶工作队队长。东沟门村党群服务中心一间 12 平方米的房子、一张办公桌、一台计算机、一张单人床，见证了他 3 年的驻村岁月。

山村来了位大学老师

作为一名毕业后即留校工作 20 多年的高校老师，陈永锡初到贫困村驻村，困难重重。语言听不懂，生活不习惯，饮食不适应，工作对象、工作内容和工作节奏也与从前完全不同。困难没有让他放弃，陈永锡很快便全身心投入到帮扶工作中。

陈永锡一边学习党和国家扶贫政策，一边虚心向村干部、帮扶责任人请教工作方法，并细心记录下来。为了熟记建档立卡贫困户的家庭位置，他专门准备了一个笔记本，上面密密麻麻标注着每一户贫困户的家庭位置简图。

一个月的时间，陈永锡跑遍了东沟门村 10 个社全部农户。“吃住在村，工作到户。”陈永锡深入村口巷尾、田间地埂、院落炕头宣传政策，了解贫困户生活状况、存在的困难和产业发展需求。看到村委会办公室屋顶漏水、地面返潮，他立即联系帮扶单位兰州交通大学出资对村委会办公室进行了维修；得知村里有

5个社的群众入户自来水管接通了，但迟迟没通水的情况后，他立即向县相关部门反映协调解决，一个月后，家家户户吃上了自来水。村里群众高兴地说：“陈书记没有架子，人热情，爱帮忙，真是咱的好干部。”

大学老师成为“鞋垫书记”

在入户过程中，陈永锡发现东沟门村留守妇女素有农闲时间制作手工刺绣鞋垫的传统。这种鞋垫吸汗、透气，制作成本低，每双鞋垫成本只要5元，技术要求不高，特别适合在家留守妇女闲暇之余制作。

为了贯彻落实省委、省政府“因地制宜发展小手工、小家禽、小庭院、小买卖、小作坊产业”的精神，从2019年3月开始，陈永锡便动员有此技艺的贫困户妇女自购原料，利用闲暇时间各自在家制作，并承诺每双鞋垫由他30元包销。

陈永锡协调帮扶单位兰州交通大学出资设计制作了鞋垫包装盒，并取名“貂蝉牌扶贫鞋垫”，通过自己的微信朋友圈和私人关系到处推销，鼓动身边的同事、朋友和亲戚“购买一双鞋垫，奉献一份爱心”。

两年来，东沟门村贫困户制作销售扶贫鞋垫300多双，增收11 000多元。贫困村民马奴给叶兴奋地说：“根本没想到我手工做的鞋垫还能卖钱，这下子我又能在家照顾孩子，又能凭手艺挣钱了。”由于陈永锡逢人便推销扶贫鞋垫，他的朋友们和村里的群众都戏称他为“鞋垫书记”。

陈永锡深知，打赢脱贫攻坚战，产业致富是关键。东沟门村自然条件受限，引进外来企业不易，应充分挖掘本地企业的发展潜能。县里的守义养殖农民专业合作社就是本村养鸡企业，日存栏量 5 万多只，规模大、见效快，利润也不错，很适合带动本村群众发展。陈永锡多次找到合作社负责人马守义商谈，说服他创办“养殖扶贫车间”。

于是，陈永锡和合作社一同制定细则，策划实施方案，于 2018 年 10 月 8 日挂牌成立了康乐县第一个“养殖扶贫车间”，通过“合作社 + 贫困户”的模式，免费向农户提供鸡苗，成鸡出栏回购，同时吸纳建档立卡贫困劳动力到车间务工。

3 年来，“养殖扶贫车间”共吸纳建档立卡贫困户长短期务工 60 余人次，先后 3 批共向 110 户建档立卡贫困户免费发放鸡苗 4 700 多只，带动本村贫困户户均增收 3 000 多元。

让所有群众都享受到党的好政策

驻村之初，陈永锡发现东沟门村到乡政府上访的群众比较多，主要反映各项脱贫攻坚政策透明度不高。为此，陈永锡指导驻村工作队制定了村民知情大会制度，凡涉及村民切身利益的各项政策、各类问题都要上会集体评议落实，坚持透明、公开、公平、公正；对村民知情大会上群众现场反映的问题和诉求，做到“一般问题不过夜、村级问题不过周、乡级问题不过月”，保证在最短时间内给予群众满意的解决方案和解释，群众满意度大幅提高。

鸣鹿乡党委书记说："原来乡政府大院来 10 个上访的群众，9 个就是东沟门村的。现在，乡政府大院已经不太能见到东沟门村的上访群众了。"

驻村期间，陈永锡发现，村里很多学生和家长由于消息闭塞，不了解高考录取中对贫困地区的专项招生计划，没能充分享受到国家的招生惠民政策。他联合同在鸣鹿乡驻村、曾长期从事招生工作的同事王昕老师，连续三年在高考志愿填报期间，义务为全乡高考考生开展志愿填报辅导活动，指导考生在现有高考分数的基础上，合理享受各种贫困专项招生计划，力争进入理想大学。

陈永锡每年协调组织兰州交通大学大学生艺术团、社会实践团等赴东沟门村送文化下乡，捐赠文体用品，开展义务支教和"大手牵小手"等文化扶贫活动，引导东沟门村的孩子们树立积极向上的生活信心。东沟门村的孩子们开心地说："上大学真好！我们也要好好学习，长大了也要到陈书记的大学里去读书。"

"初心不因路途迢遥而改变，使命不因风雨坎坷而淡忘。"正是有了这种信念和力量的支撑，陈永锡一步一步走进了村民心里，和当地干部群众成了无话不说的知心朋友。2019 年，东沟门村完成了脱贫攻坚各项任务，顺利退出贫困村序列。陈永锡也先后被评为"甘肃省 2018 年脱贫攻坚帮扶工作先进个人""康乐县优秀驻村工作队队长""康乐县优秀驻村第一书记"。

（撰稿人：康组文）

百年榆树结出“幸福花”

——记甘肃省临夏回族自治州广河县齐家镇王家沟村第一书记赵万东

“哎……山是山，梁是梁，曾经诺（我）们是个山里人。”

“哎……河是河，水是水，三十年河西，三十年河东，如今的诺们变成了有钱汉。”

傍晚，坐在村头百年榆树下的赵万东，听着远处山梁传来的甘肃花儿声，心中由衷地感到喜悦。8月，初秋的王家沟，轻风微拂、绿意盎然，一条条水泥路穿行于村庄之中，一座座红瓦房与蓝色的天空交相辉映，形成了一幅绝美的乡村风景画……

2019 年 4 月，甘肃省临夏回族自治州广河县发展改革局副局长赵万东受组织选派，到位于广河县齐家镇南部山区的深度贫困村王家沟村担任第一书记兼驻村帮扶工作队队长。他用一片赤诚之心，视村民脱贫为己任，正视困难、解决问题，用脚丈量、用心工作，与村“两委”一起，带着王家沟村村民一步步走稳致富路。

真抓实干，他是脱贫攻坚“引路人”

“脱贫致富，产业发展是基础和关键。只有摸清村情，才能寻到贫根之所在，找到脱贫致富的途径和方法。”

王家沟村位于广河县南部干旱山区，山大沟深，交通不便，村民文化程度低，全村产业发展滞后，农民收入普遍较低。如何带领王家沟村群众脱贫致富成了摆在赵万东面前的一道难题。

通过走访赵万东发现，王家沟大部分农户家中都养牛养羊，村民有一定的养殖经验和基础，但是养殖品种不佳，收入不高。随后，他积极宣传动员有养殖意愿的农户改换优良养殖品种，将家中的土黄牛全部改良为育肥周期短、产肉率高的西门塔尔牛、夏洛莱牛。目前全村肉牛存栏达 815 头，户均养殖业年收入达 1.8 万元左右。

为了让村里的养殖业能进一步发展起来，赵万东与村“两委”商量，决定成立富民源养殖专业合作社。但合作社成立之初，村民对新型的产业形态不了解，担心入股后会亏损，不愿意加入。针对这一情况，赵万东组织召开村支委会会议，动员支委会成员加入合作社，由支委会成员带动其他党员，党员带动村民。这样，全村 155 户贫困户全部加入了合作社，入社贫困户年保底分红 10%，入股群众每年还可分红 400 元左右。

王家沟村集体经济薄弱，优势特色产业缺乏，群众增收渠道有限，赵万东每天都在思考，怎么才能让村民增加一条赚钱的路子。

恰逢广河县被评为全国旱作农业示范县、粮食生产先进县，还被确定为第二批国家农业绿色发展先行区、首批省级现代牛羊产业园。赵万东积极利用县里的政策，鼓励村民种植“粮改饲”玉米，争取到县里对种植“粮改饲”玉米的贫困户奖补资金 32.1 万元。2020 年，王家沟村共有 115 户村民种植“粮改饲”玉米，种植面积达到 910 亩，亩均增收 400 元以上。

排忧解难，他是困难群众“贴心人”

驻村以来，赵万东把自己当成村民的“贴心人”，把村民的事情当作自己的事情，尽心尽力为他们做好事、办实事、解难题。

王家沟村有131户村民列入“十三五”易地搬迁项目，搬是搬了，怎么增收还是个大问题。三社的贫困户马勺布搬迁到齐家镇黄家坪安置点，虽然住房条件改善了，两个孩子也就近上了学，但安置点没法搞养殖，一向以养殖为主要收入来源的马勺布一家，生活陷入了困境。考虑到这种情况，赵万东介绍他们夫妻二人到附近的酒泉养殖场务工，两人每年能收入4万多元。“多亏了赵书记，我家现在的生活条件好了不少，我从心底里感谢他。”马勺布激动地说。

赵万东得知村民苏成祥遭遇车祸高位截肢，他立即与镇民政办联系，并与县民政局协调，及时申请到临时救助2万元，还帮助苏成祥发起“水滴筹”筹款活动，筹得治疗费用9万多元；村民马哈克老两口儿年纪大了，3个子女也没有赡养能力，他就及时协调县民政局，将两位老人送到县敬老院养老，还把他们纳入了三类低保对象；他还组织帮扶干部帮助二类低保户马有明老人进行住宅提升改造，帮他搬运粮食、家具等生活用品，解决他家实际困难……

建章立制，他是基层组织“引擎人”

农村要发展，农民要致富，关键靠支部。赵万东深知，只有明确制度，村“两委”班子配强，才能真正让村党组织这个“引擎”焕发活力。

鉴于现有村干部年龄大、文化程度低的现状，赵万东着力选优配强村“两委”班子。2019年，优秀镇干部马正杰被选聘担任王家沟村专职支部书记，并实行支部书记和村委会主任“一肩挑”。同时，按照村支部书记1∶2、村委会主任、村文书1∶1的比例要求，赵万东培养了村后备干部4名，年龄均在35岁以下，文化程度均在大专以上，为优化村干部结构储备了力量。

“没有规矩不成方圆，有了规矩制度，我们就要以制度办事，凡事都要做到透明公开。这样，群众才能信服你，我们做任何工作就会得到群众的支持和理解。”这是赵万东经常给驻村干部和村“两委”干部说的话。

赵万东以党支部建设标准化工作为抓手，认真落实“三会一课”制度，定期组织全体党员和村“两委”干部学习中央、省、州、县扶贫开发决策部署和有关会议精神，努力提升村“两委”班子能力水平。在工作中，他积极指导村“两委”充分利用“四议两公开”工作法，对涉及群众切身利益的事项及时进行通报告知，对重大事项进行表决，接受群众监督。

2019年，在确定王家沟村农村最低生活保障政策享受人员名单时，赵万东指导村“两委”召开班子会议、党员大会、村民代表大会，积极听取村社干部和群众的意见，对可以享受保障政策的人员进行商议和表决，还将名单在村委会和本村显要位置进行公示，才最终确定。整个决议过程透明、程序合理、结果公正，村民对确定的低保对象都很认可，未发生一起因低保对象确定不准而引发的信访、上访问题。

如今，村里的大事小情，都要通过召开会议、集体讨论、民主决策，真正达到了群众明白、干部清白，避免了过去操作不透明带来的干群关系紧张问题。

春华秋实，不负韶华。经过赵万东和全村群众的共同努力，2019年年底，王家沟村实现了脱贫摘帽。村里路灯亮了起来，文化广场建了起来，通社通户道路全部硬化，全村家家户户都吃上了自来水。如今的王家沟村，从基础设施到产业发展，从村容村貌到群众生活，都有了明显的改善，村民人均收入由2013年的2 350元提高到现在的6 312元，全村建档立卡贫困户人均可支配收入均已超过5 000元。日子过好了，人们的心气更顺了，发展劲头更足了。

（撰稿人：马海云）

“退役老兵”变身“扶贫尖兵”

——记青海省西宁市湟源县和平乡马家湾村第一书记张彦辉

走进青海省西宁市湟源县和平乡马家湾村，干净的街道、整齐的房屋、热闹的广场，昔日破旧的小村庄变成了如今的“小景区”，生活环境越来越好。这一切的变化都离不开驻村第一书记张彦辉的真抓实干。

2003 年，张彦辉从武警部队转业，现任青海省西宁市城管局执法监督局副局长。2018 年 4 月，张彦辉主动请缨到湟源县和平乡马家湾村担任第一书记，带领村“两委”班子抓好村级组织建设、产业扶贫项目等工作，为马家湾村蹚出了一条脱贫致富的幸福路。

支部建设从“严”抓起

“扶贫不仅要抓好产业，更要抓好村级党组织建设。”他是这么说的，也是这么做的。

张彦辉刚驻村时，马家湾村有党员 28 名，50 岁以上党员 11 名，初中以下学历党员 16 名，外出务工党员 10 名，流动党员管理难度大、党员学习积极性不高、村“两委”班子与党员之间谈心谈话效果不明显。

针对年轻党员外出务工较多、教育管理难度大的问题，张彦辉建立了马家湾流动党员学习“红旗群”，第一时间把党的最新政策文件发送到群里，并利用空闲时间召开学习视频会。他鼓励党员在群里积极发言，对发言积极的党员发放一面小红旗，结合党员“先锋指数”进行考评，年底对红旗数多的党员进行表扬，对红旗数少的党员进行谈话教育，有效提高了流动党员学习的积极性。村团支部书记张生林说：“我经常在外打工，学习不方便，张书记创建了‘红旗群’以后，我学到了很多好政策，对我的工作有很大的帮助。"截至目前，"红旗群"共开展党员视频学习会 23 次。

针对村"两委"班子成员与党员之间交流不多的问题，张彦辉苦思冥想，建立了党员"3+1"谈心谈话制度："3"即谈话过程不能避重就轻、不能流于形式、内容不能浮夸，"1"即对谈心谈话效果实行跟踪回访。实行"3+1"谈心谈话制度以来，村"两委"班子与党员的沟通越来越多了，党员团结干事创业的劲头更足了。

"张书记工作经验丰富，悉心指导我们开展'三会一课'，固定党日活动。在他的带领下，党员的学习积极性有了进一步提高，参与村级工作的主动性也高了。"村党支部书记邢平说。

群众工作从"心"做起

2015 年，村民马琇在修建新房时，不慎从 3 米多高的屋顶摔下，导致腰椎受伤。村"两委"先后协调联系县医院、青海仁济医院和省人民医院救治，虽经多次手术治疗，终因伤势过重，导致马琇下半身瘫痪，并且欠下了高额医疗费用。

张彦辉在入户走访时了解到这一情况后，自费为马琇捐助了电动轮椅，通过各种渠道帮助他寻医问药，联系单位开展帮扶慰问活动，以实际行动给予帮扶，帮助他战胜心中的恐惧，重拾生活信心。

“张书记，我这病十几年了，移植手术费用太高，只能年年换血，家里的钱全花光了，孩子又小，咋办呀？”面对患障碍性贫血的村民张成林，张彦辉心急如焚，下决心一定要帮助他渡过难关。张彦辉及时协调团县委、县民政局、县红十字会等部门衔接大病救助相关事宜，落实了2万元的救助金，以解张成林家的燃眉之急。2018年7月，张彦辉主动联系天津市某专科医院，给张成林协调安排住院，联系主治医师，并自掏腰包给他送去温暖。在张彦辉的帮扶下，张成林的病得到了进一步的治疗，他的脸上露出了久违的笑容。

说得好不如做得好。驻村的700多个日日夜夜，张彦辉扑下身子实干，用自己的行动帮助村民解决操心事、难心事、烦心事，赢得了群众的称赞。截至目前，张彦辉为村民处理民生小事50余件，联系双帮扶单位为贫困户发放慰问金5万余元，为全村42名儿童发放书包、文具130余套。一件件事都凝聚着一名共产党员的初心和使命。

脱贫致富从“行”干起

马家湾村位于和平乡南部，距县城15公里，属于“脑山地区”，现有农户184户620人，其中建档立卡贫困户22户64人，脱贫工作任务繁重。张彦辉驻村以后，快速转变工作角色，积极投身到脱贫攻坚工作中，抓产业、抓项目，带领村民脱贫致富。“我是农村出来的，能为父老乡亲办实事，打心眼里高兴。”他总是这样说。

在2020年年初的新冠肺炎疫情防控工作中，张彦辉冲锋在前，主动为村里联系防疫物资，入户走访贫困群众，查漏补缺扶贫资料，及时解决群众互助资金贷款、医疗费用报销、慢性病救助等方面的问题，赢得了群众点赞。

村民要致富，必须有技术。贫困村民王祖龙有养殖牲畜的技术，但缺资金、缺场地，张彦辉得知情况后，第一时间协调市、县农业农村局、扶贫局等单位，帮助王祖龙解决了修建养殖绵羊的牲畜棚的资金问题。有了资金和场地，新问题来了，那就是销路怎么办？

张彦辉左思右想，积极联系周边开办农家乐的农户与王祖龙签订收购协议，他的羊出栏后直接送到农家乐，销路的后顾之忧也解决了。如今，脱贫的王祖龙信心十足，不仅还上了欠款，养殖规模也越来越大，昔日村里的贫困户变成了村

里的大能人。王祖龙时不时地在村里做一些养殖技术培训，带动更多的群众参与进来，他成了村里的“羊参谋”。在他的带动下，村里不少人发起了“羊财”。

驻村两年多来，张彦辉带领村民苦干实干。他结合村里实际，制定帮扶措施：利用东西部协作资金125万元，入股小高陵红色旅游基地建设，2019年为村集体经济收益4.5万元；利用扶贫产业资金50万元，为村集体经济入股北山7.2兆瓦光伏电站建设；积极帮助村内6户群众落实互助资金贷款57万元，实施产业项目开发……一个个扶贫项目落地的背后，是张彦辉的辛苦付出。

扶贫工作干得好不好，群众有很大的发言权。张彦辉是答卷人，村里的群众是阅卷人。显然，在这张扶贫试卷上，张彦辉已经取得了高分。“群众对我的信任是我最大的动力，在接下来的工作中我将一如既往，竭尽所能带领村民走上脱贫致富道路。”张彦辉坚定地说。

（撰稿人：宁组轩、湟源组）

大滩村的“铁腿马书记”

——记青海省海东市民和回族土族自治县西沟乡大滩村第一书记马智渊

2018 年 3 月，青海省审计厅的回族干部马智渊被选派到位于海东市民和回族土族自治县西沟乡的大滩村担任第一书记，一干就是 3 年，马智渊与这个回族村结下了不解之缘，从此让他始终惦念的人多了 466 户 2 265 人，而他也多了一个群众送来的称号——“铁腿马书记”。

马智渊所驻的大滩村，是全县乃至全省最大的贫困村之一，全村 466 户中有贫困户 184 户，占总户数的近 40%，共 10 个自然村，村民零散地居住在三座山和两条沟之间。3 年间，马智渊带领驻村工作队在这个方圆 10 平方公里的山村里累计行程数千公里，翻山越岭，穿烂了好几双鞋。

2020 年 6 月，全村 28 名党员不约而同地将选票投给了马智渊，他成了全村 2020 年唯一的一名优秀共产党员，这是父老乡亲们对“铁腿马书记”和他带领的工作队的认可和信任。为什么乡亲们管这个年轻的第一书记叫“铁腿马书记”呢？事情要从2018年那场暴雨、泥石流灾害说起。

2018年8月，青海省民和回族土族自治县遭遇70年一遇的暴雨袭击，暴雨持续50多天，西沟乡大滩村也未能幸免，河道水位暴涨、多处山体出现滑坡和泥石流，全村道路损毁严重、部分农舍发生倒塌和进水，农田和农作物不同程度受损。这着实给新上任的第一书记马智渊出了个大难题。为了解村民受灾情况，马智渊和工作队队员们在湿滑泥泞的道路上奔波，撤离身处险境的村民。他在大雨中带领大家徒步前行，泥水最深处已经没过了大腿。鞋陷在泥中拔不出来，就光着一只脚继续前进。几公里的山路，他们来回走了一天，最终他和队员们一起将中坪社的15户村民全部安全转移到灾民安置点。

马智渊的脚由于长时间浸泡在冰冷的泥水中，痛风发作，红肿得像个萝卜似的不能着地，连鞋也穿不上。他强忍着剧痛，坚持一瘸一拐挨家挨户核查灾情，患有痛风的脚关节不能打弯儿，走起路来像极了拖着一双铁腿在走，从此他被群众称作“铁腿马书记”。“铁腿马书记”的言行深深打动了当地朴实的村民，他们听说车前草能利尿治痛风，于是全村齐动员，东家挖一点，西家挖一点，把整整两麻袋车前草送到了马智渊的面前。

大滩村属于脑山地区，自然禀赋差，存在贫困户产业发展不强、棚圈空置、村里有大量闲置劳动力、村集体经济无法破零等问题。马智渊和工作队驻村以来极力改变现状，当他们了解到村里有在外省开拉面馆的群众收入较为可观的情况后，积极调整思路，因势利导，先后多次与县就业局、县农村信用社等协调“拉面经济”扶持事宜，并到兰州拉面培训学校实地了解培训、就业及市场前景情况，为群众争取信用贷款，顺利开设拉面馆。目前，村民在浙江、内蒙古等地开设有81家拉面馆，仅此一项，每年创收超过1 000万元，在拉面餐饮行业就业的村民有近60人，每年工资性收入达200万元。该产业每年合计为村民创收超过1 200万元。目前马智渊和工作队还在努力协调在村里成立拉面经济协会的事宜。

一部分村民通过“拉面经济”富了，但还有一部分村民由于家有老人和小孩需要照顾，无法外出经商和打工，经济收入有限。为此，马智渊和工作队队员们绞尽脑汁想办法。当得知本村创业大学生马光耀要在县城创办民族用品加工厂时，马智渊和队员们喜出望外。他们找到马光耀，说服他把民族用品加工厂办在村

内，并且帮忙跑贷款、跑项目。最终，在青海省审计厅的大力支持下，该厂获得各类扶持贴息贷款 16 万元和 20 万元扶持资金，在村里建起了扶贫车间。厂子办在了家门口，已吸纳 14 名村里的贫困劳动力就业。

然而村集体经济破零工程仍然是马智渊和工作队亟待解决的问题。驻村期间，马智渊和工作队队员历时一年半，跑遍了省和县的十几个部门，在建马铃薯加工厂、肉牛养殖场、机械租赁公司等愿望都被一一否定后，他们坚持不懈地继

续探索，最终协调东西部协作扶贫资金 50 万元，青海省审计厅产业扶持资金 18 万元，村集体经济分红资金 12 万元，共计 80 万元，在县城为村里购买了一个商业铺面，每年为村里带来集体经济收入 3.05 万元，成功打破了村集体经济为零的状况。

曾经的贫困村，如今成为人人羡慕的和谐村、致富村、感恩村。再次走进大滩村，道路两旁基础设施建设完善，随处可见村民自建的二层小楼房，牛满棚、羊满圈的脱贫户比比皆是，村民都在为自己的生活忙碌着，全村上下呈现出一派欣欣向荣的新气象。村委会办公区宣传栏上那句醒目的标语——“脱贫攻坚，家家户户换新颜；感念党恩，世世代代跟党走”格外引人注目。

（撰稿人：王芳、马进源）

“稳当”书记托起稳稳的幸福

——记青海省海西蒙古族藏族自治州格尔木市郭勒木德镇中村第一书记赵春平

提起青海省海西蒙古族藏族自治州格尔木市郭勒木德镇中村驻村第一书记赵春平，群众说得最多的就是“稳当”。青海方言中的“稳当”，意为人稳重可靠、堪当重任。

5年前，中村因基础设施薄弱、土地盐碱沙化严重、枸杞产量不高，村民一度靠天吃饭，各项经济发展指标均低于格尔木全市经济发展平均水平，被列入贫困村行列。

2018年中村顺利实现贫困村出列，全村建档立卡贫困户27户73人全部脱贫。说起这一切的变化，要从驻中村第一书记赵春平说起。

精准扶贫托起下沉的命运

42岁的兰存姐是中村的贫困人员。8年前，她的丈夫在帮邻居切割地板砖时，不幸被切割机的漏电击中而身亡，这个原本就贫困的家庭失去了主心骨。那时，家中女儿刚考上高中，两个儿子一个上初中，另一个刚上小学，3个孩子成长处于关键时期，以往乐观向上的兰存姐脸上再无昔日的笑容。

2015年12月3日，村里来了赵春平书记，为兰存姐带来了命运的转机。

当赵春平第一次入户到兰存姐家时，看着一个女人带着3个孩子住在随时可能倒塌的危房里，他的心一下子揪紧了，“没想到中村还有这样困难的人家”。

赵春平马不停蹄到17家帮扶单位逐个“化缘”，一次不行，接着再跑，直到争取到帮扶资金才罢休。

帮扶资金逐渐到位，兰存姐家的建房资金也很快凑齐。政府补助4万元，帮扶单位共帮扶 8 万元，加上兰存姐向亲戚朋友借的钱，危房被重建成砖混结构的大房子。房子建好了，却没钱安装门窗，赵春平又和村干部继续协调来帮扶资金 3 万元，安装了门窗，兰存姐一家人顺利入住。

几年后，女儿大学毕业有了一份稳定的工作；兰存姐当上了护林员，每月有了 3 000 余元的稳定收入，一家人有了稳稳的幸福。

看到兰存姐家的生活蒸蒸日上，赵春平由衷地感到高兴。他说："兰存姐是个非常勤劳上进的人，3 个孩子教育得也很成功，不但学习好，也懂事听话，懂得感恩，这样的家庭谁都愿意帮扶。"

是驻村工作队让我"重获新生"

大清早，王俊林就在自家鸡舍里忙忙碌碌，一刻也不闲着。虽然他的腿脚不利索，但是，脚步一点也不比健全人慢，眼里的光芒、嘴角的微笑向外界传递着一个信息——忙并快乐着。

62 岁的王俊林是中村村民，肢体三级残疾。原先在郭勒木德镇福利厂打扫卫生，后来因无钱继续治疗，养病在家，一个女儿智障且肢体也残疾，全家人生活靠儿子打零工维持。

了解到王俊林一家的情况后，赵春平和村干部们反复商量适合王俊林家发展的产业，思来想去，经征求他本人意见后，认为养鸡是个不错的发展方向。

在赵春平的积极推动下，王俊林的妻子当上了生态管护员，每月有了 3 000 元收入。接着，他又协调帮扶资金 3.79 万元，为王俊林修建了 50 平方米的彩钢小型养鸡场，买了 120 只鸡苗以及饲料，支持王俊林发展养殖业。

为了让王俊林提高养殖技术，减少鸡苗病亡率，赵春平给王俊林请来了农技员，讲授养殖技术。短短 3 个月，第一批土鸡蛋卖出去了，王俊林收获了第一笔资金。这个一度困难的家庭，在勤劳致富中重新找到了致富的希望。

只要大家都能富，再大的苦我都能吃

中村金鱼湖旅游景区是格尔木市最大的乡村民族风情旅游区，也是中村最大的旅游资源。

2016 年，中村被列入全国旅游乡村行列，赵春平意识到机会来了，决心在乡村旅游上做篇大文章。

他白天带着村干部在外跑项目、跑企业，千方百计寻求资金支持，晚上通宵考虑项目规划。那段时间，他没有睡过一个安稳觉，导致严重失眠，每天靠药物才能入睡，一个月就瘦了十几斤。几次想放弃，可是一想到村民渴望发展、渴望提高生活水平的眼神，他强顶着身体的不适和多方压力。靠着他的执着和坚持，村里金鱼湖景区主干道硬化路进行沥青砼罩面施工，人工湖、景观墙等旅游工程陆续落地，旅游产业发展逐步迈入正轨。

目前，金鱼湖旅游景区已建成蒙古包 180 顶，有经营户 88 家，大型休闲乐园 1 处，风味小吃摊 59 个，带动 706 名村民实现了就业，迈入了中等收入村行列，极大地提振了全村党员、群众脱贫奔小康的积极性。

（撰稿人：格组）

1200 米海拔落差换群众幸福生活

——记青海省黄南藏族自治州尖扎县尖扎滩乡来玉村第一书记李玉栋

2017 年 5 月，海拔 3 100 米的青海省尖扎县尖扎滩乡来玉村村民迎来了青海黄化供电公司选派的驻村第一书记李玉栋。初次见到他的人，会被他靠后的发际线吸引，再深入交谈，则明显能感受到他清晰的扶贫思路，看到他为村民规划的未来蓝图。

吃水难问题必须解决

2017 年 6 月 21 日，李玉栋的驻村日记清楚地记着：“村里环境贫瘠，地质灾害频发，唯一的养殖业也趋于饱和。每天看着村民跑到半山腰去拉水，心里很不是滋味，我一定要带领全村脱贫致富，让村民吃上干净的自来水。”

来玉村村民长期严重缺水，唯一的取水途径是从半山腰不定期利用电机抽水蓄水，不但成本高，而且因村里海拔较高，一到冬季就基本无法取水了。

2017 年年底，在与村干部的共同努力下，李玉栋从县水利部门争取到 47 万元专项资金，把原容量 20 立方米的取水点增容至 100 立方米，并更换通网水窖的近千米老旧水管，不仅有效解决了村民吃水问题，而且为今后扩充水源点蓄水量、发展后续产业打下了坚实基础。

“来了之后就帮大家解决了吃水问题，你是真心带领大伙儿脱贫。”村民多杰感慨地对李玉栋说道。

搬出穷窝，才能拔出穷根

2018 年 5 月 3 日，李玉栋在驻村日记中写道："今天，我们村启动了'统规自建'模式的易地扶贫搬迁工程，现场村民们搅拌着水泥，工人们利索地砌着墙，一片热火朝天建家园的景象让我对未来充满了信心。"

单靠村里贫瘠的地理环境，根本实现不了全村人的致富梦，只有走出大山，搬到更适合群众生产生活的地方才能有效破解"一方水土养不了一方人"的困境。

搬迁困难重重，但不搬迁村里就没有出路。起初大多数村民不愿搬迁，甚至有村民因拿不出自筹款而主动提出放弃搬迁。为做通村民思想工作，打消他们的担忧及焦虑，减轻思想负担，李玉栋带领工作队队员挨家挨户做工作，耐心细致地答疑解惑。同时，他积极争取到天津援建单位华能集团提供的近 90 万元帮扶资金，使非贫困户需要每户自筹的 4.5 万元建房款降至 2.5 万元。

2017 年 12 月，在县委、县政府统一安排下，来玉村 23 户村民首批搬迁至黄河岸边海拔 1 900 米的尖扎县昂拉乡德吉村。作为首批搬迁的贫困户，才项多杰在政府帮助下开起了"藏家乐"，吸引了游客来黄河岸边体验藏族风情。多杰

感叹自己不仅脱贫了还做了“藏家乐”老板，有了稳定收入的他对今后的生活也越来越有信心。

2019 年 1 月，52 户村民在首批搬迁群众的示范带动下，整体搬迁至德吉村旁海拔 1 900 米的达拉卡易地扶贫搬迁安置点，全体村民陆续入住新家。

有了致富产业，就有了奔头

想致富，就要靠产业。经过多次考察，李玉栋发现虽然村里资源贫瘠、不宜居住，但当地3 100米的海拔加上土壤等自然环境非常适合藜麦的生长。2018年，李玉栋带领部分村民尝试搞起了近4亩的藜麦试验田，功夫不负有心人，最终当年亩产量达到175公斤，纯收入每亩达2 000元。

藜麦种植试验仅仅是李玉栋带领村民发展产业脱贫举措中的一项。村里的产业扶贫资金投到全县规模化建设的光伏产业之中，每年有20多万元的分红；生态畜牧业专业合作社纳入尖扎滩乡整体产业规划，由乡党委牵头统一整体推进；依托来玉村搬迁点紧靠黄河、气候适宜的特点，发展樱桃种植栽培项目；借鉴同为易地扶贫搬迁安置点德吉村“党建引领 + 脱贫攻坚 + 乡村旅游 + 乡村振兴”的成功经验，大力打造旅游观光产业。渐渐地，村级产业基本成型。

2020年3月20日，李玉栋在扶贫日记中写道：“今天我去看望卓玛加老人。走进新村，干净整洁的水泥路映入眼帘，一排排藏式民居错落有致，一幅幅和谐秀美的锦绣图画展现在黄河岸边。我不禁想起4年前第一次来到位于海拔3 100多米的来玉村时的情景，那时的村子离县城63公里，道路坑坑洼洼、弯多坡陡，驱车行驶在路上尘土飞扬。那时，村民的房屋大多是很有年头的老土房，全村贫困户就占到一半，严重缺水、公共设施欠缺，村民的日子过得十分艰难。”

正如李玉栋在日记中写的一样，曾经的来玉村山高路远、严重缺水，群众致富渠道狭窄。如今，来玉村换了地方，有了致富产业，到了傍晚一排排整齐的藏式庭院炊烟袅袅，村民个个脸上洋溢着幸福的笑容。在李玉栋的带领下，来玉村群众奔小康前景一片光明。

（撰稿人：苗养恩）

扶贫路上的巾帼力量

——记青海省玉树藏族自治州玉树市巴塘乡相古村第一书记文君

相古村位于青海省玉树市东南面，平均海拔 3 450 米，距州政府约 65 公里，距乡政府约 25 公里，下辖相古、卡沙、绵古、龙日 4 个社，属于半农半牧区，气候温和、植被覆盖率高、交通便利，是玉树及周边地区人民的旅游和避暑胜地。看到今天的相古村，人们肯定不会想到曾经的它一直处于贫困状态，全村共有 380 户 1 283 人，其中建档立卡贫困户就有 116 户 356 人。之前的相古村非虫草产区，且无村集体经济，产业结构单一、基础设施落后，村经济社会发展一度举步维艰。但是，一道"倩影"的出现为这里带来了改变。

文君，女，藏族，2017 年 5 月，经过组织选派，以第一书记的身份来到相古村。

调查研究厘清思路

为了尽快了解相古村的实际情况，文君迅速进入角色，全面开展摸底调查工作。一开始，村民们对她持怀疑态度，认为一个女性无法啃下扶贫这块"硬骨头"，应该只是下来"镀金"的。文君挨家挨户走访调查，逐渐打开了村民们的心结。为了详细了解贫困户的现状和致贫原因，同一户村民，她可能每天走访两三次，认真地为他们脱贫致富出谋划策。在她的驻村工作记录本上，密密麻麻地记录着村里的各种大小事，既有村集体经济发展情况，也有贫困户的收入构成；既有搬迁户巴久子女入托的事，也有才丁家刚烧坏的灯泡的卡口形状。而这样的记录本，文君整整记了十几本。

东求老人是村里的"五保"户，家境贫寒，无劳动能力，老人长年患病又无人照顾。文君了解到老人的情况后，主动照顾起老人，在工作之余就跑到老人家里，为老人做饭、收拾屋子，陪老人聊天。她亲切地对老人说："您就把我当您的亲闺女，我一定会照顾好您的。"因为患病，东求老人需要长期吃几种处方药，而这些药在村里的卫生室是买不到的。为此，文君经常专门跑到玉树市里购买药品，每当那句熟悉的"阿妈啦，我把您的药买回来咯"在门口响起，东求老人的眼眶就会被泪水打湿："多么善良的姑娘啊！就是亲闺女都未必能这么尽心尽力地照顾我，真心感谢党和政府能把这么好的扶贫干部派下来帮助我们！"

党建引领全力脱贫

调研摸底工作结束后，一个"党建引领脱贫攻坚、产业融合协调发展、乡村振兴续力扶贫"的扶贫工作框架在文君的脑海中逐渐成形。她将村党支部视为撬动相古村经济社会发展的"支点"，紧紧围绕"精准扶贫"中心工作，全面加强基层组织建设。她坚持"责任人带一班人，一班人活一盘棋"的工作理念，利用工作之余、组织生活会等机会同村"两委"班子成员逐个深入交谈，彼此推心置腹，共商发展之计。同时，她注重加强村级制度建设，完善村委会的议事规则和决策程序，推进党务公开和村务公开，确保村里关乎民生利益的各项决策科学、民主、受监督。

文君很重视党员教育，带头在相古村党支部落实党员积分制星级管理，积极组织支部党员参加州、市、乡举办的政治理论、扶贫政策与技能提升等各类培训班，有的农牧民党员不懂汉语、不识汉字，她就采用口述翻译、找人将学习资料翻译成藏文等办法，及时将党中央、省、州、市的重要会议和文件精神传达到基层一线，有效提高了基层党员的综合素养，并由此提高了整个支部的战斗力、凝聚力和向心力。

在文君的带领下，相古村党支部聚力经济发展，通过积极开展产业结构调整，寻找新的经济增长点，相继实施了黑青稞种植基地、藏柳苗圃基地、有机蔬菜温棚、秘境卡沙牧家乐等经济收益较高的新型产业项目。通过努力，相古村人均收入达到脱贫线，于 2017 年年底顺利实现脱贫。

乡村振兴防止返贫

驻村以来，文君和驻村工作队积极调研，在派出单位的大力支持下到处跑项目。她和工作队争取到 1 080 万元的财政性资金，用以实施村级基础设施提升项目，修缮村里的宅间道，修建休闲亭廊、化粪池、自来水管道等，为相古村全面实施乡村振兴发展战略打下了牢固的硬件基础；争取到 47.8 万元的红十字会博爱项目，帮助相古村提高了计生发展、抵御自然灾害、疾病防控等能力；争取到 100 万元的财政扶贫资金，实施旅游扶贫项目，依托相古村丰富的自然和人文景观及前期建成的体验式民宿等设施，新建观景台和生态水渠，提高景观绿化度，进一步发展乡村生态旅游，拓宽农牧民增收渠道。经村委会集体讨论，乡村生态旅游项目的收益除预留一定的发展资金外，其余将全部分红给建档立卡贫困户。此外，文君还利用乡村振兴试点400万元的专项资金，实施相古村村集体经济合作社股份制改造项目，鼓励村民将各自的牲畜、草场、耕地、闲置资金等入股，按股分红、抱团发展，实现合作社的效益最大化，有效提升农牧民的收入。

文君鼓励农牧民端起“生态碗”吃饭，向林业部门积极争取了11 070株树苗和3箱树苗防护虫蜡，发动群众广泛种树栽苗，有效维护相古村生态环境，吸引了一批批旅游爱好者来到这个蔚然深秀、鸟语花香的“世外桃源”游玩。

在文君的协调下，2018年11月1日上午，由巴塘乡相古村、老叶村、岔来村、当头村合资开办的宾馆正式开门营业，该宾馆由4个村整合各自40万元的村集体经济发展资金，共计投入160万元修建而成，预计每年将为相古村带来3万多元的收益，可顺利实现村集体经济“破零”的目标。

2018年，相古村作为交通便利，自然生态及人文景观丰富，藏区特色农耕文化和游牧文化保留完整，且具有较高发展潜力的城郊村，被列入青海省首批27个乡村振兴战略试点示范村之一。

目前的相古村已落位实施高标准农田建设、连栋智能温室、藏柳苗圃基地、农村幸福院、康养中心、民俗体验馆、民宿产业发展等16个项目，共计投入资金5 864万元。文君作为驻村第一书记，也在按照结合村情制定的生态产业化、产业生态化、生活绿色化的发展定位，通过核心产业、配套产业、支持产业相衔接的模式，带领全村人民继续“撸起袖子加油干”。

（撰稿人：扎西达哇）

“嘎提”与哈达背后的故事

——记青海省玉树藏族自治州玉树市仲达乡尕拉村第一书记昂江

一句“嘎提”（藏语，意思是“辛苦了”）拉近了“主人”和“亲戚”之间心的距离，一条哈达表达了“主人”对“亲戚”的祝福与感激。每次到尕拉村，昂江都会收到村民们的“嘎提”与哈达。这背后，是昂江3年用心用情当好群众贴心人的故事。

作为派驻到青海省玉树藏族自治州玉树市仲达乡尕拉村的第一书记，昂江从任职的第一天开始，就从心里把自己当成尕拉村的一员，融入其中，得到了群众如同家人般的认可。

摸家底理思路是“必修课”

都说第一书记不好当，要驻村，上要沟通协调、下要部署安排，“既是联络员，又是指导员”。昂江心里明白，谁家被识别为贫困户，谁家就能享受政策实惠。识别，无疑是开展扶贫工作的重点和难点，这个问题解决得不好，失的不仅是民心，更是引发矛盾的“导火索”。

为确保精准，他几乎天天驻村蹲点，手拿扶贫日志，一户一户地走访。“阿吾（老哥）你好啊，家里牛有多少头？今年的收入怎么样？生活上有什么困难？对村‘两委’和扶贫工作队有什么期盼？”在上任之初的 4 个月时间里，昂江多次组织召开村“两委”和农牧民代表会议，了解尕拉村基本情况，最终核定尕拉村建档立卡贫困户 199 户 583 人。

在前期摸底的基础上，昂江也准确掌握了尕拉村致贫的原因。昂江认为，生产生活条件恶劣是间接性的致贫原因，根本性原因在于村“两委”带领农牧民致富的能力和信心不足，村集体经济发展薄弱、田间道路不通，村民思想观念落后，“争贫、扮贫、炫贫、赖贫、均贫”现象较为普遍。

针对这一根本性问题，昂江同尕拉村“两委”班子成员共同研究，提出了“扶贫重在扶志助业，重点要抓好党建促脱贫、建设生态畜牧业养殖专业合作社和发展壮大村集体经济”的工作思路。同时，针对贫困户不同的致贫原因，他研究制订了“结对认亲、物资帮扶、思想引领、技能培训、劳务输出、开荒种地、解决化肥和种子、发展专业合作社”等切实可行的脱贫计划。

建强先锋堡垒

帮钱帮物，不如建个好支部。作为一名有着 23 年党龄、长期在基层工作的老党员，昂江深知基层党组织对农牧区的重要性。为此，他将“抓党建强班子，推动基层组织建设”作为自己开展扶贫工作的前提。

通过日常的走访慰问，与村“两委”干部、老党员、牧民群众广泛深入地交流谈心，昂江清楚掌握了尕拉村“两委”的基本情况。为推动村支部建设规范化，他认真研究，帮助村“两委”班子先后制定学习制度、村规民约等 30 余项规章制度，完善村社各类组织形象公示栏、精准扶贫工作流程图、村民及贫困户档案等，推动了靠制度管人管事机制的形成。

为调动青年农牧民、妇女的积极性，他指导村“两委”班子健全了民兵、妇女、共青团、矛盾调解等组织，使群众有了归属感。

为解决村支部凝聚力不强、党员党性意识不强等问题，他将政治理论学习作为“法宝”，结合“三联四做”宣讲活动、“两学一做”学习教育活动，开展了“用心学习党章，争做合格党员”“保护生态环境，助推脱贫攻坚”等主题党日活动，并严格按照“三会一课”要求，定期组织召开村支部组织生活会，开展批评与自我批评，教育引导广大农牧民党员坚定信念、听党话跟党走、自觉抵制各种不良言行，使支部有了支部的样，党员有了党员的样。

群众的事再小也是大事

“昂书记啊，我们的党员活动室，顶棚漏雨、墙皮脱落等现象非常严重，开会都不能正常开。”“阿吾（老哥），我家的牛犊这段时间好像生病了。”“书记，我想外出务工，但没有手艺。”

听着农牧民们的诉求，昂江紧锁眉头。他深知，要想赢得群众的信赖，必须把眼前的一个个困难解决，必须为村里和群众办一些实实在在的事情。

在昂江的协调下，派出单位党支部积极支持，40名党员干部与尕拉村199户贫困户结成对子，9个党小组每月上旬、下旬开展上门走访慰问活动。自2016年3月结对帮扶工作开展以来，派出单位党支部进村入户超过70次，开展各类政策宣讲活动60多次，为贫困户送去各类慰问物资，价值超过40万元。

针对村里存在的困难，昂江通过自己的派出单位争取到资金10.8万元，维修了村党员活动室，完善了村医务室、村警务室、精准扶贫办公室、党员远程教育室等，充实了党员活动室内部功能，并争取了项目资金，修建了村民活动广场、篮球场等文化活动设施。

发展村集体经济才是长久之计

扶贫与扶智扶志一定要结合：一个是智力的智，加强贫困户技能培训工作，迅速掌握各类生产技能；一个是志气的志，加大宣传、教育力度，摒弃“等、靠、要”的思想，树立勤劳致富的志气。昂江决定，就要照着这个路子来干。

尕拉村自古就产洋芋，出产的脱毒洋芋个头小、淀粉含量适中。在煮食牛羊肉时，将洋芋同牛羊肉混煮，牛羊肉的味道可以充分渗透进洋芋中，让洋芋的味道更加美味可口，因此深受消费者喜爱。尕拉村也产黑青稞，黑青稞制作的啤酒、黑青稞面等在市场上销量也不错。昂江认为这都是很好的产业发展项目。

为此，昂江将洋芋、黑青稞种植作为村里产业发展的突破口，积极引导农牧民开垦撂荒地，争取到 38.62 万元资金改善了农田灌溉设施，修建了田间道路，彻底改变了山上的田没法种、山下的水没法引的局面。通过加大种植力度、鼓励土地流转、免费发放种子、提供种植技术、进行销售指导等措施，成功打通了"基地 + 牧户 + 市场"的路子，洋芋、黑青稞种植产业的规模化发展有效增加了群众收入。

据统计，2018 年，尕拉村种植洋芋 382 亩，平均亩产 1 500 公斤以上，总产量 60 万公斤，按市场价 0.9 元 / 公斤计算，产值 216 万元；2018 年收获黑青稞 0.65 万公斤，净增收 5.66 万元。

洋芋和黑青稞为村民增了收，当农牧民们沉浸在喜悦当中，昂江却在深思，要想摘掉穷帽子，仅仅发展种植业不行，必须要多措并举、分类施策。

对此，昂江多方对接协调，争取到 20 万元资金，建立了尕拉村牧业合作社奶牛养殖场；投入 270 万元产业扶持资金，购置商铺并全部出租，租金用于给贫困群众分红。同时，他积极争取生态公益性岗位，让贫困群众端上了生态碗，吃上了生态饭。

当前，通过种植、养殖、虫草、特产等经营性收入，加上退耕还林、退牧还草、低保补助、老龄补助、残疾补助、计生补助、单亲家庭补助等转移性收入，以及生态补偿、产业扶持资金、扶贫互助资金和技能培训、义务教育、医疗保障等其他补助，全村建档立卡贫困户人均年纯收入达到 7 601.98 元。

2017 年年底，尕拉村顺利摘掉贫困的帽子。同年，昂江被评为玉树藏族自治州优秀第一书记。

（撰稿人：玉组）

这样的第一书记谁不爱

——记新疆维吾尔自治区阿克苏地区阿克苏市阿依库勒镇阔纳巴扎村第一书记周泽培

“现在，村干部工作热情高了，村民致富信心足了，生活的环境也美了……这得感谢周书记和工作队。”说起村里的变化，老党员吐迪·吾休尔赞不绝口。吐迪·吾休尔口中的周书记就是新疆维吾尔自治区林业和草原局天山西部国有林管理局驻阿克苏市阿依库勒镇阔纳巴扎村第一书记、工作队队长周泽培。

自2017年驻村以来，周泽培聚焦脱贫攻坚目标任务，统筹驻村各支力量，用心访民情，用情惠民生，用力聚民心，为村民找到了能够长久增收、稳定致富的良方，赢得了群众真心点赞。

固本培元“强班子”

驻村伊始，周泽培发现村“两委”班子成员年龄偏大，执行力较差。为此，他向镇党委建议，按程序调整3名责任心强、群众认可的年轻人充实到村“两委”班子。同时，根据驻村工作队队员、村干部工作岗位及其个人特点，结成“1+N”联系帮带对子，从班子建设、能力培养、双语学习等方面全方位帮带指导，使村干部工作能力不断增强。

周泽培还注重党员干部教育管理，每月开展1次主题党日活动，定期带着村干部、党员去邻近乡镇学习先进技术和管理经验。在新冠肺炎疫情防控期间，通过推送微党课、送学上门等方式，让党支部的凝聚力不断增强，党员素质进一步提升。

“在周书记的带领下，干事创业的党员多了，支持村‘两委’工作的党员多了，党员逐渐成为引领群众脱贫致富的主心骨。”村党支部书记艾亥提·吐拉克深有感触地说。

3 年多的时间，村里递交入党申请书的有 102 人，确定入党积极分子 63 人，发展党员 16 人，村党支部连续 3 年被市委评为“先进基层党组织”，还荣获了 2019 年度“星级化”创建 10 颗星。

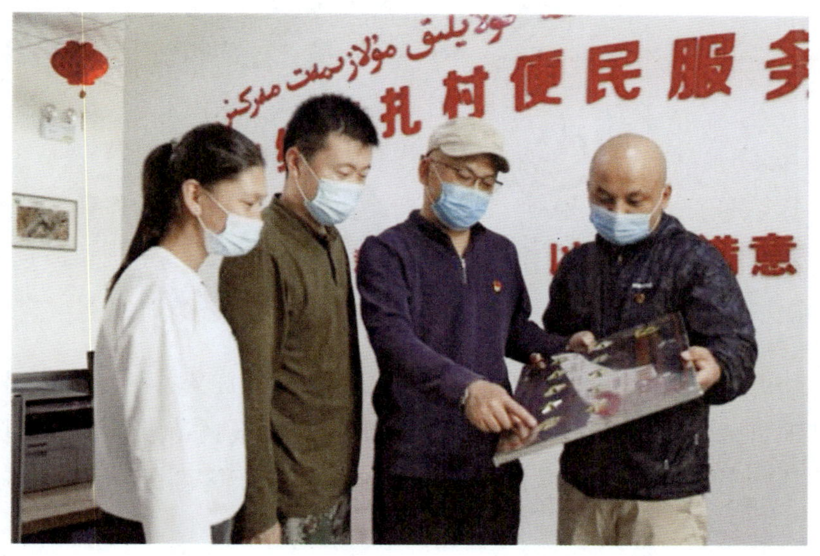

就业当先“铺路子”

阔纳巴扎村人均耕地面积不足 3 亩，村民的经济来源以红枣、棉花种植和外出打零工为主。如何拓宽增收渠道，让村民的日子越过越好，是周泽培经常思考的问题。

为拓宽村民的就业增收渠道，周泽培与村“两委”干部商议，立足村情，确定了以转移就业为基础，以产业发展为依托，因地制宜、因户施策的发展思路，持续巩固提升脱贫成效。

精准扶贫，就业先行。周泽培多方联系、考察市场，发挥派出单位后盾作用，投资建成 1 600 平方米的厂房，引进乌鲁木齐市一家调味品厂落户村里，共吸纳 31 名村民在家门口稳定就业，人均月收入 2 000 元。同时，依托引进的园林公司建成苗圃基地，带动本村 40 人稳定就业，并申报生态补偿项目，帮助

72名贫困村民从事公益性岗位。周泽培还协调用工单位，帮助120余名富余劳动力外出就业。

为带动更多村民过上幸福生活，周泽培发挥行业优势，利用清理出的土地，落实扶贫项目，引导21户村民调整产业结构，种植杨树苗近百亩，在扦插、浇水、覆土等环节全程给予技术指导，并提前联系商家签订订单，帮助村民稳定增收。

“我已经是第2年种植杨树苗了，去年种植树苗使我增收1.2万元，今年把种植面积扩大了近3倍，相信收入一定会更高，这都要感谢周书记。”贫困村民居麦克·依明说。

靓化环境“美村子”

“村里的变化真大，黑夜时道路有灯光，雨雪天走路不沾泥，小院里有果蔬。生活越来越好了，这些都要感谢周书记。”村民阿不都尼亚孜·阿西尔感慨地说。

为建设美丽乡村，打造宜居环境，周泽培积极争取派出单位98万元资金支持，在全村的主干道、巷道两侧种植了2 600余棵绿化树，新建1 500平方米花池。同时，他按照生活区、种植区、养殖区分离的原则，以建成“一片菜园、一座拱棚、一架葡萄、一个暖圈、一座青储窖”为目标，引导村民科学规划庭院，持续改善居住环境。

阿不都尼亚孜·阿西尔家门口有一片空地一直撂荒，周泽培多次上门做思想工作，帮他规划、测量，改造庭院，搞好菜园子。如今，阿不都尼亚孜·阿西尔家窗明几净，小院里豇豆、辣椒等蔬菜长势正旺，阴凉的棚架下成了左邻右舍茶余饭后的好去处。

有了面子，还得有里子。周泽培会同村“两委”定期开展以“提升人居环境，共建美丽家园”为主题的环境卫生整治活动，常态化开展“环保能手”“文明家庭”等评选活动，形成人人齐参与、户户争创建，爱劳动、爱家乡、爱生活的浓厚氛围。

为方便村民出行，周泽培又申请了美丽乡村建设资金，联系施工队安装太阳能路灯155盏，申请扶贫资金130.5万元，硬化村级道路4公里，大大提升了村民的幸福感。

（撰稿人：刘杨、谢令）

倾力为民结同心

——记新疆维吾尔自治区阿克苏地区沙雅县沙雅镇向阳村第一书记马吉

“阿恰（维吾尔语姐姐的意思），今年你家的棉花地收入 18 130 元；依明江阿喀（维吾尔语哥哥的意思）在小区物业当水暖工，每月 1 500 元，现在 6 个月收入总计 9 000 元；你这两个月帮别人摘棉花，劳务费 9 600 元。剔除年初种植棉花各项开支 8 200 元及购买扶贫牛应自掏的 5 000 元，你们家今年实际总收入 23 530 元，以你们家 4 口人计算，人均收入达到了 5 882.5 元。”新疆维吾尔自治区阿克苏地区沙雅县委组织部驻沙雅镇向阳村第一书记马吉，正在一笔笔核算脱贫账。

遍访民情，厘清思路

记得刚到村子时，马吉放下行囊，就带上笔和本，挨家挨户走访。全村建档立卡贫困户 46 户 170 人，马吉用 3 天时间全部访遍，细心听取他们的诉求。

当走访到本村原党支部书记吾斯曼·莫依丁家中时，吾斯曼·莫依丁讲起，大部分村民希望将原有的浇灌麦田土渠改建为 U 形渠，以增加渠水的流速。马吉就此多次召集村“两委”、全体党员和村民代表大会，听取群众对修渠的建议和想法，同时积极与县水利、建设、国土规划部门联系，最终将该项目列为 2020 年水利民生建设项目之一。

村民买买提·莫依丁听说土渠要进行改建后，兴奋地说：“马书记替我们百姓干工作的速度可真快，我们必须要当面感谢下马书记！”

马吉经常去村民聚集的地方，和他们唠家常、讲政策，听他们讲最关心、最关注的热点话题，掌握第一手资料，为顺利开展下一步工作奠定了基础。

担当作为，勇抓落实

“马书记不光为我们谋划挣钱的路子，还带领我们盖房子、铺设自来水管、修路，我们不仅生活条件改善了，而且还有了自己的休闲娱乐场所。”现在去向阳村提起马吉，村民们无不竖起大拇指。

为切实解决群众所期盼的热点、难点问题，马吉依托派出单位力量，将单位干部与建档立卡贫困户进行“一对一”结对帮扶，分别在 2020 年的年初、七一、中秋节、春节前夕开展“送温暖、献爱心”慰问活动，为生产生活困难贫困户带去价值 1.6 万元的米、面、油等慰问品。

为解决该村剩余劳动力就业问题，马吉还通过摸底了解建档立卡贫困户中富余劳动力情况，根据每人的技能特点，分类建立台账。经过主动与县循环经济工业园区企业及县城个体工商户对接，他及时掌握用工信息和用工需求，尽可能地解决和吸纳贫困人员，已落实安排 4 名建档立卡贫困劳动力上岗就业，人均月增收 1 066 元，实现当年稳定脱贫。

为改善群众的生产生活条件，马吉积极与相关职能部门对接，为本村争取柏油路建设项目 2.5 公里、铺设砂石子路 1.8 公里，建设富民安居房 126 套、暖圈 30 个，赠送扶贫牛 21 头、羊 100 只，铺设自来水管网 2.6 公里。除此之外，向阳村还修建了占地 1 000 余平方米的乡村娱乐休闲广场，在广场上安装了健身器材，村民闲暇之余，有了运动锻炼和休闲的好去处。

帮难解困，凝聚真情

马吉始终坚持把村里的群众当“家人”、把群众反映的问题当“家事”，从直接关系群众生产生活的小事管起，及时解决问题。

贫困户托乎提 · 伊布拉音的妻子热汗古丽 2018 年 3 月查出患有乳腺癌，先后到西安、乌鲁木齐、阿克苏等地治疗，家里生活非常困难。马吉得知热汗古丽患病的消息后，积极与工作队和村“两委”班子讨论研究，发出捐款献爱心倡议书，倡导党员干部积极行动起来，伸出援助之手，帮助热汗古丽战胜病魔，共筹集资金 8 580 元，同时还利用“访惠聚”为民办实事经费发放 1 500 元的大病救助金。热汗古丽接过同志们的爱心捐款，激动地说：“马书记对我们家的帮助我一辈子都不会忘记，真是比亲人还要亲啊！”“阿恰，您放心，在党的好政策下，咱们今后的日子会越来越好、越来越有奔头的！”

助农惠民，促进增收

针对向阳村人多地少，富余劳动力充裕的实际情况，马吉紧紧围绕增加贫困户收入和“两不愁三保障”标准，精准、科学制订“一户一策”脱贫计划，有针对性地完善帮扶举措。

贫困村民依明·克提米尔在马吉的劝说和鼓励下，靠着自己会维修水暖管道的优势成功应聘就职于沙雅县丰茂物业公司。现在除规定的 8 小时工作外，他还和妻子经营家里的 7 亩棉花地，在政府补贴 10 000 元的基础上，自掏 5 000 元购买了价值 15 000 元的扶贫奶牛。“现在奶牛已受孕 3 个月了，明年还能新添 1 头小牛，我和妻子劳动每年还能挣 25 000 元。这放在过去想都不敢想，这都得感谢马书记。”依明·克提米尔说。

在驻村工作的 3 年时间里，马吉始终立足服务群众，在群众的需求中丈量脱贫致富的步子、寻找精准扶贫的办法，他与同事、群众一起苦干实干，有效地解决了沙雅镇向阳村基础设施薄弱、农民增收渠道单一等制约发展的问题，实现了全村建档立卡贫困户稳定脱贫。

（撰稿人：马忠罂）

扶贫路上践初心

——记新疆维吾尔自治区阿克苏地区乌什县阿合雅镇托万克库曲麦村第一书记吾斯曼·塔力甫

村干部说话没人愿意听，30来岁的青壮年等着别人送小康，晴天一身土、雨天一身泥……这是新疆维吾尔自治区阿克苏地区乌什县阿合雅镇托万克库曲麦村两年前的真实写照。如今，托万克库曲麦村的村干部腰杆子硬了、产业有了、人心齐了，最重要的是乡亲们发自内心地笑了，日子在你追我赶的节奏中越过越红火。

托万克库曲麦村的大变样，是从阿克苏地委组织部副部长吾斯曼·塔力甫2019年1月驻村任第一书记开始的。一年多的时间，他把村子当成自己的家，用脚步丈量脱贫大道，用初心守护万家回春，带领群众“拔穷根”“破穷障”。

把建强战斗堡垒作为最紧要的事

托万克库曲麦村是深度贫困村，有建档立卡贫困户 146 户 662 人，占全村总人口的 34.51%。

吾斯曼·塔力甫驻村后，首先了解村“两委”班子建设情况，针对村干部队伍整体战斗力不强的问题，着力选拔培养优秀村党支部书记，筛选考察政治立场坚定、群众基础好的党员进村“两委”班子，逐步优化村干部队伍结构。他还带领驻村工作队队员与村干部结成“一对一”帮扶对子，通过每天的例会，厘清思路教方法，手把手“传帮带”。他每周主持召开总结会，鼓励村干部用普通话汇报工作，并当场点评、指出问题、提出对策，循序渐进地提升村干部的能力和素质。为持续激发党员在脱贫攻坚中的先锋模范作用，他为村里 32 名无职党员设岗定责，引导村民小组长、致富带头人向党组织靠拢。

针对村集体经济薄弱、无钱办事的问题，吾斯曼·塔力甫千方百计争取扶贫和援疆资金 472 万元，规划建设多功能创业园，并通过合作入股、购置工程机械

等方式发展壮大村集体经济。村集体经济从2018年的14.26万元增加到如今的100万元左右，使村党支部引领发展、服务群众的能力增强、底气更足。

“宁可作践力气，不可作践自己。”这是吾斯曼·塔力甫常挂在嘴边的一句维吾尔族谚语。他牵头制定村组干部每月工作综合评比和考核激励办法，坚持每天清晨7点起床把全村转一遍，从村里的变化、村民的口中了解村干部工作情况。在他的带领和影响下，干部群众心往一处想、劲往一处使，紧紧团结在村党支部周围。

把激发群众脱贫动力作为最关键的事

吾斯曼·塔力甫认识到，只有坚持扶贫同扶智扶志相结合，破除贫困群众“等、靠、要”的消极思想，才能从根本上解决贫困问题。

他发动群众，开展人居环境整治，改善群众生活条件，着力夯实乡村振兴基础。他邀请地区、县、乡30名各行业领域专家对村民开展实用技能培训，积极争取爱心企业、人士支持，建立“聚心”超市，通过以奖代补、积分兑换的方式，累计发放300吨水泥、100套抽油烟机等价值30万元的物资，村民的思想和行为在潜移默化中发生了改变。

他以营造感恩氛围为着力点，建设村级文化长廊，结合自治区九项惠民工程、大国重器、二十四节气、新编二十四孝等内容制作农牧民漫画宣传展板；组织驻村工作队和农牧民画家围绕社会主义核心价值观、先进典型人物、脱贫攻坚政策等内容，在村委会、村组主要道路等人员密集场所，制作200余块宣传版画，绘制1 250平方米墙体画；改扩建村民活动室，添置灯光、调音台、音响等设备；建设村级融媒体中心，以文字、图片、视频形式将现代农村文明生活、村容村貌变化、优秀的传统文化展现给全村百姓，让乡亲们直观感受家乡的发展和变化，激发他们的向善之意、感恩之心、爱国之情。

“党的政策这么好，我们更应该努力向前跑。”这是脱贫村民阿比代姆·拜克日的心声，也是广大群众共同的心声。

帮助群众实现脱贫是最挂念的事

吾斯曼·塔力甫带领驻村工作队和村“两委”班子，从基础设施建设入手，大力发展脱贫产业，积极推进就业，帮助群众真脱贫、脱真贫。

精准扶贫必须规划先行。一到任，吾斯曼·塔力甫就多方了解村情民意和脱贫存在的瓶颈问题，因地制宜制定“三区、两园、一中心、一基地”整村规划，编制 7 类 64 个基础设施建设与产业发展项目。

产业扶贫是精准扶贫的根本之策。他采取“支部 + 专家 + 农户”模式，成立核桃专业合作社，组建林果服务队，对全村 1 400 亩核桃林流转经营，让村里的核桃产业成为支柱产业。

贫困户帕太姆·托合提说：“以前，很多人不愿意外出就业，是因为不懂国家通用语言、缺乏务工技能，不敢出去。”为解决外出就业无门路、村内就业无岗位问题，吾斯曼·塔力甫联系阿克苏华孚纺织厂、阿拉尔洁丽雅等用工单位，先后接纳 590 余名村民就业务工，人均月增收 2 000 元以上。引进阿克苏雅典娜有限责任公司、名呈电子科技有限责任公司，开办先锋旗帜厂、映山红广告公司，帮助 200 余名村民实现家门口就业。

2019年年底，托万克库曲麦村实现贫困人口全部脱贫，深度贫困村出列。“担任第一书记的时间虽然有限，但为民干事创业的空间无限，我要用心建设我的第二故乡，在扶贫路上践行初心，不获全胜决不收兵！”已经是凌晨1点了，吾斯曼·塔力甫终于忙完一天的工作，在自己的笔记本上写下了上面这句话。

（撰稿人：胥良焱、谢令）

初心闪耀在托什干河畔

——记新疆维吾尔自治区阿克苏地区乌什县前进镇托万克麦盖提村第一书记李江

托万克麦盖提村位于南疆阿克苏地区国家级深度贫困县乌什县，坐落于美丽的托什干河畔，距离国境线只有几十公里。2017 年，新疆维吾尔自治区党委组织部选派李江到乌什县参加驻村扶贫工作，2020 年 4 月，他又主动承担重任，担任乌什县前进镇托万克麦盖提村第一书记、工作队队长。李江把自己所有的热情都投入到托什干河畔的贫困群众身上，连续 4 年的驻村生活，让他变得黢黑，他将此视作与村民打成一片的见证和收获。

勇担责任：一张蓝图干到底

托万克麦盖提村土壤盐碱含量高，粮食收成始终不好，1 400 多人的村子，贫困人口就有 230 多人，曾是当地出了名的贫困村。近几年来，驻村工作队和村“两委”立足村里自然禀赋，把发展林下黑木耳种植作为精准扶贫的一项富民产业，先后建起黑木耳菌棒厂、种植基地，辐射带动本村及周边村 600 余户贫困户种植黑木耳，户均增收达 4 000 元。现在，该村已成为远近闻名的示范村。

“新的征程、新的起点，深感肩上责任更重了。”李江提前半个多月来到托万克麦盖提村，白天他带着村干部调研村里的扶贫企业、合作社，晚上与老队员交流，整理资料、分析情况，掌握村情民意和产业发展规划，还没有正式上任，他的笔记本上就密密麻麻记满了村里的各类信息和发现的问题。

“产业是我们村实现脱贫和发展的基础，只有产业兴旺，乡亲们的收入才能稳定增加，必须坚持不懈、一以贯之，努力把小木耳做成大产业。”李江做足功课之后，便与驻村工作队队员、村“两委”干部一起谋划下一步工作重点，细化完善村里的扶贫产业发展规划，明确继续把做强做优黑木耳产业作为发展特色产业的着力点，稳步推进全面脱贫与乡村振兴有效衔接。

正确的发展路线确定之后，干部就成了决定因素。李江与工作队新队员、村“两委”班子成员逐一谈心谈话，交流思想感情，掌握干部的思想动态；组织召开村干部作风建设专题会议，集中两天时间对驻村工作队队员、村干部、警务室民警、村企负责人等各支力量开展纪律作风教育，全村干部职工的思想得到明显提高。为了让新队员尽快进入角色，他牵头推行“2+1”帮带机制，确定一名老队员和一名村干部共同帮带一名新队员，每天一起开展工作、传授经验，确保了村里各项工作衔接有序、力度不减。

“李书记工作思路很清晰，而且非常谦虚，什么事都和村干部商量，我们都愿意跟着他干！”托万克麦盖提村党支部书记艾力·吾甫尔说。

郑重承诺：扶贫路上不停步

“我们要把托万克麦盖提村建设成为幸福美丽的家园，让乡亲们都过上比葡萄还甜的好日子。”这是李江在第一次村民大会上向全体村民作出的郑重承诺。

2020 年是全面建成小康社会目标实现之年，也是脱贫攻坚收官之年。李江深知，托万克麦盖提村虽然已脱了贫、摘了帽，但经济基础仍然相对薄弱，个别村民生活还有不少困难，巩固提升脱贫成果的任务十分艰巨。他想得最多的是如何巩固产业基础，培养扶持一批党员致富能手，打造一支“永不走”的工作队，形成一套好的发展机制，让村民富在产业链上。

李江先从产业提质增效入手，引进当地农业龙头企业，招来专业的管理和技术团队，对黑木耳产业孵化园进行改造升级，根据市场需求研发多种菌类原种，将单一的黑木耳种植拓展到灵芝、香菇、柳树菇、雪莲菇等附加值高的特色菌类，引导村民种植。接着他又在延伸食用菌下游产业链上做文章，依托生态园3A级旅游景区和全国生态文化村品牌优势，大力发展乡村旅游，开发菌类采摘、乡村民宿、餐饮服务、房车营地等项目，打造集观光采摘、美食体验、文化普及于一体的食用菌主题乐园，实现“农、工、旅”三产融合，带动50余名村民就业，探索出了“特色种植＋乡村旅游”的发展路子。

在巩固产业基础的同时，李江围绕培育新型职业农民下功夫：一方面，通过实地走访、广泛推荐、精准识别，对全村有一技之长的能工巧匠、致富能手、大中专毕业生、村组干部、退伍军人、民间艺人等摸底登记，建立160多人的本土实用人才库，分类开展针对性跟踪培养，促进他们发挥带富作用；另一方面，积极争取项目支持，在村里开办汽车驾驶、家电维修、面点制作、缝纫等培训班，累计培训400余人次，有356名学员在二、三产业实现就业，自主创业达37人。

“开这个蛋糕店，我花了不到3 000元钱，其余都是工作队帮助的，现在每月都有1 500元收入，而且农忙时我还能干地里的活儿。”村民阿吉热姆·艾麦提正在准备原料和餐桌，打算在店里增添凉皮、凉面、薯条等小吃，说起今后的生活，她的脸上洋溢着开心的笑容。

爱民情深：扶危济困写赤诚

“扶贫和帮困是改善民生的两个轮子，两个都抓住了，村民的幸福生活才有保障。”李江是这样说的，也是这样做的。

村里谁家有病人、谁家生活困难、谁家的主要劳动力外出务工等各类情况，李江都如数家珍。村民马木提·穆萨的女儿患脑瘤，多次治疗花去了家里的所有积蓄，一家人的日子陷入了谷底。李江看在眼里、急在心里，只要有时间就去他们家里看望，送去面粉、大米、食用油……每次治疗临行前，他都会赶过去叮嘱要安心治病，安排村干部轮流帮着照顾孩子、干农活儿。李江不仅帮忙报销医疗费，还与村“两委”商量决定从村里的爱心基金拿出一万元救助马木提·穆萨家。马木提·穆萨说：“多亏了党的好政策，才让我们一家渡过了难关！”

李江不仅热心帮助村民的小家庭，更操心着村里的大事。面对来势汹汹的新冠肺炎疫情，他想在前头、冲在前面，第一时间召集村组干部、医务人员、警务人员召开紧急会议，制定方案、明确措施，迅速织起村级防控网。安排完任务，他又带着工作队队员、村干部分组统计村里米、面、油、蔬菜等生活物资需求情况，连夜赶到县里的粮油公司、蔬菜基地，使出浑身解数拉回了 3 吨村民必需的生活物资。

“守护好每一位村民的生命安全和身体健康，就是我们抗击疫情的最大任务。”李江以身作则，带着工作队队员、村干部入户开展防疫宣传，为村民熬中药、送菜送面、拉运饲草料、联系商家收购村民的小麦……每天都工作到深夜，队员们都休息了，他还要到村里的各个疫情防控卡点检查一遍。一连 30 多天，李江没睡过一个安稳觉，接电话接得耳朵疼，眼里布满血丝。他说：“乡亲们打电话来肯定是遇到了难处，我们辛苦点儿，乡亲们就能好过点儿。”

李江在扶贫路上践行初心和使命，干一处响一处，走一路富一路，赢得了群众真心点赞。

（撰稿人：田进宝、谢令）

阿亚克其盖图克村的“大暖男”

——记新疆维吾尔自治区喀什地区疏勒县洋大曼乡阿亚克其盖图克村第一书记刘刚

村里的维吾尔族大妈坎吉·哈则见了他总是要上前抱一抱，竖起大拇指说：“亚克西！亚克西！”（维吾尔语，意思是好、棒、优秀）作为新疆维吾尔自治区选派到南疆深度贫困村的驻村第一书记，他凭借勤勤恳恳的工作态度，为村民增收致富、整治村容村貌。他就是新疆维吾尔自治区人民政府办公厅驻喀什地区疏勒县洋大曼乡阿亚克其盖图克村第一书记刘刚。

建强班子，提升满意度

“村看村，户看户，群众看党员，党员看支部，支部强不强要看‘领头雁’。”驻村不久刘刚就发现，村“两委”班子成员年龄偏大、文化水平较低、工作积极性不高、服务群众热情较低。

对此，刘刚主动与乡党委联系，协调两名文化程度高、年轻、事业心强的党员到村任职，完善工作队队员与村“两委”班子成员“一带一”帮扶机制，把村干部全部纳入农民夜校培训范围，学习国家通用语言文字、教授计算机操作、指导办理村级各项事务，通过现场教学与实际相结合的方式，不断提升村干部的业务能力。针对村党支部凝聚力不强、村“两委”干部工作积极性不高的问题，他从返乡大学生、致富能手、乡土人才中大力培养党员发展对象，让村级组织建设充满活力。面对薄弱的基层党组织，刘刚带领村“两委”班子认真落实“三会一课”制度，坚持每周五组织农民党员学习、上党课和义务劳动，开展“5+X”等形式多样的党员主题日活动，不断完善基层党组织各项建设制度，建立健全以抓党建促决战决胜脱贫攻坚工作的运行机制。

2018年以来，村党支部共发展6名新党员，平均年龄28岁，有效优化了村“两委”班子年龄结构。如今的阿亚克其盖图克村组织强起来了，村民对村“两委”的认可度提起来了，散了的民心聚起来了，村民有事都喜欢找工作队和村“两委”解决。

调整产业，拓宽致富路

为扩宽发展经济的思路，刘刚带领村里10余名党员干部、村民代表和村“两委”成员，到县良种场养殖大户、蔬菜大棚种植大户考察养殖、种植项目，到其他乡镇学习农民合作社运营模式，多方借鉴致富经验，开阔村民眼界。

面对村里集中种植的拱棚韭菜销路难的问题，刘刚多方联系相关部门，带领农户跑市场、找销路，并发动工作队队员帮助农户采摘韭菜，再对各家的韭菜进行统一称量、记录，拉运到市农贸市场帮助售卖，解决了村民售卖难、无人售卖的难题。韭菜大户图尔迪·艾买提是一名聋哑人，虽然不会说话，但每次看到工作队队员入户走访，他都会竖起大拇指，激动地带着队员们去看他家种植的韭菜。据了解，2020年他家种植的两茬韭菜已经收益1 000多元。

土地是农民的生存之本。村里土地分散、种植效益不高，刘刚下定决心一定要进行土地整合。通过实地走访调研，他多次组织群众召开全体村民大会，广泛征求村民意见，对想不通不愿整合的农户多次到家中走访了解其真实想法，解开他们的思想疙瘩和顾虑，力争让每户村民都通过土地整合得到实惠。

年过六旬的村民卡米力·阿不都热依木，含着热泪感激地对工作队说："我家里有 15 亩地，每次都要去地里浇水施肥，每片地都离得很远。我年龄大了，很不方便也很辛苦，多年来土地整合的愿望终于实现了，工作队这次分配土地公平公正，我们大家都很开心，全村人都感谢你们！"

输出就业，增加收入账

村里的土地利用起来了，但仍有一部分家庭土地面积少，家里劳动力富余。对此，刘刚和工作队将转移就业作为帮助村民脱贫致富的重要措施。

在一次走访时，刘刚和工作队队员了解到，部分村民由于家中耕地少又不愿意耕种更多的地，收入很难维持家用。为打通村民思想，消除后顾之忧，解决他们家庭收入低的问题，刘刚和工作队挨家挨户走访有富余劳动力的家庭，向他们宣传讲解党和国家的就业政策，积极动员他们外出务工。同时，他们还邀请县城附近企业到村招聘，经过两年多的努力，帮助全村 118 户 243 人实现就近就地就业。为稳定就业，村党支部每月与务工人员和企业联系一次，了解其动态就业信息，协调解决他们的困难，使他们能安心工作。

“感谢党为我们派来了一名好书记，在他的劝说和帮助下，我找到了一份厨师的工作，一个月有了 2 300 元的工资。他还教我们学会了科学的种植方法，我老公在家种地一年下来也有 8 000 多元的收入，我们再也不用为孩子们的学费着急了。”村民阿孜古丽·如仙高兴地说。

刘刚在带领群众脱贫致富、创造幸福生活的进程中，奉献着自己的青春和力量，就像一个“大暖男”，温暖着全村人的心。在他的努力下，阿亚克其盖图克村正奔向脱贫致富的康庄大道。

（撰稿人：杨伟、郭涛涛）

不脱贫决不收兵

——记新疆维吾尔自治区喀什地区疏勒县亚曼牙乡阿亚克科克其村第一书记景招宏

他叫景招宏，是新疆生产建设兵团农十三师淖毛湖农场总农艺师。2018 年，自治区选派驻村第一书记到南疆深度贫困村开展扶贫工作，他积极响应自治区党委的号召，主动请战，和亲人道别，踏上了南疆扶贫之旅。他暗下决心，不能辜负自治区党委的信任和单位领导、同事们的嘱托，坚决贯彻执行落实好自治区党委决策部署，不实现深度贫困村的脱贫决不收兵。

访民情，为脱贫攻坚打基础

“景书记，我想发展养殖业！”“景书记，我们两口子想外出务工！”“景书记，我们想搞家具小作坊。”……在喀什地区疏勒县亚曼牙乡阿亚克科克其村的村民活动中心，贫困村民你一言我一语地向景招宏诉说着自己的心声。

为了尽快进入角色，到村的第二天，他就组织全村148户贫困户召开座谈会，详细了解贫困户的发展意愿，对于每一户贫困户的脱贫愿望和发展计划他都一一记在本子上，而且还问得特别详细，对于如何发展、怎样务工、具体操作等细节都不放过，并帮助贫困户进行分析。担任兵团基层连队连长和在单位分管农业、扶贫工作的经验让他对帮助贫困户如期脱贫很有信心。

到村短短一个多月，景招宏就跑遍了全村，拜访过所有村民的家，与群众打成一片，只要一入户走访，群众都争着拉着他的手到家里去。

二组村民伊卜拉伊木·伊斯拉木看到他，老远就跟他打招呼："景书记，早上好啊，到我们家里来，我有好多话要跟你聊呢。去年政府发了5只扶贫羊，还给建了棚圈，现在5只羊已经发展到7只了，我对今后的生活和脱贫信心十足。"景招宏到伊卜拉伊木·伊斯拉木家，查看了家里取暖煤、粮食以及牲畜和家禽养殖情况，并与他拉起了家常。当了解到伊卜拉伊木·伊斯拉木想开一家玉米加工作坊时，他立即表示全力支持，现场就给认识的朋友打电话，帮着联系玉米粉碎机。

汇民意，蹚出合作社新路子

在一次入户走访与村民艾尼·图尔荪交谈中，景招宏了解到村里的木匠想自发组织起来干事，增加家庭收入。他经过调研分析后，觉得可以引导村民成立农民专业合作社，这样既发展了产业又实现了就业。说干就干，他立即起草成立合作社的相关文件、制度，去相关单位办理证件手续。

为了早日成立合作社，他经常加班加点，晚上熬夜是常事。在他的努力下，先后引导村民注册成立了服装加工农民专业合作社、木材加工农民专业合作社、农机服务农民专业合作社和农资服务农民专业合作社。

合作社是成立了，但是加入合作社的村民对于如何操作和运营却有点茫然，尤其是木材加工农民专业合作社，社员们都有点犹豫。看到这样的情况，景招宏积极做社员的思想工作，自己拿出 2 万元作为启动资金。他说："如果失败了，这钱算我的。"他又到喀什市和县城里去跑市场，帮助合作社采购原材料。由于他不是本地人，在跑市场和采购原材料时，跑了不少冤枉路，也花了不少的冤枉钱。但他却说："虽然很累，但是只要能使合作社规范化运营，在本村就有了产业，有了产业就会带动贫困群众就业，我来的目的就是要帮助贫困户实现脱贫致富，这点苦和累又算得了什么。"

如今，在他的努力下，村里又相继成立了 3 个农民专业合作社，现有社员达到了 31 人，其中贫困户社员 23 人。截至目前，短短两年时间，村里合作社总产值达到 40 余万元。

解民忧，唱响真心帮扶之歌

景招宏对特殊贫困家庭格外关心，谁家有几口人、有多少地、有什么困难，他都记得清清楚楚。

在走访中他了解到，特殊贫困家庭环境对孩子影响较大，有的孩子精神懈怠，染上了不良社会习气。为帮助特殊贫困家庭孩子走出困境，景招宏经多方协调，联系了一些爱心企业和爱心人士，先后为 36 名特殊贫困家庭孩子捐赠价值 13 140 元的羽绒服、书包、棉鞋和价值 1 800 元的学习用品。他的行为感染着身边的人，很多社会爱心人士主动参与进来，共同帮助阿亚克科克其村贫困家庭的孩子们。如今，有 3 名上海、浙江的爱心人士与本村 3 名特殊贫困家庭小学生进行一对一的帮扶，每月资助每人 300 元，直到他们完成大学学业。

像这样点点滴滴的小事，每天都在景招宏的身上发生。他的行为感动着村民、温暖着村民。大家都说，他敢于担当，想群众所想、急群众所急，是党的好干部。而他总是微笑着说："群众的事就是我的事，为群众解难事、办实事是我分内的事，这也是我担任第一书记的职责所在，我做得还不够，还要继续努力……"

（撰稿人：杨伟、曹乐辉）

让群众吃上“旅游饭”

——记新疆维吾尔自治区喀什地区塔什库尔干县班迪尔乡坎尔洋村第一书记熊七洲

“接下来，我们就按照今天申请国家4A级旅游景区验收部署会的要求，统筹合作，把每项工作抓细落实，让群众在今后的日子里切切实实吃上‘旅游饭’，在脱贫攻坚的基础上，加快推进实施美丽乡村振兴战略，好不好？”“好！”2020年7月10日，当记者随车来到塔什库尔干县班迪尔乡坎尔洋村时，正好赶上该村第一书记熊七洲开完国家4A级旅游景区验收部署会。

2018年1月，熊七洲在哥哥和弟弟都在驻村的情况下，毅然响应自治区党委工作要求，扛起背包，来到班迪尔乡坎尔洋村担任第一书记。

厘清思路，探索发展旅游产业

塔什库尔干县自然环境恶劣，坎尔洋村更是如此。坎尔洋村有人口 227 户 807 人，其中贫困户 56 户 207 人，全村面积约 985 平方公里，拥有耕地 1 874 亩、草场 35.94 万亩，土壤多石贫瘠，草场载畜率极低，加之距县城有 55 公里的盘山公路，村民生产生活成本极高。

怎么才能把村子发展起来？花了一个多月时间，熊七洲逐户走访调研，对坎尔洋村的情况做到了然于心后，面对该村的发展困境，他日思夜想、辗转反侧。

“蓝蓝的天空银河里，有只小白船……”3 月的一天，熊七洲登上村里一座小山，望着蓝天白云，苍山远影，以及山脚下掩映在绿洲中的村舍，情不自禁地哼起了歌谣。看着看着，熊七洲突然有了想法。

“我们村环境优美，有草场，有山脉，有水库，还有绿洲，是个天然氧吧，是个旅游的好去处。”晚上，熊七洲召集村里的干部和村民代表，围在一个小小的火炉边讨论，说出了自己的想法：“发展旅游产业，是村子的一条好出路。”

“旅游？不行不行，我们只会种地，不搞旅游。”熊七洲的想法刚说出口，大家纷纷摇头反对。

“阻力比较大，怎么办呢？”村里没能统一意见发展旅游产业，熊七洲却把事情放在了心里。

“库尔班，你带头开一个牧家乐，怎么样？”熊七洲找到村里思想比较上进的村民库尔班·阿热甫江，并陈明利弊。由于库尔班也比较看好村里的旅游产业发展前景，他同意了熊七洲的建议。

“我来想办法给你免费装修房子、安装设备，你只要把客人招待好，等着收钱，啥都不用管。”熊七洲去到县里，申请扶贫项目，为库尔班家重新装修了房子，并安装上 KTV 点歌台、宽带、Wi-Fi 等设备。

2018 年 8 月 12 日，库尔班的牧家乐迎来了第一批客人，他宰了自家养的山羊，弄上自制的奶茶、酸奶，配上西瓜、甜瓜、香蕉等水果招待他们。客人满意，库尔班也很开心。

“2018 年，我靠牧家乐获得纯收入 6 000 多元。2019 年，我的牧家乐接待了 3 000 多人次游客，纯收入 1.5 万余元。”靠着牧家乐成功脱贫，挣的钱一年比一年多，库尔班对村里的旅游产业发展充满信心。“虽然因为疫情影响，今年的收入比较少，但我相信村里的旅游产业会越办越好，我们家的日子也会越过越红火。”

“熊书记，我们也要开牧家乐，我们也要搞旅游。”亲眼看到库尔班家通过开办牧家乐吃上“旅游饭”、脱了贫，村民们纷纷找到已经晒得黝黑的熊七洲，也想吃上“旅游饭”。就这样，在熊七洲以点带面的思路下，村干部们看到了实效，村民们有了发展动力，坎尔洋村开始探索发展旅游产业。

根据村里的实际情况，熊七洲先后召开多次座谈会，与村里的党员、干部、群众一起商讨旅游扶贫产业发展，最后确定了“聚焦总目标，实施乡村振兴战略，盘活现有资源，短期发展特色产业，长期发展旅游业，帮助村民脱贫增收”的思路。

2019 年，坎尔洋村充分利用村里现有资源，以完善基础设施为先，促进旅游扶贫产业的发展，累计接待游客 6 000 余人次，实现村集体经济创收近 20 万元。

因地制宜，打造长效旅游产业

“传统的旅游主题离不开‘吃、住、行、游、购’，我们村要搞创新，才能吸引到更多人。”在坎尔洋村的旅游产业发展上，熊七洲创新性地提出了“抓住文化、艺术、服务 3 个要素，让游客有新鲜感、神秘感、亲切感，让游客互动、激动、感动”的建议，有条不紊地推进坎尔洋村旅游产业发展。

熊七洲抓住坎尔洋村作为歌曲《花儿为什么这样红》发源地的优势，深入挖掘其中蕴含的塔吉克文化，成立了坎尔洋村文艺演出队，组织撰写《花儿为什么这样红》剧本，通过演出将党的好政策在基层如何落实，基层农牧民幸福生活，基层党员、干部、群众如何感恩党，以及塔吉克族风土人情搬上舞台，呈现给游客，有效传递正能量。

“我演出一场能挣 100 元，去年最多的时候一天演出了 4 场，一个月最少能挣 6 000 元以上。”26 岁青年达尼亚尔 2018 年大学毕业以后，从河南回到塔什库尔干县，本着为家乡做贡献的想法留在村里参加了文艺演出队。

“旅游人才事关景区服务质量，对村里的旅游产业发展至关重要。”面对坎尔洋村旅游人才匮乏的困境，熊七洲充分发挥派出单位的后盾作用，协调选派 10 名村民到自治区参加农村实用人才培训班，并让培训班学员回到村里后召开座谈会，与村民共享、扩大学习成果。

熊七洲利用夜校宣讲旅游扶贫等脱贫攻坚政策，并从旅游的接待、服务、导游、歌舞等方面对村民们进行培训，讲解传授文明接待礼仪，制定村旅游服务规范，增强村民旅游接待服务的规范意识，加大培养复合型旅游人才的力度。

此外，熊七洲积极与自治区、喀什地区、塔什库尔干县负责旅游的部门、旅游协会对接，推进旅游产业扶贫的合作开发，并成立了旅游合作社，有力推进坎

尔洋村旅游扶贫产业发展。

2019年，坎尔洋村集中打造了3条景区线路，挖掘40余处景点，建成50家牧家乐、42顶蒙古包、22间标准房，并建立完善游客中心、旅游餐厅、巴扎、篝火广场、特产店等配套设施，每日可同时接待游客食宿500余人。

“下一步，我们要在申请建成国家4A级旅游景区的同时，兼顾好、发展好村里的养殖业和种植业，多条腿走路，以养殖业、种植业支撑旅游业的发展模式，形成一套巩固提升脱贫攻坚成果的长效机制，有效实现劳动力就业充分、产业发展兴旺，做好脱贫攻坚和美丽乡村振兴战略的有序对接。”在谈到接下来的工作重点时，熊七洲信心十足地表示。

目前的坎尔洋村正在申请国家4A级旅游景区。该村通过发展旅游产业，转变了村民的传统生产经营方式，为全村群众增收致富走出了一条长效、可持续发展的道路。

（撰稿人：陈昭淋、霍然）

不破贫局不离村

——记新疆维吾尔自治区和田地区和田市吉亚乡巴什吐格曼村第一书记赵彦龙

“以前，村集体经济单一，村‘两委’班子威信低、凝聚力不强，我们很担忧村子的发展。现在，赵书记为我们引来了‘金凤凰’，选准了发家致富的好路子，带领大家踏上了致富路。”新疆维吾尔自治区和田市吉亚乡巴什吐格曼村老党员巴拉提·麦麦提见人就说。

巴拉提·麦麦提口中的“金凤凰”，就是驻村第一书记赵彦龙和工作队为壮大村集体经济，带领村民脱贫致富，在村里成立的和田市昆和种鸽养殖农民专业合作社。

村民的增收，还要从2018年说起。2018年2月，赵彦龙主动请缨参加“访、惠、聚”驻村工作，来到了巴什吐格曼村担任驻村第一书记、工作队队长。驻村伊始，面对艰巨的脱贫任务，他斗志满满：不破贫局，誓不离村。

通过深入调研和入户走访，赵彦龙发现要实现脱贫、巩固脱贫成果，发展产业和解决富余劳动力就业是关键。他坚持“精准摸排、产业带动、就业当先”的理念，通过和田市帮扶领导牵线搭桥，与和田昆和鸽业有限公司联合成立了和田市昆和种鸽养殖农民专业合作社。合作社采取“企业＋村委会＋贫困户”的模式，“集中饲养、统一管理、统一销售”经营，村委会以土地入股，合作企业提供技术指导和服务，贫困户在合作社务工或托养家里的种鸽获得工资及分红收入，以期实现村委会增加集体经济收入、贫困户脱贫致富、企业见效益共赢的局面。

经过选址、平地、基建、选购设备等环节，2018年10月，6个长55米、宽11米、高4.5米的标准化养殖鸽舍和2个种鸽散养棚建成了，总占地面积100亩。看到1万只种鸽入笼，赵彦龙和合作社负责人如则麦麦提·依米尔哈孜兴奋得一夜没睡。村民们奔走相告：“‘金凤凰’飞到我们村了！”

合作社运行初期，聘请的厂长因为无法获得理想的高薪而离开了。临阵换将，这对于初创还未见效益的合作社，无疑是个很大的打击。赵彦龙不等不靠，没有厂长，自己上阵当；没有技术，组织合作社员工到相邻县市学；缺乏防疫知识，联系乡畜牧站指导。凭借不怕吃苦的韧劲，他和工人们从一个“门外汉”变成了“内行人”。

合作社运营正常后，饲养员的培训管理和产品销售渠道的拓展成了当务之急。工作队和村“两委”集思广益，制定了合作社工作标准和考勤制度，同时推

出“基本工资+高产奖励”的激励措施，奖勤罚懒，逐步完成了饲养员从农民到工人的工作转变。为拓展销路，工作队队员和村干部在赵彦龙的带动下，都成了鸽蛋和乳鸽的“代言人”，还带着产品和宣传单到和田市各大餐饮企业、农贸市场等主动上门对接订单，提供送货上门服务，使合作社的名气越来越大。

为有效帮助贫困户脱贫，赵彦龙争取到和田市发展产业扶贫项目资金100万元，以项目资金分摊的方式，吸纳200户贫困户以每户5 000元加入合作社获得分红收益。截至2020年8月，合作社员工由最初的6人发展到20人，全部实现稳定就业，月人均工资收入至少2 100元，并率先实现员工工资年底双薪制。如今，昆和种鸽养殖农民专业合作社成为和田市规模最大的种鸽养殖农民专业合作社，合作社养殖规模已由1万羽发展到2.5万羽，收入已突破250万元，村集体经济收入增加11万元，贫困户分红16万元，巴什吐格曼村摘掉了贫困帽。

对于村里的“金凤凰”，受益最大的莫过于村民如则麦麦提·依米尔哈孜。2014年，由于缺技术无法就业，他家被认定为建档立卡贫困户，虽然靠着他和妻子零散务工有点收入，但一家人的日子还是过得紧巴巴的。赵彦龙在入户走访时，积极引导如则麦麦提·依米尔哈孜在合作社就业，使他迅速成长为养殖能手，并通过不断努力又成长为管理人才，当上了厂长。2019年年底，他的“汽车梦”也实现了。

脱贫摘帽不是终点，而是新生活、新奋斗的起点。2020 年年初，正当全村上下摩拳擦掌准备在春节前后冲销量大干一场的时候，突如其来的新冠肺炎疫情又成了合作社发展的“拦路虎”。餐饮业停摆、订单减少，合作社待出栏的乳鸽和鸽蛋持续积压，这可愁坏了赵彦龙。

“咱们要延伸产业链条，提高抵御风险能力，向零售端要效益！”赵彦龙搭建起乳鸽微信销售平台，凭借过硬的质量和贴心的服务，几乎把每一位顾客都发展成为合作社的回头客。派出单位作为“娘家人”，也积极参与消费扶贫工作，动员干部职工购买扶贫驻村点鸽类产品，为脱贫攻坚出力。“人心齐，泰山移。”合作社总算另辟蹊径保住了产量和销量，还扩大了生产效益。

好事多磨，合作社的乳鸽产量当下又遇到了瓶颈：近期，出栏的乳鸽数量少了近三分之一。用的防疫药品没问题，吃的饲料质量好、分量足，产蛋量也不低，为什么出栏量这么低？工作队和社员们百思不得其解。

“笨办法”往往最有用。赵彦龙找到合作社负责人，核对产蛋量和孵化量记录本。经过近一个星期废寝忘食的工作，他把连续 6 个月每天每个鸽舍和孵化器的数据汇总成表、绘制成折线图，结果一目了然，问题出在孵化器里受精蛋的破壳率上。

赵彦龙开启了遍访求学模式，跑遍了邻近县市知名的鸽养殖合作社，问遍了养鸽专家，终于在和田县一家种鸽合作社找到了答案：乳鸽的破壳不仅需要从里面用力，还要从外面助力。赵彦龙回到村里，第一时间就与如则麦麦提·依米尔哈孜研究起了破壳方法。经过集思广益，饲养员每天早上 8 时将种蛋在孵化机里下降一层，直到 16 天即将破壳时，观察到有裂痕的种蛋，就用手把种蛋从外面轻轻敲破，当里面和外面的力量形成合力，小乳鸽就能顺利孵化了。果然，通过大家的努力问题解决了，久违的笑容又挂在了大家的脸上。

作为一名税务干部，赵彦龙虽然暂时脱下了“税务蓝”，选择了“访、惠、聚”，但他无怨无悔，感觉使命在肩，为合作社探索出生产和管理的长效模式，为村里留下了增收产业和技术团队，为村民增收致富插上了腾飞的翅膀。

（撰稿人：申金和）

“辣椒书记”带领群众奔富路

——记新疆维吾尔自治区和田地区和田县塔瓦库勒乡巴克墩村第一书记许有龙

“今年我种辣椒收入近 12 000 元，这是我收入最多的一年。”新疆维吾尔自治区和田地区和田县塔瓦库勒乡巴克墩村村民萨拉麦提·阿卜杜斯迪克兴奋地说，“是‘辣椒书记’帮我们摘掉了‘穷帽子’！”

村民们口中的“辣椒书记”，就是新疆维吾尔自治区团委驻巴克墩村第一书记、工作队队长许有龙。驻村 4 年时间，他用脚步丈量巴克墩村的每一寸土地，用真情帮扶每一户村民，用实实在在的成绩让巴克墩村跻身富裕村行列。

走访摸底找寻出路

许有龙是从基层成长起来的干部，他对农村有着天然的亲近感。2018 年年初，有着一年驻村经历的他主动请缨，继续留在巴克墩村任第一书记、工作队队长，帮助村民甩掉“贫困帽”。

许有龙多次带领专业团队到村调研，对村情进行综合分析研判。巴克墩村人多地少，建档立卡贫困户 172 户，脱贫无疑是一块难啃的“硬骨头”。许有龙经过调研发现，巴克墩村地处沙漠腹地，土地相对贫瘠、盐碱化程度深，但光热资源丰富，无霜期长，非常适合辣椒生长。

说干就干，许有龙组织成立了辣椒种植合作社，采取“合作社 + 基地”的产业发展模式，通过统一供苗、统一种植、统一技术服务、统一回收、统一深加工、统一销售“一条龙”服务，规范种植经营促进增收。

许有龙找到新疆隆平高科红安有限责任公司，用诚心打动企业，签下了免费派技术员、补贴辣椒苗运输费、保证出产辣椒全收购等优厚条件的“扶贫合同”。2020 年 2 月初，600 亩地所需的辣椒苗就运到了村里。

解除疑惑发展生产

万事开头难。过去村里都以种植小麦、玉米、棉花“老三样”为主，虽然产量不高，但风险不大，大家都习惯了以往的种植模式，许有龙推广辣椒种植遇到了很大的阻力。

宣传动员、组织学习远远不够，为彻底打消村民顾虑，迈开发展的步子，许有龙挨家挨户做思想工作，把办公室搬到了田间地头，用通俗易懂的“行话”不厌其烦地为村民科普。

“辣椒苗单独购买成本高，我们跟公司签约，由公司统一提供辣椒苗。种植期间，有技术问题我们请专家住到村里随时解决。等到辣椒丰收，公司统一收购，大家不用担心容易烂、卖不出去等问题。”许有龙解释得有理有据。

“这个书记懂农业，不怕长不好；联系好了销路，也不愁卖，我们就种辣椒试试看！”村里的老党员阿卜拉·伊斯拉木家带头种了辣椒。

农忙时节，劳动力紧缺又成为影响辣椒种植的现实问题。正在大家一筹莫展时，许有龙果断提出成立“辣椒种植互助组”，把村民按照村民小组划分，根据每个村民小组辣椒种植户的具体人数分成 2～3 组，每组 10～13 户，由种植能手担任小组长。在 9 个互助组的齐心协力下，仅仅用了 12 天时间就完成了 600 亩辣椒苗移栽工作。

“当初一直认为这么大面积的辣椒种植是不可能完成的任务，但是现在看来，我们的担心都是多余的，互助组解决了劳动力不足的大困难。许书记，亚克西！”村委会副主任麦提托合提·巴柯激动地说。

技术支持助力增收

“我家的辣椒苗出现了枯死、萎蔫，这可怎么办呀？”5月的一天，村民伊马木尼亚孜·伊敏尼亚孜急急忙忙找到许有龙说。

许有龙和技术员立即赶到田间，经过仔细诊断分析，发现辣椒得了青枯病，这种传染病会导致辣椒成片死亡。原来，习惯沙漠生存的村民普遍认为农作物浇水越多越好，虽然技术员早就提醒过高温时不能大水漫灌，但有的村民还是按照以往种植农作物的浇水方式给辣椒浇水，导致辣椒得了青枯病。

对于田间种植管理可能会出现的问题，许有龙早有预见，专门联系技术员长期在村蹲点，并让出自己的宿舍给技术员居住，以便随时服务村民，及时解决各类技术问题。经过技术人员的示范管理，辣椒青枯病得到了根治，村民纷纷拍手称赞。

没过多久，许有龙发现，辣椒苗活了，可是地里的草比辣椒苗还高。为了提高村民务农积极性，许有龙给村民定了“劳动闹钟”——每天早晨7时30分，打开大喇叭放红歌。这种独特的“叫起”方式还真管用，村民们开始习惯一早来到农田侍弄农作物了。

为了让村民们的地里长出“摇钱树”，许有龙每天都要和工作队队员、技术员奔赴田间地头，查看辣椒长势。村里起得最早、睡得最晚、晒得最黑的人就是许有龙，村民们看在眼里、记在心里。

功夫不负有心人。在大家的共同努力下，巴克墩村辣椒种植面积已发展到了 2 300 亩，辣椒喜获丰收。按照前期一站式合同，辣椒直接由公司收购，每亩平均收入 2 500 元，575 万元的经济收入让全村人露出了幸福的笑容。

“今后，我们打算大力发展辣椒产业，进一步完善‘企业 + 合作社 + 农户’经营管理模式，建立‘一站、一基地、一车间’（辣椒种植技术服务站、辣椒育苗基地、辣椒加工车间）种植服务体系，让更多群众通过辣椒产业实现脱贫致富。”许有龙说。

（撰稿人：申金和、杨莉）

发展中药材　脱贫有“良方”

——记新疆维吾尔自治区和田地区皮山县桑株镇库木艾格勒村第一书记莫合买提·乌斯曼

走进皮山县桑株镇库木艾格勒村，村民们正忙着在田地里精心耕种板蓝根、香青兰等中药材，看着郁郁葱葱的绿苗，村民们对脱贫致富充满了信心。村民的信心，来自新疆维吾尔自治区药品监督管理局驻村第一书记、工作队队长莫合买提·乌斯曼。

驻村伊始，面对贫困这个难啃的“硬骨头”，莫合买提·乌斯曼鼓足了信心，他坚信只要努力就能改变。经过大量的入户走访和市场调研，他提出因地制宜，调整种植结构，制定中药材科学种植、规范管理、订单收购的产业发展规划，为村民脱贫增收带来勃勃生机。

试点先行消疑虑

库木艾格勒村地处海拔 2 100 米的昆仑山区，人均耕地面积少，以种植小麦、玉米等传统农作物为主，种植收益低，依靠土地脱贫增收非常困难。

“咱们村子海拔高，要是种植中药材那真是再合适不过了，我们要发挥专业的优势，让库木艾格勒村成为孕育中药材的宝地……”莫合买提·乌斯曼和工作队队员、村干部围坐在一起讨论着村里的发展方向。

“种植中药材？不行不行，我种了几十年的地了，从来没种过中药材。种粮食虽然产量低、不挣钱，但至少自己家还有口粮吃。咱们这片地种药材能不能长出来还是一回事呢，更别说挣钱了……”面对工作队和村“两委”想要改种中药材的想法，不少村民都心存疑虑，响应者寥寥无几。

为打消村民的顾虑，莫合买提·乌斯曼先将村里的 15 亩多荒地开垦出来，免费承包给愿意种植中药材的6户村民，邀请自治区、地区相关专家到村实地调研，提出意见和建议。专家根据库木艾格勒村的土壤、水资源状况，建议种植板蓝根、香青兰等中药材。一时间，这片中药材种植地成了全村关注的焦点。

在工作队的全力支持下，村民种植的中药材长势良好，喜获丰收，总收益达到5.4万多元，吸引了全村的目光，为下一步调整种植结构打下了良好基础。

宣传动员调结构

在荒地试种中药材成功之后，莫合买提·乌斯曼趁热打铁，通过村民大会和入户走访的方式向村民宣传种植中药材的好处，引导村民改变种植结构，鼓励他们种植中药材脱贫增收。

“荒地上的试种成功，充分说明了咱们村是可以种植中药材的，而且收益是以前种植小麦和玉米的好几倍。板蓝根从叶子到根茎都可以入药，再加上近几年市场需求量很大，增收前景广阔。大蒜可食药两用，几乎家家户户都吃，而且药用范围也很广……”在村民大会上，工作队详细给村民讲解种植各类药材的市场前景。

看到中药材的良好前景，村民的种植积极性普遍高涨。在工作队的动员下，有 179 户村民开始种植中药材，种植总面积达到 700 亩，包括板蓝根、香青兰、大蒜等 6 个品种。

村民吾日麦提妮萨·依卜拉依木在工作队的帮助下，2019 年尝试种植了 10 亩中药材。工作队定期对她进行技术指导，还协调医药公司上门收购。“种植中药材给我带来了很大实惠，总收入超过了 4 万元。今年我扩大种植面积到 15 亩，相信今年的收入会更高。”吾日麦提妮萨·依卜拉依木说。

为让群众放心种植，莫合买提·乌斯曼牵线搭桥，村“两委”与新疆维吾尔药业有限公司等 3 家医药企业签订了长期收购药材的协议，形成“企业 + 基地 + 农户”的经营模式，采用定需求、定品种、定价格，以订单回收的方式大力扶持村民发展中药材产业，有效解决了农民销售的后顾之忧，让中药材种植业成为农民脱贫致富的重要途径。

提质增效保丰收

村民的积极性调动起来了，但村民缺乏种植和管理经验导致产量不稳定又成了工作队的“心头病”。莫合买提·乌斯曼依托派出单位优势，及时邀请农业专家来村指导，从种植管理、病虫害防治等方面对村民进行专题培训，及时发现解决村民在中药材种植中的难题。

“种植板蓝根必须要精细管理，及时除草；干旱时于早晨或傍晚时浇水，幼苗期应保持土壤湿润……”在村民大讲堂上，来自新疆农业大学的专家进村指导，通过课堂教学与实地观摩的方式答疑解惑，指导村民的种植技术。

除了及时解决村民种植中的技术问题外，工作队还在村里组织由工作队队员、村党员干部、青年志愿者等成立的“种植帮扶队”，解决农忙季节部分村民劳动力不足的问题，确保及时完成中药材的栽种、采收等工作。

“工作队考虑得非常周全，技术上有专家指导，农忙的时候有帮扶队帮忙，最后还有企业到村里收购，现在我们种植中药材很有信心。”村民阿迪古丽·买买提说道。

为了让中药材真正成为村民增收的“摇钱树”，工作队队员成天泡在田间地头。只要有时间，工作队队员和技术员就到田间地头敦促查看村民出工情况和中药材长势。功夫不负有心人，在大家的共同努力下，村里的中药材长势良好，丰收有望。

在工作队的大力支持下，2020 年，全村中药材种植面积扩大到 1 000 亩，总产值达 300 万元，户均可增收 5 000 元左右。

“下一步我们会抓好技术培训，有序扩大种植面积，做好服务保障工作，确保中药材种植业的持续、稳步、健康、快速发展，让中药材种植业成为带动村民脱贫增收的‘加速器’。”谈及未来村里的产业发展，莫合买提·乌斯曼信心十足。

（撰稿人：申金和、刘怡）